JILPT 資料シリーズ No.199-1
2018年3月

雇用システムの生成と変貌
―政策との関連― Ⅰ

戦前期の雇用システム

独立行政法人 労働政策研究・研修機構
The Japan Institute for Labour Policy and Training

ま　え　が　き

　　長期的雇用関係、年功的処遇制度、内部労働市場、企業別労使関係、正規・非正規労働者の分離などを内容とする日本的雇用システムは、社会、経済、産業等の構造変化や、それらを背景とした政策の働きかけを受けて、様々な変化を遂げつつも、根強い持続性を示してきた。しかし、急速な少子・高齢化による国内市場の縮小と労働力の減少、グローバル競争の一層の進展、AI、IoT、Big Data などを駆使した新たな技術革新のなかで、同システムのさらなる変容・改革は今後も続いていくであろう。

　　私ども労働政策研究・研修機構（JILPT）は、今後の様々な労働政策のあり方を考える上での基礎的な研究として、日本的雇用システムの現在の姿と今後の方向を探る部門横断的プロジェクトを2014年度より行ってきた。これまでは、その第一段階として、（１）既存の統計データや調査資料を総合的に分析検討することによって、日本的雇用システムの現在の姿を要素ごとに、かつ全体的に明らかにして、今後の行方を探るプロジェクトを行い、その成果を『日本的雇用システムのゆくえ』（JILPT 第３期研究プロジェクトシリーズ４、2017 年 12 月）として刊行した。

　　また、（２）日本的雇用システムの形成や変遷の歴史的な経路を、明治維新以来の経済社会の変化の中で繰り広げられてきた、産業、労働市場、人事労務管理、組合運動、労使関係等の変化と国の政策との相互に関連した営みとして、全体的に描き出す文献研究プロジェクトに従事してきたが、ここに 1990 年代前半の時期までの変遷について、『資料シリーズ』として一旦取りまとめることとした。

　　本調査報告は、日本的雇用システムについて、前史としての江戸時代の産業と労働のあり方にまで遡り、身分的な農業中心社会が近代化され産業化されて発展し、日本的雇用システムを中核とする「雇用社会」に結実したうえ、さらなる環境・構造変化の中で変容してきた過程を、国の政策の役割との関連で包括的に描き出そうとしている。日本的雇用システム（雇用社会）の生成、発展、確立、変容に関する壮大な歴史物語の試みといえよう。本文献研究プロジェクトは、今後、1990 年代初頭のバブル崩壊後の雇用システム（雇用社会）と政策の相互作用を、連続した歴史的経路として接合したうえで、全体的補正を行うことによって完成することとなる。

2018 年 3 月

独立行政法人　労働政策研究・研修機構

理事長　　　菅　野　和　夫

担 当 者

（執筆、編集）

草野　隆彦　　（独）労働政策研究・研修機構 客員研究員

研究参加者

浅尾　裕　　　特任研究員

金崎　幸子　　元研究所長

濱口　桂一郎　研究所長

尾形　強嗣　　元総務部長

藤枝　茂　　　元総務部長

村松　達也　　総務部長

亀島　哲　　　元統括研究員

田原　孝明　　元統括研究員

永田　有　　　統括研究員

千葉　登志雄　統括研究員

石水　喜夫　　研究調整部参事

目　次

序 1

第1編　戦前期の雇用システム 4

第1章　前史：江戸時代の労働 4

　第1節　江戸時代の経済発展と労働―概観 4

　第2節　江戸時代の労働システムの特質 9

　第3節　幕府の人的政策 12

　第4節　各種教育制度の発達 19

　第5節　庶民の思考・行動特性 22

第2章　明治初期と雇用・労働関係の芽生え 25

　第1節　産業近代化と労働関係の成立 25

　第2節　賃労働の出現とその状況 27

　第3節　労働関係に係る法制と政策の芽生え 34

　第4節　企業の勃興と従業員のあり方―身分制の形成......... 40

　第5節　教育制度の確立と評価 43

第3章　日清・日露戦争後の雇用制度の形成と課題 47

　第1節　全体的状況―工業化の進展と雇用制度・労使関係制度の形成 47

　第2節　雇用関係の確立 48

　第3節　日清・日露戦争後の賃金・労働時間制度 53

　第4節　労働組合の結成と組合対策 59

　第5節　労働法の開始期―農商務省下の労働行政 62

　第6節　経営層・ホワイトカラー層の内部化と学歴主義...... 68

　第7節　教育制度の浸透 70

第4章　第一次大戦後から昭和初期における雇用システムの形成 74

　第1節　全体的状況―重化学工業化の進展と雇用システムの初期的形成 74

　第2節　大企業における労働者の定着と内部化の萌芽........................ 76

第3節　労働組合運動の再出発と政府の労使関係政策....................89

第4節　第一次大戦後の労働行政—内務省社会局と社会労働政策の展開.......99

第5節　学歴重視の風潮と企業内教育....................108

第5章　戦時体制・統制と労働の状況....................112

第1節　戦時労働の全体的状況....................112

第2節　戦時経済体制と企業改革....................113

第3節　労働面の統制....................114

第4節　厚生省の設置と社会保険制度の基盤確立....................124

第5節　戦時労働体制の意義と影響....................125

第6章　要約とまとめ....................128

第1節　江戸時代の働き方と市場の構造....................128

第2節　明治期における雇用・労働と政策....................129

第3節　日清・日露戦争後の雇用システム—雇用関係の成立....................130

第4節　第一次大戦後の雇用システム—雇用関係の発展期・独自性の芽生え...132

第5節　戦時体制・統制の時代....................136

第6節　産業社会への移行と変化....................138

参考文献....................140

（Ⅱ　戦後復興期からバブル期の雇用システム）

第2編　戦後復興期：1945年〜54年

第1章　戦争直後の混乱期：1945年〜48年

第2章　占領後期からの経済回復と労使関係の確立：1949年〜54年

第3編　高度成長期と雇用システム

第1章　高度成長の開始と日本的雇用システムの形成：1955年〜64年

第2章　高度成長後期と日本的雇用システムの完成：1965年〜73年

第4編　安定成長期からバブル期まで：1973年〜91年

第1章　経済調整・安定成長期：石油危機からプラザ合意まで

第2章　労働市場の構造・環境変化期：1985年〜91年

序

　本調査報告は、平成 26 年度に立ち上げた「雇用システムと法」プロジェクトの取り組みの一環をなすものである。同プロジェクトは、菅野和夫理事長の主導により、平成 26 年度から 3 年間を集中期間として立ち上げたものであり、予定された内容は、①日本の雇用システムの近年の変化を「日本的雇用システム」を軸に多面的に把握・整理すること、②雇用システムと法政策の相互作用を観察し、雇用システムの実態との関係における法政策の機能と課題を抽出すること、③上記変化の状況を踏まえ、日本の雇用システムの課題と政策的含意を探ることであった（詳細は、JILPT リサーチアイ第 7 回 2015 年 1 月参照）。

　プロジェクトのうち、①については、昨年 12 月に『日本的雇用システムのゆくえ』(JILPT 第 3 期研究プリジェクトシリーズ 4）としてまとめられた。また、②のうち、バブル崩壊以降の労働政策の変遷について、昨年 3 月に一応のまとめがなされた（資料シリーズ No.183）。今回のとりまとめは、②のうち、江戸時代からバブル崩壊前に至る雇用システムと法政策の変遷及びこれらの相互作用に該当する部分に当たる。

　ところで、今般、まとめを行った部分は、江戸時代から現代のバブル崩壊前に至る雇用システムと労働政策の動向を対象とし、既存の文献を基にそれに関連する資料・情報を収集・整理したものである。現段階では、本来予定していた Contemporary approach（経済社会の動向及びそれに応じた雇用システムと労働政策の相互作用の様相を描くアプローチ）や Transitional approach（経済社会の累次の大きな変化の中でのシステムと政策の相互作用の変遷を描き出すアプローチ）といった視点を充分に取り入れた分析にまで至っていないが、資料として参考に供する何がしかの意味があると考え、資料シリーズとしてまとめることとした。資料・情報の収集・整理に当たっては、次のような方針をとっている。

　第一に、我が国企業の雇用システムの歴史的変遷については、企業別組合、長期雇用、年功的処遇を特徴とするいわゆる「日本的雇用システム」を中核に据え、その生成と発展を軸として記述している。実際の雇用システムは、極めて多様であり、本来、重要なテーマである中小企業の雇用システムの変遷も含めるべきであるが、余りに多様であり、かつ、分析した資料も少ないことなどから、大企業の雇用システムとの対比で、若干触れるにとどめている。

　第二に、労働政策の変遷については、法律の制定・変更を軸として、重要な政策の動きを加える方針で叙述した。法律制定の背景や法律の内容については、煩瑣にわたるきらいもあるが、やや詳しく叙述するよう努めた。本プロジェクトのテーマである、雇用システムとの相互作用という点についても、不十分ながら、各時代ごとの「まとめ」の

部分で、ある程度の整理を行うこととした。また、各時代の初めの部分に、経済社会の動向も含めた全体的状況を簡単に述べ、各時代の特徴を把握できるよう努めた。

第三に、対象となる時代は、明治期以後に限らず、江戸時代も含めて叙述している。雇用システムは、長い歴史の積み重ねのうえに生成・発展してきており、雇用システムの生成・発展の背景にある労働市場や社会の性格のあり方という点において、明治維新前の時代からの影響も無視できない。「日本的雇用システム」の生成時期をめぐって、戦前説、戦中説、戦後説などが唱えられているが、生成プロセスを段階的発展と捉え、それぞれの時代に応じた影響を考える立場で叙述している。

第四に、雇用システムは、農業社会から産業社会へ転換する歴史的文脈の中で発展・形成されてきた。特に、産業社会を支える、経営、教育、社会保障など一連のシステムとの関連を視野に入れる必要があり、これらの分野についても、分量を割いて叙述に努めた。また、産業社会への転換は、就業形態からみると、農業などの自営や請負形態から雇用形態が中心になる社会（「雇用社会」）への転換でもある。高度成長を経た「雇用社会」では、労使を軸とした社会の安定が図られる一方、家族の縮小、地域社会の衰退、貧困形態の変化などが生じており、雇用社会の意味と課題を考えるため、これらの動向についても触れている。

本調査報告は、以上のような方針により叙述しているが、今後、さらに、資料の充実と精査を進めるとともに、Contemporary approach や Transitional approach に立った検討を深めていく必要があろう。その検討課題としては、大凡、次のようなものが考えられる。

①西欧の階級社会と異なる我が国の社会の特徴とその多面にわたる影響、②企業内秩序としての等級制度の変遷と教育制度との関連、③雇用社会の確立に伴う生活時間の変化、④階層的な流動性の動向、⑤中小企業と労働市場の変化など。

政策面では、①近代福祉社会における政策枠組みである、完全雇用、最低賃金制度、社会保障制度、教育制度の生成・発展と限界及び日本における特徴、②内外労働市場の観点から見た労働政策の特徴と課題、③中小企業労働分野の政策のあり方など。

なお、近年、経済のグローバル化や AI、IoT 等の技術革新の進展などにより、産業・経済の変化のスピードが急速に高まっている。それに応じて、働き方、雇用システム、労働市場などの各般にわたる改革が必要となっているが、改革を効果的に進めるには、それらの特性を十分に踏まえる必要がある。

また、労働関係に係る政策や研究において、多様化・専門化が進む一方で、経済社会全体の変化の影響や隣接領域との関連性を考慮する必要性が高まっている。急速、かつ、ダイナミックに変化する経済社会の中で、労働問題に取り組むには、分化と総合の両者の視点を持つことが不可欠であり、分化だけでは方向を見失いかねない。

こうした必要に応じて、効果的な政策や研究を進めるためには、そのベースとなる雇用システムや労働市場についての的確な認識を担う基礎研究の充実が欠かせない。本プロジェクトは、こうした基礎研究の1つであり、本調査報告もその一環を担っている。今後、1990年代のバブル崩壊以後における雇用システムと法政策との相互作用についても調査研究を継続し、本報告とあわせ、最終的な目標である雇用システムと法政策の課題、政策的含意を持った情報・知見の提供をはかることが期待される。

第1編　戦前期の雇用システム

第1章　前史：江戸時代の労働

第1節　江戸時代の経済発展と労働—概観[1]
（1）　江戸時代前半期、大開墾と分化、奉公制度の普及
（農業生産の飛躍的向上・小農自立と人口爆発）

　江戸時代前期の 17 世紀は、類を見ない農地の大開墾期に当たり、新田の大開発と人口爆発、小農民自立が並行して起こる歴史上の大転換期であった。人口は、1,600 年の 1,200 万人程度[2]から 1721 年の 3,128 万人[3]へと驚異的な増加を遂げた（図表 1-1）。

図表 1-1　江戸時代における人口の推計

時期（西暦）	1600	1650	1700	1720	1730	1750	1800	1850	1872
人口（万人）	1,200	1,718	2,769	3,128	3,208	3,110	3,065	3,228	3,311

出典：速水・宮本又郎（1988）『日本経済史 1　経済社会の成立』「概説 17-18 世紀」p.44

（城下町の発展と商工業者の集住・職人の世紀）

　江戸期幕藩体制になると、大名は軍事拠点から平地に下り、領主として武士、職人、商人等を集め城下町を形成した。領主は、商人に対しては、楽市・楽座により取引の自由を保障する替わりに、物資供給や運上の取り立てに協力させた。また、手工業分野では、領主の保護と統制のもと、工の身分として社会的地位を保障された職人によって賃仕事[4]あるいは代金仕事[5]が独占的に営まれた。城下町を中心とする都市住民の生活向上に伴い、手工業生産は技術部門別に分化し、様々な職人が生まれ、活躍するなど 17 世紀は

---

[1] 本節は主に、次の著書を参考に執筆した。遠藤（1985a）（1985b）、速水（1973）、速水・宮本又郎（1988）、鬼頭（2000）、斎藤修（2002）、新保・斎藤（1989）、スミス（2007）。

[2] 速水（1973）の推計では 980〜1227 万人と幅があるが、速水・宮本又郎（1988）では、1600 年における人口を概ね 1,200 万人程度と仮定している。

[3] 将軍吉宗時代の 1721 年に幕府財政窮乏打開の改革の判断材料とするため幕府により初めての人口調査が行われ（鬼頭（2000 年））その結果は 2,607 万人であった。しかし、速水（1973）は、この調査で除外された武士とその家族その他かなりの人口の割合を概ね 20% と計算し、1721 年の人口について 2,607 万人×1.2 ＝3,128 万人と推計している。

[4] 賃仕事とは、自分で原料を持たず、註文者・消費者から原料を与えられ、製品・加工に要した労力に対する報酬として手間賃を得る形態。土地を持たずとも、技術（腕）と道具によって生活するスタイルであり、12 世紀に先進地域の都市周辺と周辺村落で一般化し、鎌倉時代から江戸時代に至る中世社会の基本的な手工業の生産様式であった。なお、賃仕事の形態には、出職と居職の 2 つがあった。前者は、顧客の家に招かれ滞在して仕事をし、手間賃を貰う形態のものであり、大工、左官、石工、瓦葺などに見られた。後者は、住居に自らの仕事場を持ち、顧客から原料をあてがわれて加工し手間賃を得る形態であり、下駄、鼻緒、蒔絵、製本、裁縫、塗物、提灯などに見られた（遠藤（1985a））。

[5] 代金仕事とは 14〜15 世紀に、手工業生産の需要が高まるのと並行して、賃仕事から新たな生産形態としての代金仕事という生産方式が分化した。同方式は、主に居職人にみられるもので仕事人自身が原料を用意しおおよその需要見通しを持って、加工・制作し、出来上がった商品を一定の価格で販売し代金を得る形態である。代金仕事は、市場の発達に伴って、一般の消費者・需要者を対象とする商品生産へとつながるものであった。賃仕事が、註文者・消費者の統制に服したのに対し、代金仕事の場合、特定の註文者・消費者から自由となる反面、市場からの制約、特に、商人ないし商業資本からの制約を受けるようになる。（遠藤（1985b））。

「職人の世紀」であった。

城下町は、地域の政治・経済の中心として発展するが、さらに、広域的な経済の発展に伴い、三都の発展が進む。17世紀前半は、文化・諸技術・商業機能の蓄積のある京都、17世紀後半には、諸藩の年貢米が販売され、沿岸航路の開発によって物資の集散地、金融の中心地となった大阪が大きく発展する。江戸は、政治都市かつ大消費地として巨大な100万都市となっていく。他方、村落では、農民、漁民、山民がそれぞれの職業・職能を世襲することが原則とされたが、実際には、奉公人や出稼ぎ者として都市に流入する者が増えていく。また、鍛冶屋や紺屋など村落の住民生活に必要な手工的生産品を作る職人も例外的に認められ、次第に勢いを増した。

（奉公制度の普及）

江戸時代初期には、労働関係は、主人と奉公人間の制度、即ち身分関係に基づいて労働を提供し、主人の恩恵に与る奉公制度によって律せられた。当初は、身分的な性格の強い、奴婢、下人の系統を引く身分的な譜代奉公人や刑罰、永代売買、拘引、制度が残存したが、幕府直轄地については、人身売買が禁止され、公然たる人身売買は減少した。また、奉公人は、中間、小者、草履取などの武家奉公人のほか、下男・下女などの村方奉公人が多くを占めた。17世紀後半から18世紀前半にかけて、村方奉公制度として質物奉公人や居消質物奉公人などの制度が普及し、商人や職人の間では中核労働力の調達・育成として年季奉公制度が普及した。また、17〜18世紀にかけての都市の商工業の発展に伴い、都市住民の高まる需要に応ずるためには、都市内部の労働力では足らず、近郊の農村に住む農民を雇用労働力として調達していく必要を生じさせた。こうして奉公人として農村労働力が調達されるようになり、都市の商人や職人になる道を選ぶ農民が増えていく。

（２）　江戸後半期—地方経済の発展と都市大店の内部的仕組みの確立

（農村への市場の浸透と地域の発展）[6]

17世紀の大規模・広範な新田開発は山野の荒廃を招来した。このため、18世紀に入ると、農業のあり方は、農地の開発から土地の収益性を高める精農主義へ転換する。人口は17世紀から一転し停滞状況となり、耕地も若干の増加に止まるが、経済の発展は続く。スミス（2007）によれば、年貢及びその基礎になる査定額は18世紀初期から19世紀半ばまで大きく変化しておらず（藩の財政的理由から調査が行われていないことが主因）、農業産出高の上昇は実質的年貢負担の下降となり農家収入の上昇を齎し、農民に農事改良への強力な動機付けを与えた。

こうした環境の中で、農事改良が進む。具体的には、中・晩稲種などの新たな品種の導入、鍬・鎌の発達、揚水用の踏車、脱穀用の千歯扱きなど農機具の改善、耕地改良事

---

[6] 以下の文章は主に、次の著書を参考に執筆した。速水・宮本又郎（1988）、斎藤修（2002）、新保・斎藤（1989）、西川俊作（2012）、スミス（2007）。

業による湿田から乾田への転換、菜種、綿、麦、茶、桑、煙草、甘藷、麻、紅花などの栽培、二毛作の普及などである。この頃から農書が盛んに出され、分散した狭い土地に応じ、適地・適作などの特化が進められ生産性の向上が図られる。

　また、各藩の国産奨励策や市場経済の農村への浸透に伴い、農間余剰として農村工業、サービス業の発展も始まり、地域経済が活発化する。農民家計による木綿栽培と綿織物、養蚕と絹織物、紅花・藍などの染料、酒醸造、油絞り、紙・蠟・塩の生産のほか、サービス業の出稼ぎ、駄賃稼ぎなど日雇いでの稼ぎが盛んとなる。農民の中には、商品作物を加工した商品生産を基盤とする小営業という生産形態をとる者があらわれ、都市の職人による手工業生産形態に対立するようになる。こうした小営業は、商品経済の進展とともに、やがて商人資本へと発展する。

（都市の生産機能の衰退、商家大店の発展と内部市場の形成、江戸の雑業化）

　18世紀、村落住民の生活向上に伴う生活物資の需要増大、商品の流通に伴う非自給化の進展によって農村の生産機能が高まると、農村から都市へ移住する農民は減少し、需要に応じ様々な職人が農村に定住するようになる。農村部は、城下町と比べ、課税や株仲間の規制がないこと、農業と他の職業を自由に移動・兼業できる豊富な農村労働力、原材料・水を得やすい環境などの経済的優位があり、生産機能は城下町から地方の都市や農村に移転していく。城下町では、需要構造の変化により、職人町における集住から散在への変化、領主権力の統制と保護の後退、職人内部の統制の緩み等が生じ、職人は古いしきたりから離れ、新しい需要の場で働くようになる。こうして、職人町は農村部との競争に晒され分解して行き、城下町などの中心都市は生産機能の衰退を余儀なくされる（ただし、郡部の都市は成長）。

　他方、18世紀後半、都市の生産機能は低下するものの、大坂、京都、江戸などの大都市においては、商業・金融機能の集積は逆に高まっていく。特に、三井、鴻池、白木屋、近江商人、伊勢商人などの商家大店は、江戸含む大経済圏となった関東地域をはじめ各地に支店を設け大組織へと発展する。組織の大規模化・複雑化に伴い、大店では、財務、商品、労務などの経営管理システムが形成され、やがて、三井、鴻池、中井などの大店では、支配人・番頭などへの経営移譲、所有と経営の分離が進み、組織は法人化していく。こうした経営管理の発展は、大店のみならず、幅広いネットワークを形成した組織に共通したものであった。また、労務管理の面では、商業の興隆に伴い大坂の商家大店を中心に自由契約的な年季奉公制が発展し、多数の奉公人の管理方式として、採用・教育・昇進・福利厚生・退職などの内部市場的仕組みが形成される。19世紀になると組織の大規模化、複雑化に伴い、大坂の商家大店の奉公制度は、子飼いの奉公人の増加、奉公期間の長期化、昇進の困難化など内部化・官僚化が一層進んだ。

（プロト工業化、賃労働者の出現）

18末～19世紀になると、全国人口は18世紀の停滞から増加に転じ、耕地面積、1人当たり実収石高、土地生産性も上昇する。この時期には、需要増大に応じて市場経済が本格的に農村に浸透し、プロト工業化として、18世紀からの問屋制家内工業（木綿栽培・綿織物、養蚕・絹織物、和傘・提灯・筆など）や19世紀からの工場制手工業（製糸・織物、鋳造、貨幣鋳造、製陶、製油、金属加工、醸造、水産加工等）などの新たな生産形態が農村中心に発達した。こうした動きも加わり、農村においても商品生産による非農業化が顕著になる。例えば、西川俊作（2012）によれば、1840年代の長州では、総生産の農業対非農業比率は52対48、付加価値生産ベースでは65対35であったと推計している。また、スミス（2007）の宰判（長州藩上関）についての調査によれば、純所得（産出マイナス投入）の55％は、農民によって生み出された非農業的源泉（商業、工業、輸送業など）であったとされている。

これらの問屋制家内工業や工場制手工業（マニュファクチュア）は、商業資本を持つ大商人や豪農などの資本家に率いられたものであり、江戸時代には工業全体の一部であったものの、次第に一定の地位を占めるようになった。特に、工場制手工業は、それまでの封建的な手工業の方式と大きく異なり、手工的な道具を技術的基礎としつつも、分業を取り入れ、分業による協業によって生産効率が大幅に上昇した。これらに携わる労働力は、都市や農村の貧民が中心で職人は一部含まれたに過ぎなかったが、いずれも賃労働者として雇用された。また、出職の職人については、土木建設部門で請負制度が進展し、19世紀には請負師のような資本家的な請負業者の登場により、そのもとで働く賃労働者が出現した。これらの生産形態や賃労働者の存在は、19世紀の段階では未だ支配的になるまでに至らなかったが、これを契機に、自らの道具により原料を加工し手間賃を得る主体的な職人の時代から、道具も原料も持たず肉体労働を提供し賃金を得る賃労働の時代への転換が始まっていった[7]。

さらに、19世紀後半に大量の商品生産を可能とする工場制機械工業の生産形態があらわれると、賃労働形態が広がり職人が変質するとともに、従来からの手工業生産はその

---

[7] 職人のタイプと賃労働者化の推移は、遠藤（1978）によれば、概ね、中世における封建領主の従属関係下における注文生産である「賃仕事」から14～15世紀に自立的な「代金仕事」が分化し、両者が混在する状況となる。職人のタイプは、鍛冶・蒔絵師・仏師・紙漉などの自分の家に仕事場をもって生産する「居職（いじょく）」と、大工・左官などの注文先の仕事の現場に通う「出職（でじょく）」という形態に大別された。これらの職人の一部は、19世紀になると商業資本によって取り込まれるようになり、出職人は商業資本的な請負親方のもとで働く賃金労働者に、居職人は問屋制商業資本による家内労働者、あるいは、工場制手工業の労働者として再編されていった。以下は、それを図示したものである。（筆者作成）

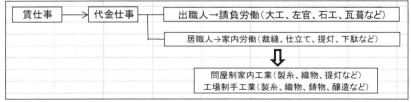

下請けとして従属するものとなり、全体として職人の地位は低下していく。

（江戸の雑業化─市場の二極化）

　幕末、江戸をはじめとする大坂以外の地域では、上方商家の支店を除けば奉公人（特に営業使用人）の減少・実質的消滅と雑業化が顕著になる。江戸では、18世紀に農村からの人口流入とそれに続く定着と家族の形成・再生産により人口増と繁栄が齎され、19世紀になると、需要の拡大によりサービス業が発展する中で、職人市場は売り手市場になるが、規制の多い奉公が嫌われ、「小商」「棒手振」「車力」など雑業的・臨時雇用的色彩の強い労働力（「稼人」「日雇」など）が多数を占めるようになる。また、自分の店を持たず出来高で働く職人や出稼ぎとして他所から来て職場を転々とする職人（「手間取」や「出居衆」）が増え、親方衆も、それら臨時雇いの職人を調達して請負仕事をこなすようになっていく。江戸の職人制度は市場化の進展によって規制が緩み、職人の世界は分解していく。こうして江戸は、大坂とは対照的に、雑業の世界と連続した不定形で流動的な労働市場が支配的となる。

　幕末における江戸の労働市場は、大坂で上方商家の内部化が益々進むのと対照的に、サービス経済が拡大する過程で、年季奉公人が短期雇用の下女、下男に代替されただけでなく、小商、棒手振、鳶人足など雑業層が拡大した。こうした江戸と大坂の二極化の背景として、斎藤修（2002）、は、就業構造の違いを指摘している[8]。それ（斎藤が明治初期の「東京市史稿」市街編及び大阪市に係る同時期の資料から作成したもの）によれば、大坂は商業の比重が高く（4割強）、工業関係、雑業がほぼ同等（3割弱）で続くのに対し、江戸は、小売業、サービス業、建設業などの雑業的な業種が高い比率を占め（4割強）、商業（3割強）、工業（2割強）の比重が低かった。江戸の市場は、大店の店表奉公人と雑業層の二重構造をなし、大店奉公人の再生産は、殆ど分家・別家のネットワークで緊密に結び合わされた商家の世界内部で閉ざされた自己完結的なものであった。キャリア組は「現地採用せず」の原則であり、雑業の世界は勿論、江戸の世界とも切れた閉ざされた仕組みとなっていた。これに対し、奥向きの家事使用人等は、「口入れ」、あるいは「人宿」を通じて備入れられた。内部市場と外部市場の明確な違いが上方商家の奉公制度の特徴であった。

　他方、雑業の世界は、小売、サービス業、建設業など様々な職業、生業からなり、就業形態も不定形で臨時的・流動的なものが多く、流動的な市場につながっていた。また、地方から流入した人口の受け皿となり、様々な労働力供給のプールとしての性格を形成し、明治以後に引き継がれていった。

---

[8] 第4章「丁稚・手代・棒手振」pp105～107。

第2節　江戸時代の労働システムの特質[9]

（1）　奉公人制度とその特色・商家大店の年季奉公

（奉公制度の性格・内容、法規制の変遷）

　江戸時代、商家、職人を中心に、武士や村方も含め、従業員の就労は奉公人制度のもとに展開した。牧（1977）によれば、江戸時代の奉公関係は、身分的隷属関係から債権法上の雇傭関係に推移する過渡期であった。契約は、雇う者と請人、親、本人との間で締結された。正式には、奉公人請状（請人が奉公人の人物及び奉公を保障するもの）を作成するが、実際には、口約や慣習により堅く守られることが多かった。奉公人は、基本的に一人前の独立した法人格を持つ存在というより、請人や親との連名の契約であり、労働力を自分一人では処分できなかった。一旦、奉公契約がなされると、主人と奉公人との関係は、主従の身分関係（忠）に基づく労働提供と主人の恩恵の関係とされた。奉公契約の解除権は主人にのみあり、平等な権利関係として扱われなかった。請人は、本人が欠落した時に、その責任を負った。奉公人制度は、農村では、当初、譜代下人のような身分的なものであったが、時代が下るにつれ、年季売（本銭返）あるいは質奉公を経て、長年季奉公、一年季奉公への展開となり、身分隷属的な関係から労働力の売買としての債権関係へ、長年季から短年季へと推移していった。

（商家奉公の世界—制度の特色）

　江戸期後半、商家の年季奉公制度は、内部昇進と奉公期間の延長を伴う雇用制度として進化した。商家奉公人の典型的な昇進パターンは、10歳程度で丁稚として入店し、16～17歳で元服、成人となり、18歳で手代に昇進する。その間、雑用をしながら、読み書き・算盤、仕事のノウハウを習得する。手代として10年の年季奉公が終わり優秀な者は、36、7歳で通い支配人（番頭は通称）に昇格する。さらに、僅かながら暖簾分けで「別家」を持つ者もいる。しかしながら、中途で退職する者や昇進できない者が大半であり、19世紀前半の三井では、入店者のうち役付きになれるのは2割強、宿持ち手代になれたのは、僅か4％未満であったとされる。

　こうした長期雇用と淘汰を特色とする大店独特の雇用制度の発達は、斎藤修（2002）によると、商家大店における、①営業の大規模化、②業務構造の多部門化、③人材の外部調達の困難と熟練形成の内部化の必要性による。18世紀を通じて商業の発展は、商家営業の大規模化・多店舗経営と業務構造の複雑化を生じ、一人前の知識・技能・判断力を身につけるには多様な部門を経験することが必要になり、奉公期間が長期化した。年季奉公の長期化は、両替商や問屋でも幅広く見られた。例えば両替商であれば、金銀手形の取付け、現金・手形の取り扱い、現金出納、金相場会所への出回り、現金と帳簿の引き合せなどの業務の習熟が必要であり、問屋では、商品の仕入れや売り捌きに習熟す

---

[9] 本節は主に、次の著書を参考に執筆した。斎藤修（2002）、牧（1977）、遠藤（1956）（1978）（1985）、ゴードン（2012）、小林（1930）。

ることが求められた。これらの業務に習熟した者を労働市場で見つけ出すことは困難であり、加えて株仲間が雇用規制を行い奉公人を引き抜くことはできないため、内部において実地訓練と幅広い経験の積み重ねにより育成するほかなかった。こうした持ち場を経験しながら昇進する仕組みは、「イエ」意識、永年勤続の価値観、暖簾重視の傾向とともに、中規模の商店にも広がり、長期雇用の内部市場の普及をみた。

（２）　職人の世界—仲間と徒弟奉公制度・クラフト的規制のあり方
（「仲間」制度）

　職人の世界は、ヨコの組織である親方の加盟する「仲間」の仕組みとタテの組織である「徒弟制度」により統制されていた。遠藤（1985b）によれば、「仲間」は、近世になってから中世的な「座」の解消より生まれた商工業者による自然発生的な共同利害組織である。「座」が領主との封建的な従属関係をベースに営業、販売などの独占権を付与されて活動する仕組みであった[10]のに対し、「仲間」は、本来、同業の職人（親方層）同志の横の組織であり、西欧のギルドに近いものであった。構成員は、親方だけで平職人は加盟できず、基本的に親方層の利益を守ることを目的とした。「仲間」は、競争者を抑制するため、徒弟以外の者の入職制限や徒弟数の制限を行ったり、製品価格や賃金の引き上げを図るなどの規制も行った。しかし、こうした申し合わせは、幕府や領主によりしばしば否定された[11]。株仲間の場合には、業務の独占や成員の数を限定することが幕府から認められたが、それは、社会的な物品の安定供給や築堤の役務提供の見返りであるなどなんらかの公的な理由がある場合に限られた。18世紀になると、仲間に対する領主の統制は次第に強まり、領主より「株」を与えられ独占的利益を保持する代わりに、運上・冥加金の負担を負い、価格抑制など統治の手段として活用されるなど性格が変質していった。

　なお、西欧中世のギルドやツンフトも親方仲間であり、同業者の過剰化を防ごうとして、身分的・財産的な厳しい制限を設け、職人が親方になる道を阻んでいた。これに対抗して、中世末期には職人たちが職人仲間というべき組織をつくって親方仲間と対立した（小林（1930））。日本では、親方の厳しい統制や一般職人の集会・結社を禁ずる幕府の統制の中で、特権的な親方仲間に対抗して徒弟・職人だけの利害関係のうえに立った

---

[10] 「座」は、元々、中世において村落内に居住していた農民や職人たちの共同体的な結合であったものが、村落の支配者となった領主（武士、寺社）への従属関係のもとに領主に対して労働の義務を負う代わりに経済的な特権を保護・統制される封建的組織へ変質したものであるとされる。「座」の内部は親方によって統制され、親方の下に座衆・座人・座子などの平職人が付属する階層的組織であった。西欧中世のギルド（職人組合）やツンフト（同業組合）が自律的な同業者の組織であったのと性格は大きく異なる。戦国時代となり、「座」による生産と流通の機構が古くなり、「座」の規制が撤廃され「楽市楽座」が広まると、新たな商人や職人の相互の同業結合として「仲間」が生まれることとなる（遠藤（1961））。

[11] 例えば、明暦3年（1657年）9月に、幕府は、商人や職人の仲間の寄合（よりあい）による手間賃値上げの申合せを禁止している（「徳川禁令考」五、「お触書寛保集成」三六）。これは、同年1月の江戸の大火（明暦の大火）の後における建設ラッシュに際し建築関係を中心とした職人たちが経済的な利益を独占することを否認したものであり、生産と流通の自由化の観点があったとされる（遠藤1956）。

職人仲間を結成することは極めて困難であった。また、職人たちが独立して行動するような社会的・経済的成熟に欠けていた。

（「徒弟制度」とその衰退）[12]

「仲間」を構成する親方の下にタテの関係としての「徒弟制度」があった。徒弟制度は、親方のもとへ住み込み、指導・教育を受けながら長期の年季奉公（徒弟奉公）を行う主従関係を基盤として成立する。徒弟となる者は、徒弟奉公契約を結び、通常、11〜13歳で入門し、一般に10年程度の年季を積む。その間、住み込みで家の雑事労働に携わりつつ、親方について仕事を行い、技能・技術、倫理、教養と道具を自由に扱うための肉体訓練、職に特有の身体ポーズを習得する。技術授業、一般教育、衣食住の世話、夏冬の仕着・金銭の給付を受ける代わりに、家事を含めた勤労の義務と忠誠の義務（秘密秘匿や他の親方のために働かないなど）を負った。10年程度の年季が明けると、奉公状を更新し数年のお礼奉公をする慣らわしがあった。お礼奉公が済んで後、一人前になり、親方から営業の鑑札を貰い仲間の承認を得て独立する。さらに、独立したてのとき渡り職人として各地を遍歴し腕を磨き人間を練る一般的な義務があった。

こうした年季の徒弟制度は、当初、純粋に技術の伝達・後継者の養成ということを目的としたものであったが、17世紀になると、領主の統制を背景に、手工業の封建的な生産関係を維持することや親方層の利益を守ることに利用されるようになる。例えば、少数の親方層で市場を独占的に支配するため、徒弟を短期間のうちに高い手間取労働力とならぬよう規制を厳しくしたり、独立して競合ないよう徒弟期間を長期化するなどの措置がとられ、親方層の員数を制限して閉鎖的で狭い市場の中で既得権を守っていく方向が取られる。ことに18世紀からは、さらに厳しい制限がかけられ、世襲以外に親方になるには、「職」を譲り受けるか、「株」を買うかしなければならなかった。職人層のうち親方になれるのは極めて限られたため、永久に親方になれない中間層としての職人層（一般の手間取層）が絶えず増加した。手間取り層は、他所者職人、日用取、日雇職人などとして仕事を見つけて生活した。やがて、問屋制生産から資本制生産に連なる新しい工業生産関係の成立・発展が進行すると、職人層は徒弟制の制約を離れ、賃金労働者として資本制生産のもとに吸収される者も増えてくる。こうして江戸時代の後半になると、徒弟制は弛緩し衰退の方向に向かった。

（「仲間」「徒弟制度」の市場規制力）

日本の「仲間」・「徒弟制度」は、徳川期後半になると、労働市場の浸透によって変質し、空洞化していく。西欧の「ギルド」に制度的に類似しているが、西欧のギルドは、入職規制等を通し、労働市場秩序の形成に影響力を持ち、加えて、「熟練」の社会的公証・認知とその能力を有する職人の社会的地位確保の役割を果たした。外部市場の発達のプ

---

[12] 本項は主に、次の著書を参考に執筆した。遠藤（1978）、ゴードン（2012）。

ロセスや職人の社会的地位のあり方を考える場合、我が国の「仲間」と西欧の「ギルド」との性格の違いは重要な意味を持つと思われる。この点について、二村（2001）は、日本の「仲間」と西欧の「ギルド」を比較しつつ、次のように、仲間におけるクラフト的規制が徹底していなかったことを指摘している[13]。

　即ち、「ギルド」は、それ自体が領主に代わって都市共同体の運営を担う存在であったのに対し、「仲間」は、自律性に乏しく、基本的に幕府・領主により支配される存在であった。労働市場におけるクラフト的規制という点では、「ギルド」は職業上の利益を守るために、徒弟を経た者のみに入職資格を与え厳格に制限したほか、徒弟の数・割合の規制、原料や完成品の質量などについての基準の設定、労働時間の規制などを徹底した。こうした資格の有無を基準とした職業独占に基づく厳しい規制は、社会的な合意があり、正当なものとして広く受け入れられた。これに対し、日本の「仲間」においては、徒弟以外の者の入職規制や徒弟の数の制限、製品や労働時間のチェックなど類似の行動をとっていたものの、その規制の程度は遥かに緩やかであり社会的に正当なものとして認知されるに至らなかった。構成員の数の制限や価格・賃金の申し合わせも幕府や領主によりしばしば否定された[14]。江戸後期になると、都市への農村からの労働力参入が盛んになり、徒弟修了資格に関わらず、能力があれば賃労働者として受け入れるようになる。やがて、徒弟の中途での職人への転出や鑑札のない者の受け入れが広まり、職業独占や徒弟経由の入職資格は無視される傾向となった。

　こうして、「仲間」の労働市場に対するクラフト的規制力・影響力は失われるとともに、クラフト的組織の重要な機能である「熟練」の社会的公証・認知とその能力を持った職人の社会的地位の確保の役割を果たすことができなかった。このことは、明治期以後における労働市場の性格や職人の熟練の性格・社会的地位に関し、無視できない影響を及ぼすこととなった。

第3節　幕府の人的政策[15]

　江戸時代は、幕府や各藩の政策において、近代的な意味での労働政策といえるものは

---

[13] なお、ゴードン（2012）は、イギリスの都市職人が同一職業に従事する職人を全国的に結びつける緻密な「渡り職人のネットワーク」を張り巡らせ、正規の職人である「渡り職人」に対する仕事の手配や金銭の支援等の便宜を図るとともに「もぐり職人」を排除し、正規職人の利益（職務独占、賃率維持等）を守る仕組みをつくることに成功したのに対し、我が国では、こうした「渡り職人のネットワーク」を欠いたことによって「もぐり職人」の跋扈を許し入職規制力の喪失や徒弟制の弛緩を招いたことを指摘し、我が国の伝統職人が都市と地方を結ぶネットワークを作り上げ、職域ごとの労働条件の規制を試みていれば、イギリスのクラフト・ギルドが生成期の労働組合に及ぼしたと同様の影響を及ぼし得たのではないかとしている。なお、イギリスにおける職人ギルドの発展に係る歴史的経緯については、R. A. Leeson（1979）参照。
[14] 例えば、明暦の大火後の明暦3年（1657年）9月に、幕府は、商人や職人の仲間の寄合による手間賃値上げの申し合わせを禁止したが、それは、同年1月の江戸の大火（明暦の大火）の後における建設ラッシュに際し建築関係を中心とした職人たちが経済的な利益を独占することを否認したものであり、生産と流通の自由化の観点があったとされる（遠藤（1978））。
[15] 本節は主に、次の著書を参考に執筆した。大竹（1983）、北島（1964）（1966）、牧（1977）、南（1969）、中田（1943）。

－12－

存在せず、人的政策としては、「奉公」関係についての規律の維持や、都市の治安維持の観点からする浮浪人に対する取り締まり、帰農政策などが状況に応じて実施されたに留まった。これらの政策には、働く者に対する人道的配慮という視点は殆ど見られず、殆ど専ら体制や治安・秩序の維持という観点からの施策であった。

（1）　奉公政策

（「奉公」の意味と対象）

「奉公」の言葉は、時代によってその意味と範囲に変化が生じた。元々、律令制では、「おほやけ」への奉仕を意味し、「奉公」は主として官人の服務について用いられた。中世になると、武家の奉公制度となり、主君の御恩との相関関係のもとで、「主君に仕える」という意味になった。戦国時代を経て江戸幕府が成立し支配体制が安定すると、「奉公」の意味と対象に変化が生じ、主従の関係が重んじられるとともに、「奉公・奉公人」の呼称は、社会的身分に基づく関係だけでなく、契約により労務を提供する関係すべてに及び、社会のすみずみに広まった。

具体的には、「奉公」の内容について、主従の関係における「忠」が重い徳目として強調され、民間においてすら、奉公人は「わが身を主人にさし上げ奉る義なり」（商科見聞集）とされ、奉公人は全人格的に身を捧げ「私」を否定される傾向となる。また、「奉公・奉公人」の呼称は、武家においては、大名と知行を与えられる士分たる家臣との間だけでなく、人宿（斡旋機関）を介して契約により雇われる様々な身分の軽輩（徒、足軽、槍持、六尺、口附之者、草履取、挟箱持、中間、小物等）との間も含まれた。さらに、奉公関係は、武家に限らず、町方や村方における雇用関係を幅広く包摂するようになり、職人における徒弟奉公人、商家における丁稚・手代などの徒弟的奉公に加え、中年、下男、下女にまで及び、村方においては、小作、季節労働、日雇い労働など様々な形態をとった。

こうした「奉公」関係は、社会的身分関係に基づく「奉公」関係に限らず雇用関係一般に広がり、時代が下るにつれ、性格的にも債権的関係による「奉公」関係に移行していったが、その内容は、厳しい主従関係によって律せられた。

（奉公に係る規律）

江戸時代において、主人と奉公人の間は「忠」の概念に基づく一方的で厳しい主従関係によって律せられ、その規律は江戸時代を通じて変わらなかった。制度的には、奉公契約の解除権は主人のみにあり、平等な権利義務関係ではなかった。特に、刑事法上「主人」に対する犯罪は極刑が科された。

即ち、公事方御定書によれば、「主殺」は、「二日晒（さらし）、一日引廻、鋸挽（のこぎりびき）之上磔」と最も重い刑であり、「主人に手負せ候もの」も「晒之上磔」であった。さらに、主人との関係は、年季の終了、解雇等によって奉公関係が終了しても継続し、旧奉公人は旧主人との関係で特別な義務を負わされ、「古主（旧主人）を殺候もの」

も「晒之上磔」とされた。また、主人を訴えること自体が規定上犯罪とされ、公事方御定書によれば、主人に重き悪事ありと訴え出たとき、それが偽りであれば「磔」となり、真実であっても、「本人（主人）之御仕置相当より一等軽く相伺うべし、訴人（奉公人）は本人より猶又軽く御仕置相伺う可き事」とされ、減刑はされても罪の対象となりえた。実際に、牧（1977）によれば、「奉公人給金滞」に係る旧主人に対する奉公人の「申し立て出訴」については処罰せずとも、奉行所は請求の訴えを取り上げないとの方針が老中松平右近将監達（明和7（1770）年）により定められていた。さらに、「下男・下女密通」については、「主人え引渡」となり、主人の私的制裁に任された。

　このように、主人に対する「忠」は、親に対する「孝」とともに、社会秩序維持に関わる根幹的な原理であり、その違反に対しては厳罰を以て当たるというのが幕府の一貫した方針であった。こうした厳しい倫理規範が250年にもわたり強制力を持って社会生活全般を支配した経験は、明治期以後の社会のあり方に無視しえない影響を及ぼしたと思われる。

（初期から中期にかけての奉公関係の規制）

　江戸幕府は、初期に奉公関係を規制する法令を相次いで出し、寛保2年（1742年）の公事方御定書までに方向づけがなされた。そのポイントは、第一に、一年季（一季居）の奉公の禁止、第二に、人身売買の禁止、第三に、人身売買に係る年季の制限の動向である。

　第一の一季居奉公（出替奉公）[16]の禁止[17]は、慶長14年（1619年）の禁令をはじめ、主として旗本・御家人・大名とその家臣を対象にその下級奉公人について繰り返し出された。その理由については諸説あり、江戸に特有の事情として、幕府が命じる軍役・普請・上洛や社参の供奉など武家の諸役遂行のための補助要員を多年季や譜代の形で確保させる意図があったとする説（大竹（1983）、北島（1964））、諸国から流入する浮動層の流動化を防止するため多年季や譜代の奉公によって身分秩序の安定を図る意図によるとの説（牧（1977））、そのほかに、譜代制の維持、主従関係の強化や奉公人の質の確保などを挙げる説などが提示されており、様々な事情があったことが推察される。なお、この一季居奉公禁止は明暦、寛文の頃（1650～60年代）に解除されたとされるが、それは、寛永後半期（1640年代前半）における武家層における奉公人需要及び商人層の需要の競合による相乗的な需要拡大と、他方での慢性的凶作による農村からの多数の出稼人の流

---

[16] 例えば、元和4年（1618年）の条々では、「武士の面々、侍之儀は勿論、中間・小者に至る迄、一季居一切抱え置くべからざる事」との原則をうたった禁令が出され、こうした禁令は江戸初期に繰り返し発出された。

[17] 人宿（仲介業者）では、毎年、一定の時期に奉公人の入れ替え（出替）を一斉に行うこととなっており、次の入れ替えまでを「一季」とし、一季のみの短期の奉公を一季居奉公又は出替奉公といった。「出替」に関しては、幕府は元和4年（1619年）に「出替日限令」を発し、出替の期日を農耕期を考慮して2月2日に決めたうえで、その日に一斉に「出替」を行うべきものとした。それによって、奉公を罷めた者は故郷へ帰らせ、奉公を望む者は奉公先に有りつかせるものとし、奉公もせず故郷へも帰らずに無為に過ごす「一季之牢人」を絶滅することを目指し、店借・借家にまで一季牢人の宿改めを義務づけた。

入という事態の中で、武家奉公における一季居奉公が一般形態となり、事実上禁止が空文化したことによるとされる（大竹（1983））。

　第二は、人身売買の禁止であり、主として農村奉公人を対象としたものだとされる。元々、豊臣秀吉の時代に、土地に農民を固定し耕作農民から貢租を徴収する体制をつくる一環として、検地・刀狩り・身分の固定などとともに人身売買を禁止したものであったが、幕府も基本的にこの方針を踏襲し、農民を確保するためその基盤を崩壊させかねない人身売買には厳しい姿勢で臨んだとされる（牧（1977））。幕府は、元和2年（1616年）の高札において、天領において人身売買を禁止し、売買した者は売損買損とし、売られた者はその身の心に任せ、勾引売（誘拐売）については売られた者は本主に戻すことを定めた。禁止された人身売買の対象は、勾引売・人商だけでなく、家族・譜代下人の売買も禁止された。ただし、家族・譜代奉公人の売買禁止は永代売買の禁止であって、年季を3年以内に限って売買することは禁じられなかった。当時、家族・譜代下人を売買する慣行が各地に存続しており、諸藩もそれを容認していた状況の中で幕府が家族・譜代の売買を禁止したことは突出した政策であった（大竹（1983））。こうして人身売買の禁止に年季制限の規定が併記されるのが通常となったが、これは秀吉時代の禁制と異なる点であった[18]。

　第三に、人身売買に併記された上記の年季制限は、人身の年季売・質入・本銭返・年季奉公などすべて主従関係を設定する年季の制限であり、負債を早く償却して小農に立ち戻り経営を回復させる考慮から永代売買を排して短年季奉公を促進しようとしたものとされる。いわば、小農自立化・維持の政策路線であった（大竹（1983））。当初3年であったが、その後10年足らずの寛永2年（1625年）に年季制限は10年に変更された。さらに、時を経て元禄11年（1698年）の覚では、年季制限は撤廃され、長年季あるいは譜代に差置くことも相対次第として許可するようになった。こうした年季制限に対する対応の変化は、牧によれば、農政の転換と関連しており、元禄期には寄生地主化の進展によって「田畑永代売買禁止」が形骸化し田畑の流質を認めざるを得なくなり、小農・本百姓維持の政策が破綻したことに相応している（牧（1977））。また、年季の短期化が進行し、譜代奉公人は殆ど消滅し[19]永年季制限は事実上空文化していた。さらに、需要側である武家において奉公人が払底し、その事態に対する打開策という側面もあった（南（1969））。その後、享保期に一時的に人売買の禁止とともに永年季を禁止する条々が出

---

[18] 「年季制限」の規定は、秀吉の売買禁制にない条項であった。こうした規定が併記されたことから、江戸幕府が禁止した人売買は、「永代売」のみであり、「年季売」まで禁止したものではないと解釈されている。時代が下るにつれ、「年季売」は、人身そのものの売買ではなく、労働力即ち奉公の売買として認識されるようになる（中田（1943））。

[19] 譜代奉公人から出替奉公人への転換について、荻生徂徠は、譜代奉公人の場合、幼少から介抱し成人しては衣食の世話や諸事の面倒を見たり出入り等の心配をしなければならず「譜代ハ面倒ナルモノ也」とし、出替奉公人なら悪くとも1年我慢すれば済み、しかも請人に世話をさせればよいこと、世間のことがわかった者であれば供廻の使に良いことなどを挙げ、「人々皆出替者ヲ好」とし（「政談」）、譜代制から出替制への変質を必然的なものとしている。

—15—

されたが、徳川幕府法の集大成である寛保2年（1742年）の「公事方御定書」では再び人身の永年季禁止に係る規定はなくなり、それ以後、明治期まで永年季が禁止されることはなかった。

（江戸後期の奉公関係の変容）

奉公年季制限令が廃止されたのち江戸時代後期の正徳・享保の時代（1711～1736年）には、武家方においても出替り奉公人は譜代奉公人にとって代わり、譜代奉公人は殆どいなくなる。こうした出替奉公人の増加の背景には、基本的には武士の城下町集住に伴い、経済的窮迫の中で各種の夫役や共廻等に応ずるには在地からの譜代奉公人では間に合わなくなり、江戸での人宿を通じた出替奉公人に頼らざるを得ないという事情があったとされる（南（1969））。江戸中期から後期にかけては、奉公人の主人である家臣団の経済的窮乏が顕著になるにつれ、こうした奉公期間の縮小短期化の傾向がさらに進み、身分的な主従関係の色彩や奉公人の忠誠観念は薄れ、単なる債権的・賃労働的関係に移行した。それに伴い、奉公人の欠落、質の低下、道徳的頹廃などが顕著となった。

他方、町方や村方の奉公人は多種多様であった。町方奉公人には、年季奉公人の範疇に入るものとして職人の徒弟奉公人や商家の丁稚・手代奉公人があり、下男・下女は一季・半季の奉公人であった。村方奉公人としては、家内奴隷的な性格を脱した普通年季奉公人のほか、季節雇や日雇の奉公人もいた。

幕府は、これら各種の奉公人について特別な規制を加えることはしなかった。従来どおり、人身売買は勾引売禁止として処罰し、遊女等勤奉公も悪質なものは処罰したものの、奉公人の不奉公や欠落に対しては人主・口入や請人の保証責任によって雇主の保護を図ったに過ぎない。そのほか、農村から都市への人口流出等による農村の荒廃に対しては、出稼禁止や帰農奨励などを実施した。また、後述のように、江戸には地方から膨大な農民が流入し、それによる無頼・放浪、さらに暴動などにしばしば悩まされ、幕府は治安対策の観点から、その対応に腐心することとなる。

（2）　人宿に係る規制

武家の軽輩等は、江戸では人宿を介して雇われた。人宿は、口入・肝煎・入口・奉公人宿・桂庵などとも呼ばれた。元和（1610年代）の頃から、人の周旋を業とする者がいたとされる。

幕府が人宿について対策を講じたのは、承応2年（1653年）がはじめてであり、若党・中間・草履取・六尺以下その他下女等、一季・半季の奉公人について出替日（契約期間に応じた奉公人の入れ替え日）を公定して、一斉に就職させる措置を講じたものであり、職に就かない遊民を取り締まるためであった。

17世紀末から18世紀初めにかけ、人宿や奉公人が馴合いで欠落するなどの悪質な事案が増加するなど対策の必要が生じた。幕府は人宿や奉公人を取り締まる触書を何度も出したが効果がなく、宝永7年（1710年）に人宿の調査を行うとともに、人宿の組合をつ

くらせ、欠落防止などの取り締まりを厳重にすることとした。具体的には、奉公人の逃亡や欠落に対して請人ならびに組合が給金あるいは人代を主人との相対のもと差出し、逃亡については金銭に評価し主人に弁償し償金は組合の請け人共同で負担するなどの措置を講ずるというものである。しかし、こうした措置も奉公人に対する人宿の吟味が厳しくなり、奉公にありつけない者が出るなどかえって円滑な仲介に支障をきたし、欠落の防止も成果が上がらず、廃止のやむなきに至る。

　その後も、欠落者が多数に及ぶ人宿の摘発、旅人宿における欠落者の宿泊禁止の検討、奉公人請負入口の禁止、人主（奉公人の父兄などの身元保証人）・下請の責任強化、さらには、再度の人宿の組合結成とそれを通じた寄子（人宿に待機する奉公予備の者）の監督を行わせるなどの措置を講じた（享保 15 年）が、いずれもさしたる効果は齎さず、人宿は判賃（仲介料）をとることに専念し、奉公人の欠落も跡を絶たないという状況であった。幕末には、奉公人の増加、奉公期間の短期化が進み、それに応じて人宿の数は増加したが、人宿規制の課題は明治期に持ち越された。

（３）　流入者・不安定雇用者等の対策

　江戸には、17 世紀半ば以来、凶作による米価高騰や飢饉等によって農村からの流入者が増加した。人口膨張に伴い、浮浪者・無宿人、日庸などの不安定雇庸者、下層細民・裏店住まいの貧民となる者が急増し、物価高騰や食糧危機、さらには大火など生活貧窮の際には、彼らによる打ちこわしなどの暴動や付け火がしばしば生じ、単なる社会問題に止まらない治安問題となった。

　こうした事態に悩んだ幕府は、無宿や日庸の取り締まりの強化、日庸座の設置による間接の取り締まり、さらには、無宿人の収容と再生をかねた人足寄場の設置などの対策に腐心することとなった。

（日庸座の設置と消滅）[20]

　17 世紀半ばには、旗本奴・町奴などの無頼の横行が激しかったが、こうした無頼の徒の多くは、雇庸期間が短く不安定な生活を送り、しかも、都会的遊興の風に染まり本来の農を嫌い郷里に帰ることなく放浪する者であった。

　こうした浮浪無頼の徒を取り締まる措置として、慶安・明暦期（1640 年代後半～50 年代）に風俗矯正令や遊興無頼の徒の取締令が盛んに出された。特に、幕府は承応 2 年（1653年）9 月に法令を発し、日庸取・鳶口・てこのものに、それぞれの頭より必ず札を受け取ること、斡旋を行う人宿ではその札の有無を糺すべきことを命じた。この法令により

---

[20] 日庸は、契約期間が短いほか、請人を必要としない点で通常の奉公人と異なった。また、規定額以上の契約は禁じられた。日庸者は、通常、口銭を日庸請負業者に支払い、残りを手取りとした。期間は、1 日が原則だが、長期のものは数か月に及んだ。その中間に、10 日、20 日、30 日のものもあり、生活は極めて不安定であった。通常の奉公人とは仕事内容の種類においてはそれほど区別がなかった。日庸者は時代とともに増大の一途をたどり、明和から安永にかけての 1770 年代には、1 万～1 万 2,000 人以上に達したと推測されている（南（1969））。

—17—

日雇者や鳶口などが直接に個々の契約で仕事に就くことが禁じられ、頭は日雇者の周旋権を持つとともに、自己の発した札を所持する日雇者を監督する責任を負うことになった。明暦3年には無札で日雇人足に出るものがあれば処罰すべき旨の令が出された。

　こうした取締まりをさらに一段と強化する措置として法制化したのが寛文5年（1665年）3月の日庸座の設置であった。日庸座は、日庸者の取締まりを行う組織で元々行政的・警察的性格のものであるが、日庸札発行権を一手に掌握・独占し札役銭を徴収する権限を与えられる点で株的な性格も持った。幕府の求めに応じあるいは願出によって町の有力商人等が日庸座を請負うと、日庸者の総元締として特権を与えられ、通常自らの居所に日庸座会所を置いて座を運営した。具体的権限は、①日庸者に日庸札を配布彼らの実態を把握し監督すること、②札役銭を徴収すること、③日庸者及び日庸請負人に庸価を指示することであり、そのほか、幕府の指示によって、米つき、荷物の運搬、背負いなどに必要な御用人足の労務提供を請け負った。

　日庸座の対象とする日庸者は、当初、江戸の武家方・町方の日庸者であったが、次第に対象は拡大し、対象日庸者の増加に加え、徴収を巡っての紛争もしばしば生じるなど、日庸札の交付と札役銭の徴収は次第に困難となっていった。また、日庸座に対する期待も、当初は、警察的・行政的な意味での取り締まりであったが、次第に、日庸座の設置と札役銭徴収の権限を特定に者に与え、その代わりに労役の提供（これも次第に上納金の提供に代替）をさせることが中心となり、座は株的な冥加金上納機関の性格が強くなった。こうして、当初の存在意義が薄れるとともに、札の交付や徴収に関わる弊害が顕著となり、寛政9年（1797年）に廃止の命が下された。日庸座による日庸者の取り締まりは、札の交付による対象者の把握と統制、「座」という自治組織の活用を図った点など興味深い点がみられる。

（人足寄場の設立）[21]

　18世紀後半に浮浪者対策として講じられたのが人足寄場である。天明3年の大飢饉により無宿者・浮浪人、日雇が激増し、これらの者により、打ちこわし（天明7年の「江戸うちこわし」が有名）のほか、市中で問題を起こす治安上の由々しい事態が頻繁に生じた。

　この頃、幕府は、松平定信のもとで、陸奥、常陸、下野など農業労働力が激減し荒れ地が増大した農村地域の復興のため、滞留貧民の帰農（「人返し」）の推進を図ったが、それは、同時に貧民の江戸滞留を阻止する治安上の目的も兼ねたものであった。しかし、こうした努力によっても効果は殆どなく、定信は、滞留する浮浪者を「溜」（救寮施設）などの収容施設や臨時の措置として伊豆諸島へ送り込むだけでは治安上の問題に十分対応できず悩む中で、長谷川平蔵[22]の献策を受け、同人に1790年（寛政2年）に石川島に

---

[21] 本項は、主として、南（1969）によった。
[22] 当時、長谷川宣以（平蔵）は、無宿取締りにあったっていた火附盗賊改であった。

人足寄場を設けさせた。

　人足寄場は、入墨・敲などの軽罪の者で刑が終わっても放置すれば再犯のおそれのある者、無宿者・浮浪者に転落する危険のある者などを収容した。人足寄場は、基本的に、懲治監的な性格と予防拘禁の性格を併せ持った施設であり、衣食などの寄場の生活条件は厳しく、寄場へ入れられることを恐れさせることによって転落防止を図ろうとしたとされる[23]。

　他方で、人足寄場では、仕事を与え手に職をつけさせることによって、彼らの更生と転落の防止をはかった。収容期間は３年程度であったが、改悛の情があり自立できる見込みのある者は、道具と生業の資金を与えられ、早く釈放された。収容の間、男には、大工、左官、鍛冶、表具、彫刻など、女には、裁縫、機織りなど男女計30職種にもわたる作業や訓練が実施され、作業の収益（作品の売買益）は、その一部（２割程度）を施設の運営費に充て、一部は日常生活に使うことを許し、残りは出所後の元手として貯金させた。こうした面で、人足寄場は、先駆的な事業の性格を持ち、明治期以後の受刑者の処遇の参考ともなった。

第４節　各種教育制度の発達[24]

　江戸時代後期には、寺子屋のほか、寺子屋と藩校の中間となる郷校、各藩の藩校、さらには民間における私塾が発達した。これらは、対象者、教育の内容・レベル・態様などさまざまであったが、幕末には、各層を対象に幅広く普及し、人材面から明治期の近代化を準備する役割を果たした。

（１）　各種の教育制度

　第一は、庶民レベルの教育機関である寺子屋[25]の普及であり、元禄から享保（17 世紀末〜18 世紀前半）にかけて三都を中心に本格的に普及し、文化・文政期から天保期（18世紀後半〜19 世紀）に飛躍的に増加した[26]。幕末期には、都市はもとより農漁村でも急激に増加し、維新時には、ほぼ男子の 40％、女子の 10％が学んでいたと推定されている（ドーア（1970））。寺子屋は、主として中流以上の農民の子女を対象に「読み書き算盤」に加え、地域に応じた初歩的な実用を学ぶことであった。通常７〜８歳で入学し、机・

---

[23] 青木（1989）。
[24] 本節は主に、次の著書を参考に執筆した。文部省編（1972）、文部省（1903）、ドーア（1970）（1978）、シュリーマン（1998）、合衆国海軍省編（1953）、佐賀県教育会（1927）、天野（1997）、安岡・天野（1995）。
[25] 既に近世に、庶民の間では幕府や藩の保護・干渉によらず、自らの力で「読、書、算」の初歩を子弟に授ける教育施設が設立され始めていた。中世寺院での僧侶による俗人子弟の教育に起源をもつことから寺子屋（手習所）と呼ばれた。
[26] こうした寺子屋や読み・書き・算盤が普及した背景としては、①年貢の徴収、治安の維持（法度、触書、高札）、訴訟などが文書を通してなされたため、村役人となる上層農民は勿論、一般農民も読み・書きが必要となったこと、②商品作物の生産が盛んになり、「農業全書」など栽培方法や商品作物に関わる知識を習得し記録するための読み書き能力が必要になったこと、③貨幣経済・商品経済の発展に伴い、商人にとって商業活動に必要な「読み・書き・算盤」と帳簿作成の能力が不可欠となったことなどが挙げられる（スミス（1995）、ドーア（1970））。

紙・墨・筆などの教具を持参し、親が入門料や授業料を納め3～5年自学方式で学習する。「往来物」と呼ばれる教科書の読み書きとそれを通した社会生活についての学習が中心であった。「往来物」の内容は、教訓的なもの、地理教材的なもの、実業教材的なものなど様々であったが、特に、職業関係のもの（「商売往来」や「百姓往来」など）が多く、寺子屋教育は、同時に初歩的職業教育の役割も担っていた。寺子屋教育は民間で発達し幕府の介入は殆どなかったが、例外的に8代将軍吉宗は関心を示し、道徳教育の加味の観点から「六諭衍義大意」（清朝の世祖順治帝教のときに書かれた人民教諭の民間版を翻訳しやさしく説いたもの）などを教科書として使用することをすすめ、以後、こうした教科書を活用して一層の発達をみた。寺子屋教育は女子にも広まり、良妻賢母を説く「女大学」や「女今川」などの教訓書が教科書として登場した。また、当時、師匠の約3分の1を女性が占めるなど女性の活躍の場でもあった。江戸時代における民衆の識字率は世界的にみても極めて高い水準に達したことはよく知られるところであり [25]、明治末期までに初等教育がほぼ完全に普及した背景として、こうした寺子屋の普及の影響を考えることは自然であると思われる [26]。

第二に、私塾の発達である。民衆の教育熱の盛んになった文化・文政期（18世紀末から19世紀初めにかけて）には、単なる読み書き能力を超え、より高い教養を求める富農や富商の欲求に応じた高等教育機関として各種の「私塾」が発達した。その規模や教育内容は多様であったが、漢学と書道塾が圧倒的に多く、ついで、算学・洋学・武術・国学などであった。外国の新たな知識を吸収するための蘭学塾もいくつか生まれた。教育水準は、家庭塾や寺子屋に毛の生えたようなものから高度な教育内容を誇る組織だった大規模なものまで多様であった。教育方式は、それまでのような一時的に学びに訪れる方式から、一定期間、規則に従って出席させ、カリキュラムにそって授業が行われる方式のものも出現した。有名な私塾としては、大坂町人の出資による漢学塾「懐徳堂」、広瀬淡窓による豊後日田の漢学塾「咸宜園」、本居宣長の「鈴屋」、大槻玄沢による蘭学塾の「芝蘭堂」、緒方洪庵の「適塾」などがある。これらの「私塾」の多くは、優れた師匠とその学識・人格を慕う学生との個人的な結びつきによるものであり、組織的・永続的なものは限られた。文化・文政期には各地に様々な教育目標を持った私塾が生まれ、師匠の名声を慕って身分を問わず遠方から熟生が集まる高度なものが生まれた。そこでは、身分・世代の区別なく学習し、真摯に意見を交わし広い視野でものを考える風土が生まれ、こうした中から幾多の英才が巣立っていった。

第三に、藩校や郷校の系列である。幕府が、18世紀に純官立・官営の昌平黌を設立、模範を示したことが、1790年代の寛政年間の開校ブームの一因となった。19世紀中葉になると、多くの藩が財政危機などを乗り越えるため藩政改革を行う中で、新たな藩政を担う人材の育成のため藩校の設立や拡充が相次いだ。幕末には、殆どすべての大名にとって学校は不可欠なものとなり、藩校を置いた藩は267藩中219藩にも及んだ。代表的

なものとして、創立が古い藩校として名古屋藩の明倫堂、会津藩の日新館、岡山藩の花畠教揚など、江戸時代中期以後のものには米沢の興譲館、佐賀の弘道館、和歌山の学習館、萩の明倫館、仙台の養賢堂、熊本の時習館、鹿児島の造士館、金沢の明倫堂など、時代がやや下って水戸の弘道館などがある。教育の内容は、漢学[27]のほか、国学などをおき、また幕末には洋学や西洋医学を加えるものも多くなり、藩校の教科目は幕末になるに従って増加した。さらに、武芸の教育も藩校と関連をもって行なう傾向が強くなり、藩士のための総合的な教育機関としての性質をもつようになった。その目的は、基本的に、藩政を担う藩士に地位に相応しい「教養」と「徳」を習得させるものであり、藩校での成績によって官僚を選抜する性格のものではなかった。他方、郷校は、藩校と寺子屋の中間的な教育機関であり、藩や代官の直営、領主と民間の共同経営、民間有志の経営など形態は様々であったが、寺子屋や私塾と異なり藩校の分校の位置づけで領内の庶民を教育する目的を持つなど公的な性格を持った。郷校の中には、岡山藩主池田光政によって設立された手習所を統合した閑谷（しずたに）学校（閑谷黌）など創立も古く規模も宏大なもののほか、幕末から明治維新にかけて設けられた民間有志の設立経営によるものも多く、この種の郷校あるいは郷学校は、その経営形態からも近代の小学校の前身となった[28]。

（2）　教育機関の性格と特色

　上記のように、18世紀後半から19世紀にかけて、各種の教育機関の発達が顕著となったが、これらの教育機関については、天野（1997）によれば、次のような特色が認められる。

　第一に、19世紀には多様な教育機関が存在し、しかもかなりの普及水準に達したが、多くの教育機関は、藩校─武士、郷校─武士・村民、寺子屋─庶民（農民、商家）のように特定の身分集団との結びつきが強く、公的な広がりはなかった。幕府としても、例外的に寺子屋について吉宗による設置奨励や教科書の推奨などの対策はあったものの、基本的にこれらの教育機関に積極的に関与する姿勢をとることはなく、まして、ヨーロッパ諸国にみられたような教育機関全体を国家の統制下におき、階層的な構造を持つ制度へ統合するような「公教育」の発想は全く存在しなかった。

　第二に、上記のように、我が国では国から自治を認められた同業組合の伝統が弱く、専門的職業人についても、自立した組織や団体は存在しなかった。高度な学問に係る教育機関としては、上記の「私塾」が存在したが、そこでの教師と学生との関係は、きわ

---

[27] 漢学の場合、教育内容は、儒学が中心であったが、儒学の教科書として、四書（大学・中庸・論語・孟子）、五経（易経・書経・詩経・春秋・礼記）などが一般に重んぜられた。

[28] 明治5年の学制の構想では小学校の新設計画が打ち出されたが、それは挫折し、1879年と翌1880年の改正で適格と認められた私立学校（既存の寺子屋）が公立学校の機能を代行することを許した。改正の際、文部省が元老院に対して行った説明では、公立校でさえ教員の9割は新しい師範学校の教育を受けておらず、その大部分は「僧侶、修験、習字師ノ徒」即ち、寺子屋師匠であったという（文部省編（1972）、ドーア（1970））。

めて個別主義的・人格的なものに過ぎなかった。そのため、学問をする知識人のサークルはあっても、ヨーロッパにみられたような学者の共同体ないし同業組合としての「大学」に相当する永続性を持った組織や養成機関は存在せず、能力や技術の証明としての資格付与という考え方が生まれる余地はなかった[29]。このことは、明治期の教育制度創設に当たって、自由に教育システムを設計することを可能とした反面、民間において高度・専門的な知識・技術を養成する存在を欠き、教育の発展は専ら国家に頼ることとなった。

　第三に、一部ではあるが、幕末には教育に業績本位の競争的な制度を導入する動きがみられた。即ち、19世紀に入る頃から幕藩体制の危機が深刻化する中で、業績本位の行政官僚の任用が求められるようになり、各藩において「人才（人材に相当する言葉）教育」を目標に藩校の教育改革が叫ばれるようになった。ただし、その内容は、基本的に、封建社会の身分制を前提として、上級武士の子弟に治者としての「教養」や「徳」を付与する程度のものであり、業績本位の競争制度の導入や身分にかかわりなく選抜・登用することまでを意図したものではなかった[30]。むしろ、徹底した競争主義の導入は、身分制の枠にしばられない「私塾」においてみられた。例えば、広瀬淡窓による豊後日田の「咸宜園」や緒方洪庵の「適塾」では、身分・家格、年齢、入塾前の修学に関係なく、定期的に行われる試験の成績だけで席次や進級が決められ能力だけがものをいう世界がつくられた。幕末期には、有能な官僚を求める諸藩の中には、「私塾」に着目し、優秀な藩士を選抜して私塾に遊学させ高級官僚に抜擢したり、身分に関係なく私塾で高度な専門知識を習得した者を招聘・登用するところも現れ、「私塾」とそこでの教育は社会的上昇の手段たる性格をもちはじめた。維新後に政権を握ることになった下級武士たちがこうした教育経験を持ったことは、維新後に競争的な選抜の教育制度を導入するうえで重要な意味をもった[31]。

第5節　庶民の思考・行動特性[32]

　我が国では、稲作中心の農耕社会の家制度に、神道、儒教、仏教の道徳的慣習が混合して職業倫理が形成されてきたといわれる。特に、江戸時代において、勤勉思想が商人や農民の間に広まり、同時代における殖産興業の発展の精神的支柱となり、後世の経営

---

[29] ヨーロッパの大学では、アビツーア（ドイツ）、バカロレア（フランス）などの「学位」の制度が存在したが、我が国では、学者の専門団体を欠いたことにより、こうした「学位」の制度に代表される社会的に通用する資格制度は成り立たなかった。明治期に「学制」によって「学士」の制度は設けられたものの単なる称号に終わり、帝国大学を筆頭とする個別の高等教育機関の序列が形成され、それが社会的評価につながることとなった（天野（1997））。
[30] ただし、なかには佐賀藩の弘道館における「文武課業法」と呼ばれる教育・試験法のように、業績原理を一歩進め、設定された学習課題を達成できなければ、禄高の半分を没収する藩もあらわれた（佐賀県教育会（1927））。
[31] 明治期に政治権力を握った支配者の多くは、藩内の身分制的秩序の批判者である下級武士であり、藩外に遊学し私塾で業績本位の競争を経験した人々が少なくなかった。私塾での業績本位、普遍主義の経験は、明治期の教育に重要な意味を持ったと考えられる（安岡・天野（1995））。
[32] 本節は、主に次の著書を参考に執筆した。山本（1979）、竹内（1989）。

者や労働者の思考・行動特性にも影響を与えたとされる。また、農業分野では、幕末に耕地が不足する一方、商品経済が発達する中で、農民は生産性の向上のための各種の創意工夫や多様な作物の生産を行い、それによって獲得されたスキル志向や勤勉のエートスが明治期以後の労働者の勤勉性などの形で引き継がれたとの説も提示されている。これらの思考・行動特性に係る議論は、明治期以後の発展にとって無視できない面を持っている。

（1） 商人の勤勉思想の源—鈴木正三、石田梅岩ら

こうした勤勉思想を商人等に広めた代表的な思想家として、江戸初期の三河武士出身の仏教者である鈴木正三や石門心学の始祖である 18 世紀前半の石田梅岩が挙げられる。

前者の鈴木正三は、「盲安杖」、「万民徳用」、「破切支丹」などの著作を著し、在家の人々に近い立場で仏教を思索し、特定の宗派に拘らず、念仏などの教義も取り入れ、「世法即仏法」を根拠とした「職分仏行説」と呼ばれる職業倫理を重視した。特に、在家の人々のために『萬民徳用』（1986）を執筆して、日々の職業生活の中での信仰実践を説いた。即ち、真の仏教修行は、出家して僧侶になるよりも、各自が営む日常の職業に専念することによって達成されるとの考えにもとづき、世俗的な職業に一心不乱に専念することが仏道修行そのものであるとした。職業の如何を問わず、勤勉による個人の救済、人格の完成を説いた同人の考えは、後代に大きな影響を与えた。

後者の石田梅岩は、農民の子で京都の商家に奉公する傍ら学問に励み、「都鄙問答」「倹約斉家」を著し、「勤勉」と「倹約」を説き、世に広めたことで知られる。梅岩の基本的な考え方は、朱子学の「天理即本然之性」であり、「本性」のとおりに生きれば天理にかなった生き方になるとした。人間は労働して食を得るような形であるがゆえに、その形の通りにひたすら働けば天理にかない安心立命の状態になる。そうすることが自然の秩序に従うことになり、同時に社会の秩序の基本即ち「礼」になっていると考えた。こうした原則は士農工商を問わず通ずる原則であり、「天理＝働くこと＝善」とされ、勤勉か否かが善悪の問題になった。また、梅岩は、人間は生活に必要なだけの支出をすればよいとし、「名聞、利欲、色欲」とそれに起因する虚栄心を嫌い、倹約を説いた。「勤勉」と「倹約」、それに基づく少しの無理のない心の余裕が人間を「正直」にすると考えた。梅岩は享保 14 年（1727 年）から延享元年（1744 年）に没するまで、自らの考えを広めるため無料の講釈形式で教化活動を行った。18 世紀後半には、手島堵庵をはじめとしてその弟子の中沢道二など多くの弟子たちが、京都を中心に、大坂、江戸に心学黌舎をつくり、町人たちの教育にあたった。こうした教育は、18 世紀末には地方にも発展し、主として商人及び商業的農民から多くの信奉者を得た（竹内（1989））。

鈴木正三と石田梅岩の思想が日本人に与えた影響は大きく、後に日本人の常識のようになり、日本資本主義の基礎となったとも言われる（山本（1979））。

（２）　農民の思考・行動特性

　江戸時代の人口に占める農民の割合は圧倒的であった。明治期以後の雇用者の多くは農民出身であり、江戸時代に培われた農民の思考・行動特性は、明治期以後にも継承され、工業化などの産業・企業の発展を支えたとする説が唱えられている。

　例えば、アメリカの歴史学者のトマス・C・スミスは、その著書（『近代日本の農村的起源』、『日本社会史における伝統と創造』）の中で、徳川時代後半の農民は、肥料・農具など技術的改良、様々な商品作物の生産、作物生産における計画性と厳しい時間管理などにより生産性を向上させるプロセスの中で、多様性や変化への対応、時間の効果的活用、絶えざる技術的改善努力などスキル志向の精神的態度・行動様式を身につけたとし、こうした精神的態度・行動様式が、明治期に持ち越され、工業化の準備になったとする考えを提示した。

　また、歴史人口学者である速水融は、幕末の農業経営において「勤勉革命」が起ったとする。それによれば、幕末の農業経営は、可耕地の殆どが耕地化された中で限られた耕地の中での効率的な経営の方向を選択し、夫婦と子供単位の家族労働という効率的な形と大量の肥料の投入を集中的に行うようになった。こうした家族労働力の投入は、長時間の激しい労働の遂行の形をとったが、それによって商品経済のもとで農家の生活水準は大きく向上した。速水融は、こうしたプロセスの中で、農民は生活水準向上欲求を強固にするとともに、「勤労の意味」即ち、勤勉性を知った（Industrious revolution）とし、こうして獲得された「勤勉性」は、資源のない我が国において、明治以後の工業化の初期段階を乗り切る原動力として奨励された。また、今日に至る国民の「働きの過ぎ」の特質も、Industrious revolution を経験した国が、それを喪失しないうちに Industrial revolution を行った結果であるとする議論を展開した[33]。

　もっとも、こうした議論に対しては、ゴードン（2012）のように、明治期の職人の怠惰さや仕事に対する態度からみて、江戸時代の農民の勤勉さが明治期の労働者に受け継がれたとは考えられないとの意見もあり、江戸期農民の「勤勉のエートス」の獲得とその歴史的影響については、明治期以後の教育や、明治期以後も続いた農民の都会への流入の影響も含め、さらに多角的な観点からの検証が必要と思われる。

---

[33] 速水（2003）。

第2章　明治初期と雇用・労働関係の芽生え

第1節　産業近代化と労働関係の成立[34]

（身分制の廃止と旧秩序の解体）

　1869年の版籍奉還、1871年の廃藩置県により体制が改まり、明治時代になると、身分制の撤廃、地租改正など急激に近代的な改革が進められた。明治初期（1872年）の人口は、3,481万人（戸籍人口、1900年には4,385万人に急増、年率1％強）であった。宗門人別制度の廃止・身分制の撤廃など、四民平等の世の中となり、人々は移動の自由、職業選択の自由が認められた。同時に、産業部門でも、営業の自由が認められ、株仲間による営業の排他的独占は公式的には撤廃された。こうして、職人の世界では、従来からの同業組合が減少し規約に則った行動や徳義が失われる一方、請負業者が幅をきかせ同業者間の競争が激化し、賃労働が広がっていく。他方、士族層の解体と窮乏、農民層の分解と多数の土地喪失農民の発生・窮乏化は社会の大きな不安定要因となったが、やがて、これらの人々の多くが賃労働の供給源となった。

（産業の勃興と多様な就業形態）

　明治初期の産業は、製造業では、酒・味噌・醤油などの醸造業、養蚕・製糸、絹織物・綿織物業、製紙、製油などの在来産業が中心であった。これら徳川期に形成された小農家族経営と密接に結びついた地方の産業基盤は、明治期になっても存続・発展する。同時に、新たな産業形態として大規模工場が出現する。幕末から外国船の出没に直面した幕府や諸藩は、先進工業国の技術の導入を図り、反射炉、洋船、製鉄所（長崎、横須賀など）の建設を進めたが、明治期になるとこれらの工場は新政府に没収され、官営の軍需工場（呉海軍工廠、東京砲兵工廠、横須賀海軍工廠等）や官営製鉄所（八幡）となる。このほか、大規模な工場・作業場として、鉱山、銅山、炭鉱、民営の紡績工場などが存在した。

　労働関係は、明治前半（日露戦争前）の段階では、在来産業を中心に、江戸時代からの奉公制度や請負制が引き継がれ、必要な労働力は、農村の労働力など外部から調達された。総じて、移動の激しい労働市場のもと、多数の職人や労働者が「口入れ」や請負などにより調達された。他方、職人の育成方式でもあった徒弟制度は、職人仲間の解体や製品需要の大幅な変化・減少の中で次第に変容・解体していく。維新後の職人の生き方は、従前の職能を活かし職人として生き残る者、官営工場や民間工場の賃労働者となる者、会社や問屋の下請けや工員となる者、都市の雑業層となっていく者など多様であった（尾高（1993））。全体として、工場などの近代的生産方式が広がるにつれ、自主独立の職人の文化は次第に表舞台から姿を消し、工場職工の世界へと移っていく。しかし、

---

[34] 本節は主に、次の著書を参考に執筆した。横山（1985）、板野（1989）、速水・宮本又郎（1988）、伊丹（1998）尾高（1993）、Ohkawa and Rosovsky（1973）、宮本又郎ほか（2007）。

職工は従属的で社会的に地位の一段低い存在と看做されるようになり、職工を養成する実業教育も意欲とは逆に人気のない存在として終始する。

　他方、商家大店中心の住み込み奉公制度や内部育成システムは明治期になっても継続・発展したが、三井などの大店では、明治後期になると、時代に先駆けて、奉公人の住み込み制度（仕着別家制）から通勤制・試験採用などの雇用システムへの切り替えが図られる。また、明治期に従来の大店などの商家は財閥化し、商社、銀行など多角経営を行い、これらの分野に商家の内部育成システムが継承されていく。

（工業化の開始と雇用制度の浸透）

　開国に伴う貿易競争に直面した政府は、競争に耐える経済力の構築として「富国強兵」「殖産興業」の名のもとに商品経済の促進と近代産業の育成を進める。綿紡績などの機械制大工業の移植を急ぐ（富岡製糸場など）とともに、株式集団的生産とそれを担う工場労働者の定着・育成が急務になる。産業振興策は、当初、工部省官営事業中心であったが、多くは赤字続きであり、1880年代に行政改革の一環として、軍需関連・鉄道・電信を除き民間に払い下げられ、振興策は、輸出振興・輸入防圧のための民業産業の育成に移る。官業払下げを受けた岩崎、浅野、古河、三井等は、それを基盤に多角経営を行い財閥に成長する。折しも、1881年からの松方財政によるデフレ政策で庶民は貧窮する。特に、農村の貧窮は深刻で、大量の人員が都市に流入し、産業化に必要な労働力予備軍を形成した。

　松方デフレ後の1886年の輸出拡大を契機に経済が活況を呈する中で、政府の政策的育成に努めた近代産業が漸く開花の時期を迎え、大規模企業が出現する。製紙、紡績など繊維関係が最も多く、次いで、造船、鉱山・非鉄金属、新たな分野では鉄道・運輸、銀行、電力などである。経済史の観点からは、この時期が日本の工業化の開始期とされる（Ohkawa and Rosovsky（1973））。この時期は同時に、雇用制度の開始期でもある。しかしながら、全体的に見ると、1885年の時点で、非農林業従事者は563万7,000人で全有業者の25％、さらに近代産業従事者は41.8万人で全有業者の2％にも達しなかった[35]。（宮本又郎ほか（2007））

　松方財政後の明治半ばから大企業が出現したが、労働市場は極めて流動的であり、紡績会社などでは女工の頻繁な移動に悩まされる。また、機械工なども「渡り職人」の伝統が残り移動は極めて活発であった。工場では、大量の商品の生産を可能とする生産形態である工場制機械工業が導入されたが、管理組織は、未だ職人達を統制する力量に達せず、職人達の管理を親方に頼る親方請負制という間接的な管理方式が一般的であった。明治中期以後、雇用制度は徐々に浸透する。しかし、工場での職人たちの働き方は、依然として、独立の気風を持ち、自己流の仕事のやり方に固執し、安全の無視・無頓着、

---

[35] 宮本又郎ほか（2007）p.89参照。

時間にルーズ等の問題があった。工場制度における働き方の定着には、職人たちを指揮系統・規律に馴染ませ管理する必要があり、日露戦争頃までの長期間を要した。

第2節　賃労働の出現とその状況
（1）　諸身分の解体と労働供給[36]
（ア）　農民・士族の分解と賃労働者化
（農民層の分解と労働供給）

　明治初期は、封建身分の解体に伴う変動と再編が生じ、その中から賃労働が徐々に形成されてくる。供給の中心は、農民層の解体ないし家計補助としての労働であった。明治6年の地租改正を契機として、農村では地主への土地集中が起こる一方、小作人の再編、兼業農家の増大、中農以下の没落と零細農民層の拡大などが生ずる。そうした中で、高率小作料や、耕地の狭小、さらには副業の衰退などから過剰労働力が生じ、労働供給源となることによって徐々に賃労働が形成された。こうした農村からの労働力供給パターンは、隅谷（1955）によれば、大凡、次のようなものからなる。

　第一に、農村地帯の製糸・織物を中心とするマニュファクチュアの展開を基盤とした労働需要に対し、周辺農村の中貧農所帯から供給されるパターンである。幕末以来、豪農マニュフクチュアが相当広汎に形成され、明治10年以降、製糸・織物を中心に農村マニュフクチュアはさらに発展した。また、政府の殖産興業の一環として建設された富岡（製糸）などの模範工場も農村地帯に建設された。これらの工場は、まず、周辺農家の過剰労働力からくる家計補助的な女工などの通勤者の賃労働によって支えられた。

　第二に、中貧農の過剰な労働力が自己の周辺において就業の機会がないことによる単身遠隔地の工場・鉱山、土建などへの出稼ぎするパターンである。工場制工場の発展による工場の大規模化や工場地帯の形成は、次第に周辺地域の労働力では足らなくなり、製糸、紡績などの工場では、新たな労働供給源として家計補助としての寄宿方式の女工が広範囲に開拓されていく。また、建設・鉱山などにおいて、新たな供給源として男性の季節的な出稼ぎ労働が求められるようになる。

　第三に、農村における高額地租と高率小作料によって生活破綻から一家離散して都会に流出し、賃労働者となるパターンである。江戸時代末期からこうした窮迫農民の都市への流入は起こっていたが、特に、明治14年（1881年）以降の経済停滞期に糊口をしのぐため都市に大量に流入した。これらの人々は、都市下層の窮民層を形成するとともに、労働力として、第一や第二の形態の補完的役割を果たすこととなった。

---

[36] 本項は主に、次の著書を参考に執筆した。隅谷（1955）（1977）、二村（1988）、尾高（1993）、横山（1985）、横須賀海軍工廠（1973）、西成田（2004）、農商務省商工局工務課（1904）（1947）、農商務省商工局（1903a）（1903b）、梅村ほか（1988）。

（士族層の解体・窮乏）

　版籍奉還後もしばらくの間は、士族に対して秩禄（家禄・金禄）が支給されていたが、支給対象者・支給額の削減を図っても国家財政の3割超を占めたことから、政府は明治9年に秩禄を金禄公債に切り替える一斉処分を断行した。士族31万人、うち下士族26万人に対する支給額は、利子換算するとようやく下層民の生活を維持できるかどうかの水準であった。このため、多くの士族が無為無産の状態に置かれ、小生産者として起業した者も「士族の商法」で失敗し、窮民に転落する者が多かった。

　こうした事態に対し、政府は、殖産興業の目的で募集した起業公債の中から起業基金を設け、士族授産の事業を興し、養蚕、製糸、織布等の家内工業ないしマニュファクチュアを奨励し士族の生計を維持しようとした。しかし、明治14年以降の経済沈滞の中で独立小生産者の道は困難となり、士族とその子弟の多くは、賃労働者化していった。

（イ）　職人層の分化と徒弟制の変容

（職人のあり方の変容と分化）

　明治初期から中期にかけて、政府による一連の改革や商品経済の更なる進展に伴い旧職人が没落する一方、殖産興業による近代的な工場が出現によって職人のあり方や伝来の徒弟制度も変容を余儀なくされた。

　幕末時代の産業は大別すると、明治期において、①在来産業として旧来どおりの活動を続けたもの、②西欧化ないし近代化し様相を変えて再出発したもの、③全く新しい商品サービスを開始したもの、④近代化に成功しないまま消滅していったもの、がある。尾高煌之助によれば、これらの産業の消長に応じ、明治期の職人層も、大凡次のようなタイプに分かれていく（尾高（1993））。

①ほぼ従来の伝統に従い職人としての道を続けるタイプ・・・この中には、㋑国際競争に晒されず従来通りの職を続ける職人（酒醸造、醤油・味噌醸造など）、㋺「居職人」として自ら店を持ったり問屋との関係を結んで工芸品製造に携わる職人（陶芸、調度、細工など）が含まれた。

②「出職人」として労力を売って生活する者であって、請負人のもとで賃労働者化していくタイプ・・・主として、建設業関係者（大工、左官、石工、瓦葺などの建築職人）が相当する。

③旧職人層が工場の出現に伴い新しい技術体系に再編されたタイプ・・・その中には、旧来の技術がそのまま役立つ場合（鋳物、鍛冶、木工）と全く新たに訓練を受けなければならない場合（旋盤、仕上げ、造船工などの機械加工）があった。ただし、後者にあっても工場制生産の効率的な集団作業を継続的に行うためには、独立自営の時とは異なり仕事の段取りや手順を全く改めなければならないことも多かった。

④全く新しい商品サービスの製造・販売のために新興の職人層が編成されるタイプ・・・製靴、煉瓦、印刷、洋裁、ペンキ塗り、石鹸、ガラス細工など。

⑤産業構造の変化により需要がなくなり没落する職人・・・機屋、染物、武器、和釘、雑業（提灯、ベッコウ、和紙など）。

尾高（1993）によれば、以上のような変化は、本格的な工業化が開始される日露戦争後までは概してゆっくりしたものであった。日露戦争後になると、需要の変化、機械の導入、国家政策の影響により職人層の「分解」と「崩壊」は加速・本格化し、この間、「資本の勢力は日に盛んにして労働の価値下がりつつあるは両者（居職人と出職人）同じき」（横山（1985））とあるように、職人の社会的地位は時代を経るにつれ低下していった。

（徒弟制度の変容—職人徒弟制）

職人のあり方の変化とともに、従来の徒弟制度も仲間制度の解体と親方の職業独占的地位の喪失に並行して市場化が浸透し賃労働的な関係に変質していった。明治時代初期には、未だ年季制や住み込み制などの伝統的な徒弟制度の基盤は維持されたものの、技能の伝達という色彩は薄れ、親方による家事・雑役使用など補助的労働・低賃金労働の活用・確保という側面が強くなる。新たな技法の習得が必要になる場合でも、親方自身が新たな技能や読書算に習熟していないケースも少なくなかった。弟子が年季途中で逃亡したり、よりよい労働条件を求めて移動することが頻繁に起こり、鑑札を持たない潜り職人も漸次発生する。職人となってからの修練としての遍歴も賃労働者的な渡りに変質していく。大工、建具などの建設関係、鍛冶、鋳物などの金工関係、製糸、紡績などの女工を問わず、市場化の浸透に伴う賃労働者化と流動化が顕著になる。概ね、明治10年代から20年代は、こうした変容し賃労働化した「職人徒弟制」と呼ばれる親方・徒弟関係が支配的であったとされる（隅谷（1977））。

（ウ）　賃労働者の状況

明治前期において、賃労働者は、海軍工廠、砲兵工廠、印刷局などの官営工場の職工、民間製糸工場の職工のほか、工場における備人、鉱山の坑夫、土木建設業における職人及び土方人足などが主なものであった。賃労働者の数は、隅谷（1955）によれば、明治20年代前半において、大凡、全体で20〜30万人と推計され、有業者全体の1％台前半に過ぎなかった。そのうち、不熟練労働者層が15〜16万人と多数を占め、主なものは、坑夫10万人、備人3〜4万人、人足2万人であった。他方、職工数は、製糸女工を典型とする繊維マニュファクチュアなどの女工7〜8万人、金属機械工業、特に造船業の職工及び徒弟の代表される男子熟練労働者1.7万人程度であり、化学工業関係を含めても10万人程度と見込まれた（図表1-2）。

こうした賃労働者、特に職工は、明治政府の殖産興業と近代化促進政策によって、明治中期から紡績、製糸などの繊維関係の女工を筆頭に、造船、機械金属関係の男性職工が急激に増加し、1896年（明治29年）に職工数は約42万人となり、賃労働者の大半を占めるようになったが、それでも有業者総数の2％程度を占める程度であった。

図表 1-2　明治前半期における人口、有業者数、賃労働者数の推移（単位：千人）

	全人口	有業者数	農林業	その他の産業	雇用者数	職工数
1878 （明治 11）	35,969	21,789	14,778 （67.8%）	7,011	—	—
1886 （明治 19）	38,289	22,359	14,488 （64.8%）	7,776	193.9 （0.87%）	126.0
1892 （明治 25）	40,500	23,240	14,340 （64.7%）	9,923	294.4 （1.27%）	180.3
1896 （明治 29）	42,067	23,727	14,335 （60.4%）	9,392	—	418.5（注）

（注）「農商務省統計表」の数値。「全国工場統計」では 414.1（千人）となっている。

出典：農商務省商工局（1903）、農商務省官房統計課（1913）、梅村ほか（1988）を参考に筆者作成

（2）　明治期における賃労働者・職工のタイプと状況
（ア）　近代的工場の展開と職工の登場
（近代的工場と職工的職人の登場・「伝習生」制度）

　日本が西欧の技術体系と接触した明治初期、我が国の伝統的な技術・技能体系と西欧の近代的な技術体系は大きく異なっていた。このため、殖産興業による工場制度の移植に当たっては、高級技術から現場労働に至るまで、西欧の技師・職工から技術・技能の「伝習」を受けなければならなかった[37]。例えば、横須賀造船所、三菱長崎造船所、石川島造船所、大阪鉄工所等の代表的工場や富岡などの官立製紙工場、官営紡績工場、民営の大阪紡績工場などでは、近代的な技術を持った外国人技師・職工が招聘され、その指南のもとで、日本人技師や在来の金属・機械関係の職人達が集められ、現場の仕事を覚え、かつ覚えた仕事を相互に伝えつつ作業に従事した（その様子は、横須賀海軍工廠編（1973）『横須賀海軍船廠史』において、「甲熟スレバ乙ニ伝ヘ、乙熟スレバ丙ニ伝ヘ」と記録されている）。こうした明治初期の近代的工場における技能習得方式は、「伝習生」制度と呼ばれ、概ね、西欧の技師達が去る明治 10 年代半ばまで続いた（隅谷（1977））。

（職人的職工と親方請負制・親方徒弟制）

　西欧の技師達が去ると、近代的工場では、伝習生として訓練を受けた日本の職人達が近代技術を身につけた職人（「職人的職工」）として各地の工場で活躍した。彼らの多く

---

[37] 技術体系は異なっていたが、洋式船舶、エンジンなどに要する近代的技術は、当時の船大工や鍛冶・木工・金工などの職人の技能と重なり合う部分もあり、これらの職人の手に全く負えないものではなかった。このため、外人技術者の指導のもとで実地訓練を受けたり、学んだ技術を相互に伝える「伝習制度」による習得が成り立った。

は、幾つかの工場を渡り歩きながら体得した実践的な技術を活かし、民間の工場の親方や地方の自営業者として、新たな技能・技術の活用・普及や工場現場の生産の段取り・職場管理を含めた現場を統括する存在となっていった。特に、大規模機械器具工場では、工業化初期には経営側に十分な工場管理能力がなく、職工学校[38]などで育成された技師も理論的知識はあっても実地の作業工程に疎かったため、これらの職工的職人（親方）の指導力に頼り、生産管理は分権的であった（ただし、官営工場では初期から集権的）。その象徴が一部の工場で導入された集団出来高制としての「親方請負制」である。同制度は、工場管理者から親方が一括して仕事を請け負い、生産管理・労務管理・賃金支払いの一切を取り仕切るシステム（工場内請負制）であり、現場の監督者である親方が絶大な権限を持った。概ね明治10年代末から30年代末頃まで、大規模機械関係の工場においては、これら伝習を受けた熟練職工達が組長や職長として工場を動かす大きな力となり、明治後半に正規の教育を受けた技術者が輩出されるまでの間、橋渡しの役割を担った（尾高（1993））。

　明治半ば過ぎになると、工場における職工の育成方式は概ね「親方徒弟制」の形となった（農商務省商工局（1947））。その方式は、上記の親方請負制に関連して親方による徒弟方式で育成するものである。その場合、「工場ニ来ル以前既ニ特定ノ職工ト子弟ノ関係ヲ結ビ、該職工ニ附属シテ工場ニ備イ入レラレタル者ニシテ、備用ノ約束ハ工場主ト徒弟トノ間ニ取リ結バルルモ事実上徒弟ハ特定ノ職工ニ附属スル」場合（農商務省商工局（1903b））と、「工場主ニ対シ直接ノ関係ヲ有セスシテ」「徒弟ノ労務ニ対スル報酬ハ凡テ親方タル職工自ラ工場ヨリ受ケ取ル」場合（農商務省商工局工務課（1904））があったが、いずれの場合も、「徒弟ハソノ親分タル職工ノ家ニ寄宿セル」形が多く、「親方徒弟制」と呼ばれる。こうした育成方式は、市場化によって「職人徒弟制」が変質したものであり、「徒弟制」の名がつくものの、実態的には親方や職人についてその作業の手伝い・補助・雑事に従事しつつ（多少の指導を受けることがあっても）「見よう見まね」で仕事を覚えるに過ぎないものであった。このため、「教育の放棄」「安上がりの賃労働」などの批判が生じ、やがて、本格的な工場制度の普及と近代的技術の導入が進むと組織的な育成方法が模索されていくことになる。

（働き方の規律の欠如と生活態度）

　明治期の職工は、近代的な雇用システムのもとでの規律に従った労働や規則にすぐになじめず、経営者は職工たちを命令や規則に従わせることに難渋した。この頃の職工達の働きぶりを描いた記述には、しばしば、規律の欠如、怠慢、欠勤の頻繁さなどが指摘されている。なかでも、横須賀造船所では「職工規則」（1872年制定）において「職工及

---

[38] 職工学校は、近代技術の支柱となる熟練職工の養成を組織的に行うために明治13年に教育令改正により設けられたものであり、代表的なものとして、横須賀造船所の職工学校と東京職工学校があった。しかし、その実態は、職工長、工師、企業家等を養成する工業教育の指導的機関であった。

人夫毎朝入場後直チニ工場ヲ脱出シ午餐停業ノ頃混雑ニ混レテ帰場スル者」に対して重い処罰を課していた（隅谷（1955））。こうした職工達の働きぶりは、基本的に「江戸時代のゆとりある時間の流れの中で仕事してきた職人が職人職工となり近代工場の過密労働に直面したときの不適応」であったと考えられている（西成田（2004））。

このほか、明治期の職工たちの生活態度についても飲酒、賭博、浪費壁が盛んに指摘され、社会的に低位にみられた反面、独立心に富み自ら生活を管理しようとし職場を転々と変えた。それには、実力主義の気風があった明治時代の労働環境の中で江戸時代以来の遍歴により腕を磨き、より高い地位・収入や独立を図ろうとする強い意識が働いていた。明治末から大正・昭和にかけ、近代化に対応するため、労働者の定着とその能力発揮を求める経営者にとって、こうした労働者の意識と働き方を克服することが経営上の大きな課題であった。

（イ）　製糸・紡績関係の女工
（製糸工業と女工）

製糸工場の女工は、江戸後期において農閑期の婦人労働による問屋制の家内労働を起源とし、明治期に、農家副業としての養蚕業を原料部門、問屋資本に支配された農村マニュフクチュアの形態を中核として発展したものである。明治政府の外貨獲得のための輸出産業振興の中心であり、機械の導入、富岡製糸工場の設立など積極的な振興策が講じられた。生産高、工場数、生産に携わる女工は、それぞれ明治中期に急激に増加し、労働力需要は急激に逼迫する。当初、製糸業は、富岡製糸工場の官営工場の工女のように旧士族の婦女による部分もあったが、逼迫するにつれ募集は周辺農家の家計補助的労働、さらに遠隔地の農家労働へと及ぶようになった。その頃には、縁故だけでは労働力を確保できず、農山村を活動して回る募集人による労働者募集制度が生まれ、それによる誘拐まがいの強引な勧誘や前渡金制度による詐欺的人身売買的な行為などの弊害が生じ、各府県における取り締まりがなされるようになる。

製糸マニュフクチュアの賃金は、家内工業的な出来高制やマニュフクチュア技能に応じた日給制がとられ、農業日雇女の賃金や紡績工場の給与に比して有利であったが、賞罰制、労働条件の引き下げなどの労働強化策などによって工女との間にしばしば紛争を生じ移動が激化する。

（紡績工業と女工）

紡績工業は、江戸時代、大坂の問屋支配を中心とする農村の問屋制家内工業として発達したが、明治期になると、紡績工業は海外からの綿糸への対抗や士族の婦女子の授産事業の側面もあって殖産興業の対象となり、近代的な機械を導入し生産体制の強化を図った。しかし、機械の導入に伴う技術的・経営的問題を容易に克服できず、紡績機や力織機を備えたヨーロッパの工場制大工業による綿製品の大量輸入生産の前に国内生産は圧倒されしばらく低迷した。明治16年設立の大阪紡績会社による近代的な機械による大

工場生産を嚆矢として、漸く明治19年以降生産が軌道に乗った。それ以後、紡績業の発達に伴い労働者数は急増（職工数；明治15年1,363人→明治25年25,232人）し、職工の性格も士族婦女子から農村の窮乏層女工をはじめとして社会的にも地域的にも広汎な広がりを持った。労働力逼迫により女工の争奪戦は激化の一途を辿り、特に、製糸業におけると同様、募集人による激しい勧誘や引き抜き・たらい回し、寄宿舎への収容による逃走防止・事実上の拘束などの弊害が顕著となった。

　紡績工場における労使関係は、前期的な関係のもとに長時間・深夜労働と低賃金を特色とし、耐えかねた女工の逃亡が跡を絶たなかった。それによる恒常的な女工不足が、激しい募集と争奪に繋がる悪循環を生じた。こうした労働者の劣悪な状態と職工争奪の無秩序は次第に社会的問題となっていく。

（ウ）　不熟練層の蓄積—前近代的な関係の温存（「飯場制度」「納屋制度」）

　明治前半期の賃労働の形成期においては、近代的賃労働や陶冶された熟練労働は労働全体の中では一部に過ぎず、農村や都市下層の出身者が生活のために労働力を売るタイプの日雇・人足・坑夫等が多数を占めた。こうした労働力の代表的なものとして、①工場の雑役夫、荷役人夫などの日雇人足、②工場や鉄道の建築に必要な土木建築人夫、③長崎、筑豊の炭鉱などの鉱山坑夫があげられる。明治初期には、炭鉱、鉱山、土木工事などの事業には囚人労働が活用されたが、生産力の発展に伴い明治初期かぎりで姿を消し、替わって農村や都市下層から供給された労働力がこれらの業務に従事した。

　明治前半期の時点では、上記の事業分野においては労働力の安定的な需給関係や作業監督体制が確立せず、近代的な雇用関係を築くに至らなかった。多くの場合、江戸時代の口入れ稼業の流れを汲む請負人に作業を請け負わせ、請負人＝親方が発注状況に応じ重層的な親分・子分関係によって労働者を集め作業に当たった。土木建設における「飯場制度」[39]、石炭鉱業における「納屋制度」は、こうした前近代的な親分・子分関係の典型的なものである。

　これらの制度においては、親方＝納屋頭（飯場頭）は、労働者を小屋（飯場ないし納屋）に収容して隷従的関係に置き、成績等を斟酌し生活の主費用を差引いて残額を工夫に支払うなど生活管理から就労管理に至る一切を監督・支配した。また、前借金を梃子に逃亡を防止して労働力の確保を図り、私的制裁をもって労働強化の武器とする風習もあった。二村（1988）によれば、かかる関係には、①労働力確保の機能、②作業請負・監督の機能、③賃金管理の機能、④日常生活管理の機能を含んだ。外見上は使用者に似るが、主要な生産手段は鉱業主が所有し、賃金決定をはじめ操業全般に関する問題を親方＝納屋頭（飯場頭）が決定した。

---

[39] 「飯場制」の場合、請負人の配下には、帳元（工事全体の統括）、下受人（金銭出納・工夫賃金の管理）、子頭（30〜50人程度の工夫使役）など重層的な親分＝子分関係が築かれ、その強固な支配隷従関係によって、低料金・劣悪な条件のもとで工事が遂行された。

—33—

このほか、金属鉱山では、徳川期以来、自然発生的な同職組合的扶助機構として「友子同盟」が組織され、飯場制度や納屋制度を補完する役割を果たした。「友子同盟」は、金属・鉱山で働く者を「友子」として認知し同組合の仲間として組織に加入させ、疾病と災害の保障や失業した友子の斡旋を行うなどの役割を担った。「友子同盟」は、飯場制度や納屋制度とは別のものであり、しばしばこれらの制度と対立したり、独立して労働組合との関連を持つものもあったが、明治後半には、飯場制度の支配の中に吸収され消滅していく。

第3節　労働関係に係る法制と政策の芽生え[40]
（1）　身分的関係から雇庸関係への移行
（ア）　前近代的関係から労働関係へ向けた転換—解放政策と限界

　明治初期に、資本制の導入に伴う近代的関係の成立に先だって、政策的に前近代的な労使の仕組みとして、①株仲間などの同職組合と②身分的関係（主従的・家父長的な関係）の解体がなされた。

（同職組合の解放措置）

　まず、①の同職組合については、明治初期に解放措置が実施された。幕末期以来、同職組合自体の衰退と規制の緩みが既に進行していたが、明治初期の商法大意（1868年）や株仲間禁止令（1872年）等によって、株仲間による加入制限や仲間外の営業禁止などの排他的独占が撤廃され、「営業の自由」の原則が早期に図られた。ただし、これらの措置は独占的機能・権益擁護機能の排除に留まり、同職組合自体は調整・信用保持機能を中心に再編され、弱体化しつつもなお存続した。実体は、仲間制度そのものの否定というより、それまでの封建領主による分権的な支配に替わる中央集権的な支配に応じた仲間制度の再編であったとされる（遠藤（1978））。

（私法の相対原則）

　②の「身分的関係からの解放」としては、私法の領域において、1882年の2つの太政官布告により一応の「相対」（契約）原則の方向が示された[41]ものの、社会的な慣習として、身分的な関係はなお実効性を持って存続した（矢野（1993））。例えば、「商事慣例類集」が「雇主雇人間ノ情義ハ主人奉公人ト称シ世々君臣ノ分ヲ守ルモノ」であると述べ（第一篇「雇人ノ事」）、諸々の家憲・店則にしばしば「雇人には親族同様の取扱いをなす事」「雇人は我が家族と思え」などの記載がみられる（「家憲正鑑」）ことからも、雇庸

---

[40] 本節は主に、次の著書を参考に執筆した。矢野（1993）、服藤（1963）、鎌田（2012）、労働省（1961）、隅谷（1955）、中島（1987）。
[41] 1872年8月の太政官布告（第240号）は、雇用主が奉公人・職人・雇人の給金・雇料を「相対」（合意契約）で取り決めさせるとともに、他の職人を雇わないよう雇用主に対して圧力をかけることを禁止した。さらに、同年、マリア・ルス号事件を契機に、政府は人身売買的な契約を禁止するとともに、農工商の技芸習得のための徒弟年季奉公の年期を7年以下に、通常の奉公人の契約期間を1年と定めた（1872年太政官布告第295号）。同布告も、身分的関係から相対関係への過渡的措置を示すものであった。

—34—

関係に、主従や家長・家族に類する身分的な色彩が残存していたことが窺える（服藤（1963））。また、社会一般においても、家父長制的「家」制度のもとで女工の雇用に際して家長や親が女工本人に替わって契約の主体となり、前借金と引き換えに「身売り」させるケースも昭和期に至ってもしばしばみられた（『女工哀史』など）。さらに、明治後期から大正期にかけて、工場法に反対して「主従の情誼」が強調されたり、労働組合の勃興に対し温情主義や家族主義が主張されるなど雇用関係における「身分的な関係」の慣習・意識は長きにわたり残存した。このほかにも、明治期を通じて炭鉱における納屋制度や建設における飯場制度、親方請負制度など、前近代的・身分的な関係が広く温存され、これらの分野では後世においても「身分的関係」の影響が残った。

（旧刑法の施行）

　他方、公法・刑事法上においては、次第に、封建的身分関係から江戸時代の「公事方御定書」に替わる明治3年施行の「新律綱領」及びそれを補う「改定律例」では、法文上、従来からの「主人」と「奉公人」などの名称や封建的な身分関係の残存を思わせる規定は表面上存在しなくなり、替わって「家長」と「雇人」の名称が使用され、家族法的身分関係が適用された[42]。さらに、明治15年施行の旧刑法になると、雇庸者を指す名称として「家長」に替わり「雇主」なる名称が使われ、雇庸契約当事者間に封建上の主従契約にみられるような身分関係の存在を示すような規定だけでなく、家族法的な身分関係を根拠づけるような規定もみられなくなる。こうした旧刑法の施行によって、江戸時代に奉公関係の成立によって主人に課された身分上の義務（奉公人の名前・年齢等の届出義務、入籍義務等）や奉公人が犯した場合の刑の加重（主人家族に対する姦罪）、私的刑罰権、主人（雇庸主）を訴えた場合の処罰などの規定は、「雇主」と「雇人」間の関係には引き継がれず姿を消した。

（イ）　民法の制定と雇用契約の概念

（明治初期の雇庸概念）

　明治前期において、雇傭契約といえるものは、服藤（1963）によれば、概ね、外国人庸入契約として結ばれる「高級労務供給契約」（西欧では、医師・弁護士・学芸教師などのとの間に結ばれる委任的な契約）、娼妓・芸妓・飯盛・茶立などの人身売買的な「年季奉公契約」、それ以外の「普通労務供給契約」の三種に大別できた。さらに、「普通労務供給契約」は、「継続的労務供給契約」（「弟子奉公契約」「平常奉公契約」からなる）と「非継続的労務供給契約」（「日雇契約」「職人契約」からなる）が存在した。

　法令上の扱いとしては、人身売買的な「年季奉公契約」は、明治5（1872）年のいわ

---

[42] ただし、「新律綱領」が身分的要素を払拭したとは言い切れなかった。即ち、法文上、「主人」「奉公人」の名称の代わりに「家長」「雇人」なる名称が使用され、雇庸者と被庸者の間に家長と家族に類似する身分的要素を残し、親族に関する刑罰規定と内容的にも類似する雇人に対する刑罰規定を含んでいた。

ゆるマリア・ルス号事件[43]を契機として禁止され、徒弟「年季奉公」の上限は7年、通常の奉公人契約は1年とされた（太政官布告第295号）。明治初期には、被庸者の呼称として未だ「奉公人」の名称が使用されたが、明治5年の「新律綱領」以後は、公式には「雇人」の名称が用いられた。「雇人」の概念は、紆余曲折があったが、明治10年（1877年）に「戸籍届済ノ有無ニ拘ラズ雇主雇人相許諾シテ一月以上の期限ヲ定メ雇使スル者ハ雇人ヲ以テ論ス」と定められ（明治十年司法省甲一号布達「法令全書」）、日雇は含まないものとされたが、「雇人」の概念には、未だ身分的な主従関係を色濃く残していた。

（ボアソナード民法典）

雇庸契約に関する規定は、ボアソナードが起草した民法典（旧民法、1890年公布、民法典論争により施行されず）において初めて設けられた。即ち、同法典は、「財産取得編」第12章として、雇庸、習業契約、仕事請負契約の3節を設けた。このうち、雇庸については、「使用人、番頭、手代、職工其他ノ雇備人ハ、年、月又ハ日ヲ以テ定メタル給料又は賃銀ヲ受ケテ労務ニ服スルコトヲ得」（第260条）と規定し、「雇庸ノ期間ハ使用人、番頭、手代ニ付テハ五ケ年、職工其他ノ雇庸人ニ付テハ一ケ年ヲ超ユルコトヲ得ス」（第261条）とした。また、「角力、俳優、音曲師其他芸人」については雇備の規定を適用する一方、高級労務の提供者は雇用から除外するというローマ法の伝統[44]に従い第266条で「医師、弁護士、学芸教師」などを「雇庸契約」の適用対象から除外した。習業契約については、「工業人、工匠又は習業契約ヲ以テ習業者ニ自己ノ職業上ノ知識ト実験トヲ伝授シ、習業者ハ其人ノ労務ニ助力スルヲ約スルコトヲ得」（第267条）とし、師匠又は親方は、習業者に衣食及び職業の器具を与え日常的に使用させること、職業を学ぶため必要な時間を与え世話をなし諸般の便利を図ることなどを規定している。さらに、「仕事請負契約」については「工技又ハ労力ヲ以テスル或ル仕事ヲ其全部又ハ一分ニ付キ予定代価ニテ為スノ合意ハ注文者ヨリ主タル材料ヲ供スルトキハ仕事ノ請負ナリ」と規定し雇庸契約との違いを明確化した（同275条）。旧民法は、雇庸契約・習業契約を債権上の契約として封建的奉公契約における主従的隷属性を排除したが、なお雇庸契約に関する条文の中には「主人」の名称を残し、習業契約に係る上記条文においても身分的要素を払拭していないなど雇庸の面においては、過渡期の性格を持った法典であった。

（現行民法典と雇庸）

上記の旧民法はいわゆる法典論争のために施行されず、明治31（1898）年に至り、穂

---

[43] 清国人をのせたペルー国籍の奴隷貿易船マリア・ルス（Maria Luz）号が故障し修復のため横浜港に入港した際、日本政府が奴隷の解放と出航停止を命じた件に係る裁判で、船長側の弁護士が、奴隷契約より日本の遊女契約のほうがひどいとし、人身売買を公認していると非難した。これを契機に人身売買契約の禁止が検討された（鎌田（2012））。

[44] ローマ法においては、雇庸は、下級労務ないしは不自由労務だけを目的とし、貸借の一種とされた。奴隷の貸借を原型とするもので、雇庸はいわば物権的に構成されたとされる。近世法になって、雇庸は、労務の種類を問わず、権利主体がその意思によって自分の労務を給付する債務を負う契約として、貸借とは別種の契約とされた。そこに近代法における個人の自由な人格の尊重の思想が反映されている（我妻1957）。ボアソナード民法が典拠としたフランス民法は、なお、ローマ法の影響を残していた。

積陳重，富井政章，梅謙次郎の3人の起草による民法典がようやく施行され、現行民法典となった。同民法典において「雇傭」は、請負、委任と並ぶ 労務供給契約の一類型として位置づけられ、「当事者ノ一方カ相手方ニ対シテ労務ニ服スルコトヲ約シ相手方カ之ニ其報酬ヲ与フルコトヲ約スルニ因リテ其効力ヲ生ス」と定義された（第623条）。雇傭は労働そのものを目的とし、請負は労働の結果を目的とするものとして区別した。総じて、現行民法典は契約自由を幅広く認め、雇傭関係を単に労務提供と報酬の交換という債権関係と捉えた。また、旧民法典のように労務者を具体的な職業をもって詳しく規定せず、高級労務と普通労務の区分を廃止し、労務に服する者をすべて「労務者」と表現した。起草者が雇傭の定義にあたって規定した「労務に服する」という表現は、単に労働に従事することを意味し、使用者の指揮命令に服するという意味を含むものではなく[45]、雇傭者の保護という視点はなかった。

　以上のように、民法典は雇傭を平等な当事者の自由な契約としたが、日露戦争後、間接雇傭から直傭雇傭への切り替えが進み、いわゆる原生的労働関係が形成されると、使用者と被傭者の間の経済的社会的力量の大きな差によって、被傭者の保護の見地から契約の自由を修正して国家が契約内容に介入する必要が生じてくる。こうした被傭者保護の見地からする法的措置については、職工条例案や徒弟条例案を皮切りに、日露戦争後の本格的な工業化と原生的労働関係の発生に伴う女子・少年に係る顕著な弊害の除去を主目的として工場法案の検討がなされるが、それが成果として結実するには大正期までの長い期間を要することとなる。

（2）　初期労働関係の規制

（職工条例制定の動き）

　労働関係に係る法的取り締まりの動きとしては、1880年代に職工・徒弟条例制定の動きがあった。この頃は、明治維新後の仲間解放など伝統的経済体制の解体に伴う諸問題の発生した時期であり、職工・徒弟の修業の放棄、契約期間中の逃亡ないし恣意的移動などが起こる一方、親方・授業者による教育の放棄、虐待などの事案も出来した。このため、こうした事態に対し国の法的な介入によって取り締まることを求める建議[46]が1880年頃から東京商工会議所はじめ各地商工会議所から提出された。

---

[45] 戦前の時点で、民法上の「雇傭」を指揮命令に服する関係と捉える見解は殆どなかった。例えば、鳩山秀夫は、「債権法各論下巻」（1924年）の雇傭の性質を述べた部分において、「雇傭ニ於テ労務者ハ使用者ノ指揮ヲ受ケ、請負ニ於テ請負人ハ注文者ノ指揮ヲ受ケザルコト多シ。然レドモ之レ唯常態タルニ止マリ之ヲ以テ両者区別ノ標準トナスハ誤レリ」と明確に述べている。雇傭関係を、使用者の指揮命令に従う契約としたのは、戦後の我妻（1957）である。我妻は、雇傭契約の債務が労務の提供を目的とすることから、労務を適宜、配置・按排し一定の目的を達する使用者の権限、即ち、指揮命令権限が発生するとし、資本主義の発達によって両当事者の経済的・社会的地位の不均衡が顕著となり、指揮命令の権限が専ら使用者の利益に適するよう行使されたことから、労務者の人格の不当な拘束を防ぎ、地位の向上を図るため、個別的な契約以外の手段が求められることとなった、とする（我妻同）。

[46] 1880年の東京商法会議所の内務大蔵両省への「職工師弟間ニ契約ヲ設クルノ儀」、「商家師弟間ニ契約ヲ設クルノ儀」など。

—37—

これらを受けて、1881年に内務省から分離した農商務省は翌82年に工務局内に調査課を設け、労役法及び工場条例に関する材料収集のため各府県に各府県に職工及び工場の状態・慣習等を調査する[47]とともに、80年代に幾案もの法案を作成し、勧業会（農商工山林の事務に関する府県の主務者を会員として会同させたもの）の意見を聴取するなど調整を図ったが、関係各局や各地商工会議所の同意を得ることができず、90年代に廃案となった。

　これらの職工条例案の内容は、①契約条項（契約書の作成や記載項目の列挙など）、予告解約条項、即時解約条項など契約の締結・解除にかかるもの、②労務放棄防止条項、職工横奪防止条項、秘密漏洩防止条項、などの職工の取り締まりに関わるもの、③団結・同盟罷業禁止条項などのほか、④徒弟に係るものとして、幼年工保護条項、女工保護条項、就学保障条項、救済貯金条項などの保護に係る内容も含んでいた。

　同条例案は、近代法への過渡的な性格を持ち、職工の取り締まりや団結の禁圧などの性格と徒弟の保護の性格との混在、私法的規定と行政的規定の混在、自由主義と干渉主義の混在など複雑な性格のものであった。労働省（1961）は、「当時職工条例や徒弟条例の目標としたものは、労働者保護規定ではなくてむしろ工業の秩序維持のための職工の取締りにあったことは明らかである」としている。これらの職工条例や徒弟条例は、主として機織などの小規模経営を対象としたものであったが、資本制工業の進展によってこうした枠組みでは問題の解決を図れないことが認識されると、資本制生産に応じた工場法制定へと視点が移っていく[48]。

（鉱業条例の制定等）

　工場法以前の労働者保護に係る法制としては、対象によって、官営工場及び官吏を対象とするもの、鉱山労働者を対象とするもの、海員を対象とするものに大別される。そのうち、明治23年に制定された鉱業条例は、明治初期に一般保安の観点から災害予防のために制定された日本坑法（明治6年7月第259号布告）を改正したものである。当時、産業の発展により石炭の需要が増大し、筑豊地方を中心に次第に大規模な採炭が行われるようになったが、高島炭鉱事件が発生する等の事情から、鉱業の発展の促進と社会的弊害の除去を図ることが必要と判断され鉱業条例が制定されるに至った。もっとも、当時、すでに各府県において人身に有害な工場に係る取締規則が制定・公布されており、鉱業条例は、実質的にそれらの取締令と上記の職工条例案を基礎として制定されたものである[49]。

---

[47] 調査課の行った各地の工場の実態に関する調査結果は、「職工事情」に結実する。
[48] 矢野（1993）「職工・徒弟条例制定の歴史的意味」『近代日本の労働法と国家』第二章。なお、職工条例・徒弟条例制定問題については、工場法制定前史として取り上げられる傾向にあった（大河内、末弘など）が、隅谷は、その性格を巡って上記「労働行政史」の指摘同様、絶対主義政権の労働政策であり、「労働者保護」ではなく「製造者保護」であり、「労働力の確保」が問題であったと指摘している（隅谷（1955））。
[49] 隅谷（1961）。

同条例は、一般保安のほか、鉱山労働者の安全及び衛生を図るとともに、鉱夫の雇用に関する規定（予告解約条項、即時解約条項など）、鉱夫の就業中の負傷、疾病、死亡の場合の扶助規定（診療費及び療養費の補給、休業中の日当支給、死亡の場合の埋葬料、遺族手当、疾病に係る補給金の支給）を定めており、明治25年6月に施行された。さらに、同条例は、第71条において、①1日12時間以上の労働時間の制限、②女工についての職種についての制限、③14歳以下の職工の就業時間と職種についての制限をなしうる旨の規定を置き、具体は鉱夫工役規則（省令）によって定めるとしていたが、職工条例が廃案となった状況の中でこの規則が制定されることはなかった。

（職業紹介と労働者募集に係る規制）

　労働需給調整の面では、明治時代初期には、徳川時代以来の桂庵、肝煎若しくは口入屋などが、徒弟、女中、小僧などの奉公人の口入れを主としつつ、人夫供給や芸娼妓・酌婦の人身売買的な仲介を行っており、各府県において、こうした営利職業紹介に伴う諸弊害を防止するための取り締まりがなされた。嚆矢となったのが、明治5年の東京府の雇人請宿規則である。同規則は、営利職業紹介を行おうとする者について、保証人を定めて上願させ免許を得た者に鑑札を交付し看板を掲げさせた。また、酬労銭は顧人及び雇主から各給金の五分を受けるものとし、予め解雇の場合の弁償金の約定や証人の定めを置くべき旨規定した。翌6年の改正では、この規定の一部を改正し、組合を定めさせ、組合に取締年行事（見張り役）を置かせて、官庁監督の下に自治的取り締まりを行う体制をつくらせた。その後、同規則は、雇人口入営業取締規則と改称される（明治24年）など幾度も改正され、明治38年には芸娼妓請宿規則が制定された。こうした東京府の規則はモデルとなって、他の府県でも逐次制定された。

　また、明治中期になると、産業の興隆と発展、特に製糸業や紡績業などの急激な発展に伴い大量の労働力需要が生じ、上記の営利職業紹介とともに、雇用主による募集活動が盛んとなった。女工などの募集は縁故のみでは充足できず、遠隔地からの集団的雇用の確保のため募集人による方法が採られるようになるが、募集人による誘拐まがいの募集、前借金とからんだ人身売買的な募集、ピンハネ・中間搾取的な行為などの弊害が跡を断たなくなる。労働者募集に関する取り締まりは、明治14年の山口県において制定された職工募集取締規則を嚆矢とし、その後各府県において取締規則が設けられるようになる。なかでも明治32年に制定された大阪府の職工募集取締規則は代表的なものであった。これらの規則においては、就業地では募集の届け出の義務が課され募集方法が規制され、募集地では募集人の守るべき義務が明示されるのが通例であった。こうして労働力の需給調整に係る諸問題については、府県の条例による規制が先行し、後に国による規制に移行することとなった。

第4節　企業の勃興と従業員のあり方—身分制の形成[50]

（1）　企業の成立と従業員身分制・等級別能力給の形成

（企業組織における身分制の継承—職員身分制・資格制度）

　明治時代には身分制は廃止され四民平等の世の中となったが、明治初期の代表的な組織体である官吏制度や官業組織においては、明確な身分制度が設けられた。例えば、官吏制度の身分制は、明治のはじめに官吏について勅任官、親任官、奏任官などの区分がなされ、契約による雇員、傭人とは明確に区別された。こうした官吏の身分制度は、幕営企業や藩営企業から明治時代に政府の官業に衣替えした官業組織に影響を与え、従業員の階層性として再編された。

　例えば、横須賀製鉄所（横須賀造船所）では、従業員は職員層（官吏—旧士族）と工員層（職工、人足—平民層）から構成され、両者の間には明確な身分差があった。各階層は、それぞれその内部においてさらに細かな階層構成を持っていた。例えば、職工層は、頭目（管理職工）、平職（一般職工）、見習工からなり、頭目は3級、平職は10級に細分された。また、見習工には壮年見習と少年見習があり、それぞれ1〜3級に分かれた。こうした従業員の身分的階層制は、官業の払い下げを通じ、あるいはモデルとして民間企業にも広がっていった。

　なお、当時職工の移動が頻繁であったことから、横須賀造船所では職工の定着を図るため、「年期なき日雇職工」と区別して、「月給職工」（明治6年）「定期職工」（明治9年）などの安定した地位を持った職工制度を設け、「班長—組長—伍長」の現場管理組織及び昇進ルートや昇給による増給の仕組みを確立するとともに、定年制の導入[51]や退職手当金の支給、永年勤続奨励などを行っていた。いわば、後の「本工」の仕組みの先取りとして注目されるが、こうした先導的な賃金—雇用体系が一般民間企業に普及するのは大正後期であり、明治後期に追随できたのは三菱造船、石川島重工などの先進的大企業に限られた（昭和同人会編（1960））。

（学歴身分制の形成）

　上記の従業員の身分制度は、学校制度が確立すると学校制度を通じた階層制として再編された。官吏については、明治中期に試験制度が設けられ、奏任官以上の高等文官は

---

[50] 本節は主に、次の著書を参考に執筆した。荻原（1984）、大河内・氏原・藤田（1959）、西川忠（1965）、隅谷（1955）、孫田（1972）、橘川（1996）、宮本又郎ほか（2007）、経営史学会編（2004）、昭和同人会編（1960）、丹生谷（1963）、菅山（2011）。

[51] 我が国の近代産業の中で初めて退職年齢を定めたのは、海軍が設立した海軍火薬製造所であり1887年（明治20年）「職工規程」において「満五十五歳ヲ停年トシ此期ニ至ル者ハ服役ヲ解ク」としたのにはじまる。その後、横須賀造船所も職工の退職年齢規定を設け（1889年）、1896年（明治29年）には、全国各地の海軍工廠を対象とする「海軍定期職工条例」が制定された。これらの規定は、55歳定年制を規定するとともに「特別ノ技能アル者」に限り勤務延長制度を明文化している。これは、軍人の引退年齢を定めた「海軍退隠令」（1875年）や「陸軍恩給令」（1876年）の影響を受けたものとされる。その後、海軍工廠で採用された定年制は、1900年前後に三菱長崎造船所や官営八幡製鉄所など他の官営工場、民間企業にも波及していった（荻原（1984））。

—40—

帝国大学卒業レベルの能力を持つ高等文官試験の合格者、判任官は官公立中学校卒業レベルの能力を持つ普通文官試験合格者をもってそれぞれ充当された。その下の雇備員や職工は官等外の者であり学歴によらず契約によった。これらの区分は、学歴区分に応当するとともに地位の上下関係を示し、各区分間に移動はなく、採用時にどのコースに入ったかにより生涯身分が固定された（大河内・氏原・藤田（1959））[52]。

　こうした身分・資格制度は、官業に取り入れられ、さらに、日清・日露戦争後から第一次大戦頃にかけて民間企業に影響を与えた。具体的には、高等官に相当する者が「社員」（または「正員」）、判任官に相当する者が「準社員」であり、以上が「職員」を構成し、その下に雇員、備・職工といった身分構成がとられた。また、官吏の高等官に「親任官」「勅任官」「奏任官」があるように、「社員」の中にも「理事」「参事」「主事」（呼称は企業により多少異なる）などの資格区分が設けられることが多かった（西川忠（1965））。

（２）　身分制の下での実力主義と賃金
（実力主義と賃金の等級制・能率刺激給）

　江戸時代中期までは、職人の賃金は基本的に同業組合が技量を評価し賃金の格付けを行う形がとられていたが、江戸末期からこうした格付けは廃れ、明治元年の商法大意によって同業組合による寄り合いによる賃金決定は禁じられた。

　明治期になると、「富国強兵」のもとに西洋の資本主義的工業化を実現すべく、産業社会の勃興期における実力主義の気風が広がり、明治初期の企業における賃金制度は、「社員」と「職工」との厳然たる「身分差」を前提としつつも、技量・熟練度の高低に相応した「等級制」が採用された。その具体的な中身は、「技倆刺激的等級別能力給」と表現されるものであり、賃金の性格は「唯其才能ト技倆」により評価・格付けされる「能力給」であったが、厳然たる「身分差」を前提として、それぞれの各身分内部の階層の範囲内で能力に応じた複雑で細かな等級が設けられ、大きな賃金格差と上下の技能秩序のもとで、小刻みな昇進・昇給により技量向上の刺激が図られた（昭和同人会編（1960））。

　なお、明治期の大企業において、こうした「等級別」の形態がとられた背景として、①社員については武士の俸禄秩序、職工について職人の賃金秩序のそれぞれの伝統があったこと、②当時の賃金体系のモデルであった官吏、軍の工廠、官営工場の俸給及び賃金が等級別体系となっていたこと、③外国の技術の導入にあわせて西欧流の熟練職級別

---

[52] 明治19年に官吏は高等官・判任官とに区分けされた。さらに、高等官は明治25年に親任官、勅任官、奏任官に区分され、その下に、大多数を占める（明治時代官吏の9割弱）下級官吏たる判任官が存在した。判任官までが官吏であり、その下に等外官とよばれた雇員・備人身分の者がおり、工廠には職工が存在した。官吏は官庁に勤める者の約3分の1に過ぎず、雇備人が約3分の2を占めた。官等（資格）と官職（職務）の関係は、親任官（大臣）、勅任官（一等官と二等官からなり、一等官は次官、二等官は局長）までは対応関係が明確であったが、奏任官（三等官から九等官）については職務とは緩やかな対応関係にあり（例えば、書記官、参事官、主計官などの官職は複数の官等にまたがった）、判任官になるとその傾向はさらに顕著であった。

－41－

の賃金表の影響が挙げられている。こうした等級制と能力賃金が結び付いた明治前半の企業の賃金制度について、昭和同人会（1960）は「身分と能力の巧妙な二重体系」であったとしている。

（賃金形態、賃金水準の格差）

次に、賃金形態では、職工の場合は、時間給、日給のほか、請負給の形がとられた。他方、上級社員は経営者の側近であり、企業経営と運命を共にする使命を有する者として賃金は実力中心主義の年棒制が多くとられ、業績が悪化すれば減俸、病気3か月以上は退社など能力発揮の仕組みであった。また、一般職員も上級職員に準ずる者ないし経営層の候補者として1日の生活すべて24時間勤務として観念され、欠勤による控除や残業による割増などの適用のない丸抱えの月給制がとられ、経営の浮沈に応じ経営者同様俸給が大きく上下されることも稀ではなかった。

上記のような賃金制度のもとで、当時の賃金水準は、社員と職工との厳然たる身分差を前提とし、それぞれの内部でも階層的となっていたため、極めて低い初日給のうえに成立した「大きな賃金格差」のある体系であった（昭和同人会（1960））。例えば、長崎造船所では最下層の賃金は生活ギリギリの極めて低い水準であったが、大卒初任給は職長より高いという状況であり、官営富岡製糸所では上下格差が30倍にも及んだとされる。

明治初期の職工の初日給は、概ね、男子職工で米二升、女工の場合米一升という低さであったが、その低賃金は、「口減らし」のための出稼労働などの農家経済と不可分に結合した生存ギリギリの単身者価格であったことに加え、資本家の意識的な低賃金政策の影響も少なくなかったとされる[53]。我が国の賃金体系の底辺におけるこうした初任給の低賃金構造は、生活のために昇級を不可避とし、後年において年功的な賃金体系形成の一因となったとされる。

（3）　経営者・職員層の生成

（初期の経営層）

明治の初期、従来の富豪の多くが没落する反面、進取の気性に富む新興企業家が発展し、明治後半に専門経営者が出現するまでの間、第一線で活躍した。彼ら企業家の系譜については、旧士族説、商人中心説、特定の階層に偏らないとの説など諸説あるが、都市の近代産業では旧士族階層が担い手となった場合が多く、地域の在来産業まで降りると商人や地主が中心となり、特に、商人出身の地方名望家が資金提供と経営の両面で活躍したと考えられている（宮本ほか（2007））。

他方、明治期に支配的となった財閥経営は江戸時代からの商家大店の流れを汲んだ。京都、大坂の江戸時代の大店では、家督・家産は当主一代のものではなく、先祖からの

---

[53] 「某重役の云える言を聞けり、曰く、職工を使役するには彼等を以て飢えしむべし、以て飽かしむべからず。彼等に余裕の金を與ふるは彼等を毒し、放逸懶惰に流れしむるものなり、と」（「鐘が淵紡績会社」国民新聞、明治26.4.13）

預かりもので子孫に譲り渡していくものという観念があった。したがって、当主の経営上の権限は制限され、所有と経営が分離し、家産管理・事業統括は支配人や番頭たちの合議制に委ねられた。こうした仕組みは、多かれ少なかれ、京都や大阪での大商家では一般的であった。特に、代表的な事例が三井家であり、家産を共同運用する営業財産管理機構として大元方が設けられ、従業員も含めた「総有制」（分割を請求できない）という独特のルールを基礎として、同族の個人所有権の自由な行使を抑制するシステムとして機能した。

　この「総有制」の原則は、明治維新後にも財閥系の商社、銀行などに引き継がれた。日本の財閥では、専門経営者のトップ・マネジメントへの進出が顕著であり、専門経営者は、総有制を維持するためにオーナーや大株主の所有権の自由な行使や介入を封じ込め、事業会社の経営政策の自由度を高めるとともに、後輩たる学卒管理者を育成し経営を引き継いだ。「日本型」コーポレート・ガバナンス構造の生成は、これら「総有」システムを生みだした所有観や企業観と関連しており、相当の長い歴史的文脈で捉え直すことが可能ではないかと思われる。

（職員の構成）

　明治時代には、企業の設立とともに新たな階層として職員層が生まれた。彼らの出自は、藩校などを出た文書実務に通じた旧士族の出身の者が多かった。初期の職員層は、「社員」と呼ばれ「会社ト唇歯軸車ノ関係ニアッテ、終始、利害ヲ共ニスベキ」とされ、経営と一体たるべく要請された（昭和同人会（1960））。明治中期以後になると、職員層は旧平民出身の者にも拡大する。職員層の市場は職業間の境界が未だ明確でない流動性の高い状況にあり、職員層は様々なホワイトカラー職を頻繁に転職・移動を行っていたとされる[54]。この頃には、正規の学校以外に、講習会、通信教育、講義録、私塾、各種学校などの様々な開かれた学習手段が存在するようになり、平民層もこれらの学習手段を活用して能力を高め、職員層に参入するようになった。やがて教育が普及し、近代的教育を受けた者が輩出されるようになると、企業は職員層として学卒者を採用するようになる[55]。

第5節　教育制度の確立と評価[56]

（1）　明治初期の学校制度と評価

（ア）　学制の確立と学校制度の発展

（教育制度の確立）

　教育の世界では、明治新政府が成立とともに教育改革の方策の検討が始まった。明治

---

[54] 菅山は、八幡製鉄所の職員の出自を調べ、職員層は、官公吏、教員、警官、民間企業職員など様々な職歴を持った者からなっていることを指摘している（菅山（2011））。
[55] 例えば、最初に試験制度を導入した三井での導入は 1886 年であった。
[56] 本節は主に、次の著書を参考に執筆した。天野（1992）（1997）（2006）、文部省編（1972）、ドーア（1978）。

4年に文部省が設置されると、欧米諸国にならった統一的な公教育制度が検討され、同5年の「学制」頒布、同12年の教育令を経て同13年の教育令改正により、小学校、中学校、大学校などの組織的教育制度が示された。それは、藩校、私塾、寺子屋教育など身分と結びついた従来型の教育機関とは全く断絶した「平等」と「業績」を原理とする西欧流の学校制度の導入であった。R. P. ドーア（1978）によれば、それを可能としたのは、「支配階級の構成・文化両面における非連続性」であり、明治維新後権力を握り新政府の担い手となった下級武士層は、幕藩体制・身分制と一体の藩校の伝統的教育やその中心にあった儒学を否定し、合理的な選抜制度を志向した。

明治19年には、文部大臣森有礼の主導により、帝国大学令、中学校令、小学校令、師範学校令が公布され、試行錯誤的に発展してきた諸学校が再編し1つの体系にまとめられた。初等教育については、従来どおり「尋常小学校」（4年制）とそれに続く「高等小学校」（4年制）の2種類とし、新たに「尋常小学校」を義務制にすることを明確に規定した。小学校については明治後半までに徐々にその整備と普及が進み、就学率も飛躍的に向上した（明治28年時点で約50%）。また、高等教育については、西洋文明を日本に導入する役割を担った洋学所・大学南校の系譜をひく開成校と医学校が統合してできた東京大学が欧米先進国と肩を並べる国家の威信を担った「帝国大学」として位置づけられた。その後、「帝国大学」は、京都をはじめ、東北、九州、北海道などに順次設立されていった。

（中等教育とその性格）

我が国の学校教育制度に特徴的なのは、中学校であった。学制で「中学」は設けられたものの、当初、政府の関心は体制維持に必要な高等教育と民衆教育の充実に向けられ、中等教育の発展は地方・民間に任された。中学の設立は藩校を失った士族層が中心となり、それに富裕な平民層も加わって、明治10年代には100校あまりに及んだ。しかし、形態・質にバラツキがあったため、「中学校令」は、中学校を「尋常中学校」と「高等中学校」に分け、「高等中学校」を帝国大学進学者のための予備教育機関として位置づけすべて官立とするとともに、「尋常中学校」について設置基準を厳格化し、1府県1中学の原則のもとに、その数を限定し質の向上を図った（ただし明治24年の改正で規制を緩和し中学校数は急速に増加した）。その際、「尋常中学校」から「高等中学校」への進学を無試験で認めたことから、「尋常中学校」は、それまでの富農や富商など勃興しつつある中産階級の再生産のための完結的な教育機関という性格から、「高等中学」を経て高等教育進学につながる準備教育機関への変質が生じたとされる。また、政府はこうしたエリート養成の学校系統に集中的に資源を投入するとともに、卒業生に様々な特権を付与した。それによって、エリート養成の学校系統は、野心を持った知的能力の高い若者たちに上昇移動のチャンスを与える学力本位の選抜機構へと発展した。もっとも、就学率は、明治28年時点で、中等教育1.1%、高等教育0.3%に過ぎず極めて低かった。中等教育

で就学率が高まるのは、明治30年代末からであった。

他方、こうしたエリート養成の正系の学校数は極めて限定されたことから、急速に拡大する近代部門の人材需要や官立の高等教育機関への進学は希望しない富農・富商など中産階級の子弟の希望などに応じ、明治10年代から正系の学校を補完する簡易速成の専門教育機関として様々な学校が現れた。それらの多くは、私塾の伝統につながる地方の各種学校や東京に簇生した私立学校であり、主として、英学、和漢学、数学などの教授を内容とする中学校に準ずる学校であった。これらの学校は、地方出身者を多数集め、明治20年代には一大勢力となり、実業学校や高等教育機関である専門学校に発展した。

（イ）　教育の二極化—学歴重視の芽生えと実業の世界

明治期の社会において、学制が確立しても、学校や教育を重視する価値観は旧士族層を除いて容易に根付かなかった。旧士族層の多くは、維新後、俸禄を失い、唯一の資産とも言える教育を重視する価値観を維持したが、農民、商人、職人の世界では、学歴に全く無関心な社会層が広く存在した。天野（1992）によれば、当時、雇用主を含め、職工になるために教育が必要であるとの認識は殆どなかった。職工のうち尋常小学校修了者すら少なく、明治30年代の文部省の「教育ノ効果ニ関スル取調」によれば、62の会社・工場の職工のうち、学歴なき者は56％に及んだ。学校教育の恩恵を受け、初期の官吏や医師、教員などの専門職を独占した（維新後の学校教育策は旧士族の救済策としての「教育授産」の性格を持った）のは、専ら旧士族層であった。

また、我が国の中・高等教育は、当初から「国家に須要な人材を作る」ためとされ、中等以上の様々な学校教育は「パンを得る」ための専門教育という色彩が強く、西欧のような「教養」や「人格形成」という性格は希薄であった。明治20年代には、高等文官任用制度が発足し、帝国大学卒業の学士が官僚として大量に登用されるようになり、さらに、医師や教員などの専門職業の国家試験も整備された。明治期における官公吏、医者等の専門的な職業の収入、威信・地位は極めて高く、これら専門的職業は、同時に身分的な秩序、俸給序列、位階勲等のシステムと結びついた。こうした状況の中で、業績本位の選抜機構としての性格の強い中・高等教育は「立身出世の捷径」の機能を担った。

こうして明治中期までは、一方に俸給生活者や専門的職業など「近代セクター」の職業への登竜の資格としての学校教育を基軸とする世界が存在し[57]、他方で、商業、農業、工業など学校教育と無縁の実業の世界が二極的に併存した。中等以上の学校教育は、スタート当初からその内容よりも社会的・身分的秩序形成の手段としての性格を帯びた。他方で実業教育は、後述のように技能者養成のための政府の懸命な努力にもかかわらず、職人や現場労働者の低い位置づけに対応し、当初から格の低いものとしてみられた。

---

[57] 我が国では、教育は、教養や人間形成のための「教育」（education）よりも教育資格や職業資格（quarification）のための「学歴稼ぎ」を意味する傾向が強かった。教育における教養の不在によって、教育を資格とみなす「学歴社会」への歯止めが失われたとされる（天野（1992））。

（2） 実業系学校の創設と発展

　実業教育については、1880年（明治13年）の教育令改正において、農学校、商業学校、職工学校が定められた。職工学校は「百工ノ職芸ヲ授クル所」と規定され、翌14年にモデルとして東京職工学校（のちの東京工業大学）が創立された。もっとも、東京職工学校は、徒弟学校の雛型として設立されたものの、明治20年代に職工長、工師、教員、企業家養成を中心とする工業教育の指導的機関となっていった。

　明治20年代になり、諸外国との産業競争や軍需工業・重工業発展の必要が高まると、それらを担う大量の下級の技術者の養成・実業教育が重要課題となる。しかし、それまでの技能者の養成方法であった「職工徒弟制度」や「工場徒弟制度」が見習工を低賃金労働として雑役や補助に使用するなど育成面での配慮に欠けたことから、手島精一、浜尾新、井上毅らによって近代的な養成機関の創設が進められ、新たに「徒弟学校」及び「工場補習学校」が登場した。

　前者の「徒弟学校」は、生糸、陶磁器、漆器などの伝統工業の機械化・近代化に必要な初級の技能者育成のため、従来の年季徒弟制によらず、学校教育を媒介にして養成するものであり、1994年（明治27年）7月に徒弟学校規程が制定され、各地（初めは市町村立主体、後に府県郡立主体）に設立された。小学校卒業以上の12歳以上の者を対象とし、6か月〜4年の修業年限、小学校の補修的な内容の授業と1〜2年の実業ないし工場における職人のもとに徒弟として現業練習をこなすものであり寺子屋的な少人数のものが多かった。同校については、設立当初、工業組合などから「高尚に過ぎたる科学を教えても生徒は消化できず」「徒弟を学校へやることは営業の邪魔」など否定的意見が多かったもののこれを押し切る形で進められた。

　後者の「実業補習学校」は、ドイツの実業補習学校を範として東京帝国大学第三代総長であった浜尾新によって推奨され、明治23年（1890年）の小学校令改正に際して小学校の一種として規定された。明治26年に実業補習学校規程が制定され、同年の実業学校教育費国庫補助法と相俟って[58]、全国的に設立が進み、1897年（明治30年）には108校を数えた。実業補習学校は、普通教育の補修と実業一般についての基礎的準備的教育を簡易な方式によって行うものとされた。尋常小学校ないし高等小学校付属の施設が多く、ドイツにおいてギルド制度との連携の上に運用されたのと異なり地域産業とのつながりを欠き実習や作業労働などの実業性は極めて貧弱であった。実態としては、当時小学校進学率が50％程度であったなかで小学校教育の補習の役割を担った勤労青少年教育を制度化したという面が強かった[59]。

---

[58] 実業学校教育費国庫補助法の狙いは、産業界において指導的立場に立つ高級技術者の教育ではなく、むしろその指導のもとに手足となって働く下級技術者の教育の振興にあり、しかも、農業や商業教育よりも工業教育を奨励することが優先された。
[59] 上記記述のうち、実業教育及び徒弟学校については、主として豊田編著（1982）により、実業補習学校については、主として佐藤（1984）によった。

第3章　日清・日露戦争後の雇用制度の形成と課題

第1節　全体的状況—工業化の進展と雇用制度・労使関係制度の形成
（日清戦争から日露戦争に至る産業興隆と労使関係の形成）

　近代産業の発展は、松方財政後の 1886 年からの企業勃興期に始まったが、19 世紀末の日清戦争後の 1894 年から 1900 年にかけて、会社数は 2.6 倍、実質払込資本金額が 2.1 倍になるなど我が国の本格的な産業興隆の時期となった。その中心として主導的役割を果たしたのは、絹綿両部門を中心とする繊維産業、炭鉱・産銅などの鉱山業、鉄道などの運輸業であった。一方、この頃から、軍工廠、造船をはじめとする大規模機械産業とそれに伴う中小の機械器具工場の発達、官営八幡製鉄所や民営製鋼企業を始めとする金属産業、化学肥料などの化学産業が急速に発展した。企業レベルでは、1900 年代に入ると様々な産業分野で大規模化が顕著になり、本格的に雇用の仕組みが広まっていった。

　日清・日露の戦間期には、組織の中で指揮命令に従った働き方も定着し、時間概念の普及・定着、賃金制度の確立など近代的雇用制度の基礎と労使関係の枠組みが形成される。しかし、雇用制度が定着する一方で、工場制生産様式を普及させ生産量を高めることが国家と産業資本の至上命題となり、厳しい資本の論理による過酷な労働条件が労働者に課されるようになる。その典型的な現れが製紙・紡績における女工の労働であり、機械設備を昼夜フル回転させるための二交代制などの長時間・深夜労働は肉体を消耗させ、劣悪な食事・寄宿舎と相俟って結核の蔓延など深刻な健康被害を招き、工場法による取締りの必要性を認識させた。また、日清戦争後は急激に物価が高騰し、生活苦に対する賃上げ要求、低賃金・長時間労働などの劣悪な労働条件や監督・管理に対する不満などに起因して 1896〜98 年にかけて自然発生的な労働争議が発生する。それを契機として労働者の社会的地位の向上、生活改善、普通選挙などを求める「労働組合期成会」が結成され、最初の組合として「鉄鋼組合」のほか「日本鉄道矯正会」「活版工組合」などの有力組合の結成につながった。これらの組合は、緩やかな職業団体であり社会主義の影響は強いものではなかったが、争議の頻発を恐れる政府による治安警察法の制定・実施（1900 年）などによる取り締まり・弾圧の強化により短命に終わる。

（日露戦争後の工業化と労使関係の動揺）

　日露戦争時になると、軍工廠や民間造船所が大きく発展するとともに、戦時から戦後にかけて、鉄鋼・製鋼所の新設・興隆、機械工業の裾野の拡大・深化が顕著となる。この時期には、会社合併も盛んとなり、企業の大規模化・組織化が進んだ。工業化と企業の組織化の進展に伴い、従来の親方請負制から、工場が職工を直備する形態（工場徒弟制）に次第に切り替わっていった。

　日露戦争後、資本の発展と鉱業の発達によって工場労働者は激増したが、賃金の上昇は戦後の物価、特に米価の高騰に追いつかず労働者の生活は窮迫した。また、職場では、

機械の導入、生産システムの変更とそれに伴う管理の強化・合理化が進む。特に、従来の親方請負制の崩壊とそれに替わる職工の直接管理・統制の強化は、待遇に不満を抱えた職工との間で衝突を生み、労働組合が壊滅した状況の中でも大規模な争議や暴動が頻発した。

こうした事態に震撼した政府は、警察力や軍隊を使って鎮圧を図るとともに、日本社会党の結社の禁止、赤旗事件、大逆事件などを通じて社会主義運動の抑圧と労働組合運動の活発化防止を図る。他方、こうした抑圧の一方で、企業内への浸透を防ぐため企業内で労働者との融和策を講ずる動きが生じ、一部経営者においては、「経営家族主義」によって傷病・死亡などの事故に係る給付や解雇・退職手当の支給などの共済制度の創設、住宅施設・娯楽施設・扶助施設の設置など福利厚生の充実によって、生活不安の緩和と労使関係の安定が図られた。

また、政策面においては、繊維業界の強硬な反対に遭いながらも、女工や年少者の長時間・深夜労働を始めとする健康被害を食い止めるため、15人以上の工場等に適用される工場法（1911年）や鉱業法（1905年）を創設した。ただし、工場法の施行は、繊維業界の反対や財政状況などにより1916年まで猶予され、例外規定や猶予規定も多いなど労働者保護法としては極めて不十分であったが、工場使用者の一方的な不当使役からの保護を図る法律として歴史的な意義を持った。

労働力は、明治期以来極めて流動的であったが、近代的企業では生産性を高めるため、定期職工制度の導入や契約期間を勤め上げたときに支払われる「満期賞与」や「勤続賞与」の制度の導入が図られた。また、新たな機械・設備の導入に対応できる技能工の養成を組織的・系統的に進めるため、少数ながら一部の大企業において養成施設を設置して自ら養成に取り組む萌芽的取組も始まった。

他方、使用者側では、企業の大規模化に伴い組織を担う専門経営者が出現し始めた。鉱山、銀行、商業、非鉄金属、化学、機械などの分野では、財閥が営む事業部門が独立し大規模企業となり、郵便汽船三菱や三井物産のように大卒者の学卒採用を開始し、専門経営者として育成する企業が出てくる。こうして、日清・日露戦争から第一次大戦に至る時期は、雇用システムの萌芽期と位置づけられる。

第2節　雇用関係の確立[60]

（1）　労働関係の諸タイプ

日露戦争以後、大企業が現われ近代的な労働関係が成立していくが、それ以前から様々な過渡的な就業形態が併存していた。そのタイプを石田（2001）に従って大別すると、概ね、下記のようなものに分類される。

---

[60] 本節は主に、次の著書を参考に執筆した。石田（2001）、武田（2008）、隅谷（1964）、隅谷・小林・兵藤（1967）、小野塚（2001）、斎藤修（2015）、斎藤健太郎（2001）、尾高（1993）。

＜過渡期の労働のタイプ＞

（タイプ A）　　　　　　　　（タイプ B）　　　　　　　（タイプ C）

家内工業　　家内工業　　　　　　　　　事業主　　　　　　　　事業主

親方労働者

中心作業所　　　　　　　　　　　　　　　　　　　　　　　　案内奉公人

凡例	
●	事業主
◎	労働者
○	請負・親方
→	雇用関係
—	請負・委任等

出典：石田（2001）p. 149

　タイプ A の典型は繊維業であり、生産形態は中心作業場と農村家内工業の二重の構成をとり、それに応じて就業形態は、中心作業場における雇傭的労務供給契約関係（直接雇用）と農村居住の家内労働者の請負的労務供給契約関係（間接雇用）の形をとった。

　タイプ B の典型は炭坑業であり、工場内間接雇用形態が支配的であった。具体的には、事業主が親方と出来高払いで特定の仕事を請け負う契約を締結する（請負的労務供給契約）とともに、その親方労働者がさらに配下の労働者を直接雇用する（雇傭的労務供給契約）形態であった。

　タイプ C は、小規模の家内雇用の場合であり、雇用形態は直接雇用（雇傭的労務供給契約）であった。

　上記のような就業関係は、未だ近代的技術の基盤が形成されず、労働力についても安定的な需給関係や作業監督体制が確立していない段階のものであり、組織範囲や成員構成について多様な形態をとった。また、1 つの組織の中に請負や雇傭など多様な労務供給契約が重層的に成立していた点も特徴的であった。

　日露戦争後に、重化学工業化が進展し、大企業が生まれ企業組織の発展が始まる。それと同時に、近代的な雇用関係が広まっていく。

　この頃、雇用される従業員のタイプは、概ね、①繊維・紡績工などの非熟練工、②従来からの非鉄金属の鉱山労働者、③造船業の機械工等の熟練工、④鉄鋼・化学関連（ゴム、窯業など）の装置産業の半熟練工等の大企業における雇用者のほか、⑤マッチ、ブラシ、皮革などの雑業関係に大別された。このうち、①、③の労働者は、日露戦争後に急増した。また、労働者数としては、①の製糸・紡績関連の女工が圧倒的多数を占めた。④の装置産業の労働者は、第一次大戦後に本格的に増加するが、この時点では未だ少数であった。

<近代的雇用関係の成立>

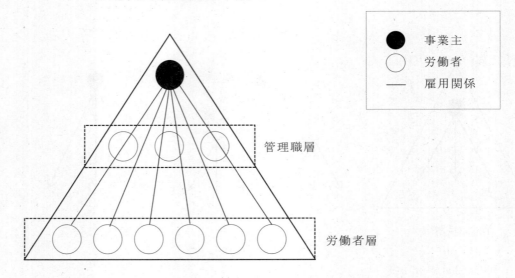

出典：石田（2001）p.150

　雇用関係の確立とともに、労働時間の概念や賃金制度の定着と初期の資本主義経済のもとにおける低賃金・長時間労働の蔓延、それに対する労使関係や労働組合などの組織基盤ができ、労働法の初期的な枠組みである工場法の成立や労働組合法の法制化の議論が始まった。

（2）　働き方の定着と雇用システム
（近代的労働の定着と労働関係の身分的性格）

　近代的な工場制度と組織労働の導入に伴い、次第に規律に従った近代的な労働関係が形成されていった。

　明治初期、容易に規律に馴染まなかった職人達も、規律に従い労働を提供するようになり、武田（2008）によれば、明治30年代に、今日と同様、「賃金」や「労働」という言葉が出現した[61]。

　ただし、労働関係は、極めて階層的であった。大企業の中では、従業員は、ブルーカラーたる職工、ホワイトカラーたる事務・技術職、経営管理職にほぼ対応する3つの身分的集団に分けられた。また、ホワイトカラーは、職員たる事務・技術職のほか、「雇員」（ないし見習い）の身分があった。賃金形態においても、概ね、経営者は年棒制であり、職員は組織との継続的な関係を前提として月給制をとったのに対し、職工は請負的な関

---

[61] 日清戦争以後、組織的・拘束的働き方が定着するとともに意識も変化した。武田（2008）によれば、世紀の変わり目頃「労働」という字が、labourの訳語に充てる意味で我が国独自の造語として使われ出した。それまで、働くことの報酬は「お足」と呼ばれたが、明治時代の半ばになると、「賃銀」「賃金」などの用語が使われるようになった。「賃」という言葉は、「人または物を使用して支払う金銭」、即ち「使用料」を意味し、「賃金」といった場合は、労働の使用権・利用権の対価としての金銭の授受を意味したものであり、労働の観念が浸透してきたことが覗えるとしている。

係を反映して市場的な日給か出来高給であった。こうした労働関係と賃金形態は、職員は奉公人、職工は職人の系譜を引くと考えることができる。

　従業員は、その正式の教育年数に応じて、概ね、上記身分的集団のいずれかに分けられ、小学校卒業ないしそれ以下はブルーカラー（職工）、中学校ないし実業学校卒業は事務職ないし技術職、高等学校ないし大学卒業は管理職である。各身分的集団は異なった規則に従い、賃金体系、休日、手当、報酬と罰則、便所、食堂、工場へ入退する門が違うなど質的に差のある待遇を与えられることが通常であった。

（流動的な労働市場と定着対策）

　明治期の労働市場は、職工のほか、ホワイトカラーの事務職員を含め、極めて流動性の高いものであった。例えば、製紙工場や紡績工場では、当初、請負人により概ね3年から5年の年季契約を結び、17〜25歳の女工を調達したが、調達が困難になると、やがて低コストの調達方法として訓練された女工の引き抜きが盛んになり、移動率は極めて高くなる。各工場は、寄宿舎の設置、雇用期間の設定（3年程度）、満期賞与（雇用期間の終了時に賃金に一部を支払う制度）などによる移動防止策を講ずる。こうした防止策も十分な効果が出ないと、鐘紡、倉敷紡績などの大企業では、「大家族主義」の考えに基づき、寄宿舎において、読み書き、裁縫、諸作法の習得、基金による福利厚生、家族の生活保障策、共済組合などの施策を実施する。こうした施策は、20世紀初頭、他の企業にも普及していった。

　また、機械工などの職工も移動率も極めて高かった。労働条件に不満のある職工は、いつでもその仕事をやめて他の事業主のところに移っていった。特に、好況期には、この傾向は強くなった。農商務省商工局（1980）は「事業繁忙職工ノ欠乏ヲ告グル場合ニハ単ニ僅少ノ給料ノ差違ニヨリ軽々シク他工場ニ行キ事業ニ関ナルニ及ンデ又大工場ニ移ル等工場ノ間ヲ転々スル者多」シとしている。好況期には工場間で熟練工の引き抜き合戦も盛んになる。呉海軍工廠では長崎造船所との間で職工の引き抜き・移動を防止するための協定を締結する措置が取られたほどであった。農商務省商工局（1980）は、勤続期間について1年未満の者が鉄工で52.5%、男子印刷工で42.1%であったとし、移動が頻繁であるため「平均1ケ年ニ殆ド全数ノ交替ヲ見ル」という状況を紹介している。頻繁な移動は、労資関係の不安定化に繋がりかねない。このため、後述のように、経営者の間で、疾病や傷害に係る共済制度、福利厚生制度などの充実を図る企業一家的な「家族主義」や、雇用主と労働者間を親子に擬える温情主義が普及した。

（３）　近代化に伴う　労務管理方式の転換

（ア）　工場徒弟制の普及と課題

　日清戦争後、我が国工業の発展に伴い工場制の比重が高くなると、町工場での「職人徒弟制」的な養成や「親方請負制」に替わって明治30年代から、「工場徒弟制」が広まった。「工場徒弟制」は、三菱長崎造船所、官営横須賀造船所などの大工場で始まったが、

従来の徒弟制と異なり、企業との直接契約により、賃金（日給）を貰いながら、工場内で職工の指揮を受け、道具を運んだり段取りを手伝うなどの補助をする「見習職工」スタイルの制度である。二次的に技能養成の目的を持ったが、見よう見真似で仕事を覚えるに過ぎず、特定の技能習得の教習を受けるわけではなかった。この時期には、企業の多くは未だ輸入機械・設備の保全・補修により営業を行っていた段階であり、一定水準の技能集団を必要とする意識も組織的な教育訓練をする能力も持っていなかった。このため、工場徒弟制度は、養成制度して大きな欠陥を抱えながらも改善されずに量的に急拡大した。必要な人材は、移動する職人の募集や引き抜きにより行われ、職工もより良い労働条件を求めて盛んに移動した。

（イ）　急速な技術の変化と直接的な労務管理方式への転換

　日露戦争後になると、本格的に産業が興隆し、新たな線路や艦船の建造、機械や機器の製造の発展に伴い、技能水準の向上と平準化の必要性が強く認識され、労務管理方式や職工の育成・確保について転換が図られた。

（直接雇用制への切り替え）

　第一に、三菱長崎造船所、官営八幡製鉄所、芝浦製作所、日本電機などの大規模工場では、集団請負から出来高制の個人請負への切り替えや間接雇用・親方請負から直接雇用・時間給制への切り替えなど労務管理方式が大きく転換された。間接雇用・親方請負制は、経営層が職工を管理する能力を欠き、技術者も現場の技術に疎い状況の中で止むを得ざる方法であったが、生産が現場の都合優先となること、作業待ち時間や中間在庫の積み増しが大量に発生するなどの問題があり、19世紀末には、工業技術の進歩と生産工程の専門分化に伴い、その非効率性が認識されるようになった。加えて、従業員の教育・生産管理は親方の意向を無視できず、従業員に対して経営者の権威や指揮権も確立できないことや、流動的な市場の中で親方が職人を連れて工場を去る不安も存在した。

　このため、20世紀初頭の日露戦争後になると、大きな工場では、職工を工場が直接雇用し指揮する形態への切り替えが模索された。例えば、親方クラスの組長の職員制度への直接組み込みを企図して、組長や伍長に対する福祉事業や利益分配の適用などによる会社への忠誠心の助長を図るとともに、一般職工に対しても、職員による作業工程管理の強化や新たな管理機構の創設、退職手当・解雇手当・勤続賞与等の支給、共済組合・社内預金などの定着対策が講じられた。こうした施策によって、作業組織の変化とともに、徐々に直接雇用・時間給制に置き換える動きが現れ、それまで親方の権限であった雇用・解雇と賃金決定について、会社がより多くの権限を持つようになっていった。

（技能工の内部養成）

　第二に、担い手としての技能工の養成が喫緊の課題となった。当時、職工の移動は激しく、近代的な機械・設備に対応できる有能な技能工を外部市場から獲得することは困難であった。また、明治20年代から進められた技能工の養成機関である、「徒弟学校」

や「実習補習学校」などの公的職工養成機関は、数が少ないうえ、質的に企業の求める技能の養成の役割を果たし得なかった。このため、明治40年代から大正時代にかけて、鉄道、海軍工廠、機械器具製造、電気機器製造などの大企業の中には、自ら養成施設を設置して組織的・系統的に技能工の養成に乗り出すところも少数ながら出現した。これらの養成方式は、従来の徒弟的手法に加え適職者を選抜して補修学校との連携により若干の基礎的学科を学ばせる方式から、自ら工場内に施設を設け、カリキュラムを作り一部の技能工を子飼いの職工として養成するもの[62]など負担能力に応じた手法が試行錯誤された。繊維関係の工場においては、実習補習教育に力を入れ、女工に対して、裁縫、料理、作法等などの実科教育や普通教育を施すところも現れた。

（熟練労働力調達における西欧諸国との違い）

なお、近代産業の形成期には、工場制度が必要とする作業規律と機械に対する習熟を備えた大量の労働者が必要となるが、これに対する対応は、ヨーロッパ諸国と我が国では異なる経緯を辿った。

即ち、ヨーロッパ諸国では、必要な労働力は農村家内工業より供給され、工業地域内部で長期をかけて再生産可能となり、労働市場が形成されたとされる。例えば、ドイツやイギリスにおける造船、機械、建設、印刷などの産業分野では、工場内で新しいスタイルの徒弟制度が広まった。従来からの産業の育成方法との連続性があり、近代的な教育体系が整備される以前の段階でも熟練工の供給は十分であった。このため、企業は、外部の労働市場から必要な労働力を調達できたと言われる。

他方、我が国では、急速な工業化のため、熟練工の外部市場が発展する暇がなく、十分な熟練労働力を調達できない企業は、組織拡大に伴う工場や大規模な装置の運営に必要な労働力を内部で育成せざるを得なかった。富国強兵による近代化を急いだ我が国において、大企業が内部労働市場を発展させた要因の1つとして、外部労働市場の未成熟と熟練労働力の蓄積の乏しさという市場要因があげられる。

第3節　日清・日露戦争後の賃金・労働時間制度[63]

（1）　流動的労働市場における賃金制度

（単純出来高制—賃業給の普及と低賃金）

日清・日露戦争を経て工場生産が急速に拡大するにつれ、金属・機械部門で職工に対する需要が増大し熟練工の供給不足が顕著になった。こうした状況の中で、実力主義を

---

[62] 自ら工場内に施設を設けて養成に取り組む企業は、労使関係が安定し、工場設備に要する多額の経費の投入、専門の教師の獲得、学費負担の問題などの諸課題に対応できる特定の大企業に限られた。例えば、三菱長崎造船所の工業予備学校（1899年）、八幡製鉄所の幼年職工学校（1910年）など。

[63] 本節は主に、次の著書を参考に執筆した。農商務省商工局（1980）、農商務省商工局工務課工場調査掛編（1947）、鈴木文治（1931）、孫田（1972）、昭和同人会編（1960）、西成田（2004）、隅谷（1955）（1976）、大河内（1971）、中川（1985）、中鉢（1975）、横山（1985）、細井（1980）。

—53—

反映した賃率設定がなされ、賃金増を求めて職工の移動が盛んとなった。職工の確保に悩まされた事業主は、請負増収による職工の誘引と生産増強のために、漸次、「日給」から「賃業給」と呼ばれる「単純出来高制」の請負給を採用する傾向が強くなり、それが全産業に波及していった（農商務省商工局（1903））。

　こうした賃金給は、元々、繊維産業で行われていたものが日清戦争後、急速に普及したものであった。製糸業における賃業給は、例えば、一日分一人の製糸額と繊度糸目・光沢などの品質について一定の標準を設け、出勤日数及び勤続年数の多少、品行の良否をも標準に加えて、それを上回る分について標準賃金の上乗せをする類のものであった（農商務省商工局工務課工場調査掛 編（1947））。なかには、海軍工廠や石川島造船所などの民間大工場のように、19世紀末にヨーロッパで完成したハルセー、ローワンなどのプレミアム・ボーナス制による請負給を早くも取り入れ実施する先進的なところもあった[64]。

　しかし、標準賃金や日給は、多くの場合、極めて低く設定され、深夜・長時間労働の過重労働によって初めて最低生活費を賄うことが可能かというギリギリの水準であり[65]、労働者を過酷な長時間労働に駆り立てた。賃業給普及の背景には、工場の進歩、新しい技術の導入により明治前期の「万能工」的要請が「単能工」的要請に切り替えられたという事情があり、加えて、当時は怠惰と看做された労働者を「単純出来高制」の刺激によって労働に駆り立てようとする考え方があった。賃業給は、日給に比して賃銭が多少上回るとしても、労働者は競って労働するあまり肉体を傷める者が多く、また、生産面では、製品の粗製濫造を招くとともに、職工の技術の発達が疎かにされた。横山（1985）は、「請負賃金に悪むべきは、職工に重んずべき技術の発達を中絶するの弊ある事これなり」と述べている。

　日給等級の昇給もなされるようになったが、賃金総額を据え置いたままで、退職者・死亡・欠勤者等の源資で一部の者に不定期（年1回や2回のところ、数年おきに1回など多様）に刺激的に実施されるに過ぎないものが多かった。また、企業において直接的な労務管理が確立していない当時の段階にあっては、賃業給の決定や日給等級の上昇（昇給）は現場の職長や班長などの親方世話役の判断にまかされた。しかし、親方・世話役による管理のあり方は、技量だけでなく、お気に入りを優遇する恣意的なものが多く、そのための贈与や個人的奉仕が盛んになるなど内実は腐敗に満ちたものであったとされ

---

[64] ハルセー・プレミアム・ボーナス制は、アメリカで1890年に発表され、三菱長崎造船所で研究・採用された。また、ローワン・プレミアム・ボーナス制は、イギリスで1898年に発表されたものであり、それから10年を経ずに、呉海軍工廠、八幡製鉄において採用された。こうした試みは、我が国大企業の外国の動向に敏感なことを示すものであったが、科学的管理の土壌がないところで実を結ぶには至らなかった。
[65] 「鉄工」の賃金について、横山（1985）は、家族を養うに足る「五十銭もしくは六十銭の収入ありとするも、これ一日規定の労働時間の収入に非ずして、普通の労働時間を超え、十三時間ないし十六時間の労働に服して辛うじて得るところの賃銀のみ、もし世人と等しき労働時間にては、彼らは到底一家数人の糊口だもあたわざるなり」と述べている。

—54—

る。こうした労働者のみじめな労働生活状況は、人々を労働組合運動へと向かわせる原因となった[66]。

（定着対策としての「満期賞与・勤続賞与」）

上記のような賃業給の動きと並行して、労働移動の高まりに応じて企業は様々な定着化対策を講じた。紡績女工や鉱夫などの不熟練労働者を中心に、勤続奨励給として、契約期間を務めあげた時の「満期賞与」、期間（１週間、１か月、６か月、１年など極めて多様）に応じた「皆勤賞与」、「出来高賞与」が支払われることが通常となった（横山（1985））。ただし、当時の勤続奨励賃金施策は、足止め策としての手当や賞与などの一時払いの方式に留まり、本給たる日給の一律勤続昇給的な運用、長期定着的な賃金政策とは大きく異なるものであった。職工の移動が激しく、労働組合も企業横断的で企業内組合の存在しない状況においては、こうした足止め策が精一杯の施策であった。

また、熟練工に対しては、少数ながら、下からの「現場役付工」「永年勤続表彰」「共済会」「退隠手当」などの施策によって企業内確保を図る動きが見られた。もっとも、こうした施策や福利厚生施策の実施、職工学校の設置などは、大正中期以後に本格化した。

（横断的職能賃金体系の萌芽と崩壊）

明治後期においては、「渡り職人」などにみられるような技量向上や賃金の増額を求めての職人の労働移動が盛んであったが、それには、企業横断的に賃金が技量によって支払われるという前提があった。即ち、大工、左官などの建設関係職種、鉱夫などのクラフト的職種の賃金だけでなく、鉄工などの機械・金属関係職種においても、概ね、緩やかな市場相場が形成され、就業に際しては、その技量評価に応じて大雑把な賃金のランクが決められた（ゴードン（2012））。

また、当時の労働組合は、後述のように、鉄工組合をはじめとして緩やかな横断的職能組合であり、上記のように極めて流動的な労働市場において、横断的・職能的賃金体系形成の主体となる可能性が全くないわけではなかった。しかしながら、明治期の労働組合は、組織体制の未成熟に加え、暴動やストライキの鎮圧や治安警察法による弾圧などを経て短期間で崩壊し、こうした発展の可能性は摘み取られた。

（２）　労働時間の長時間化過酷な労働環境

（労働時間の長時間化）

規律に従った労働の普及とともに、労働時間の観念も定着した。多くの工場では始業から就業までの所定労働時間が定められ、時間厳守が規範となり「遅刻」の概念ができ、労働時間の長さが意識される。明治初期の労働時間はそれほど過酷なものではなかった。例えば富岡製紙工場において「作業時間は日の出より日没半まで、だいたい午前７時か

---

[66] 労働総同盟を興した鈴木文治が労働組合運動を起こしたきっかけとして、職場での労働者の処遇が上役への賄賂の多寡によって左右されているという前近代的労務管理の実態を知り、こうした惨めな状況に置かれた労働に実態に対する憤激があったとされる（鈴木文治（1931））。

ら午後4時まで1日9時間であり、その間に午前中に30分、昼に1時間の休憩」があり、「休日は天長節と七節と年末年始及び毎日曜日」となっていたものの[67]、日清戦争以後になると労働時間は長期化し、労働条件は過酷なものとなった（西成田（2004））。

　特に、製糸・紡績では長時間労働が蔓延した。例えば、桐生足利の織物工場では、労働時間は「先ず朝未明より夜の10時までは通例なるが如し」（横山（1985））であり、生糸工場における「毎日の労働時間は決して13、14時間を下ることなく、長きは17、18時間に達することも亦之なしと云うべからず」（農商務省（1947））とされている。この頃、労働時間は、12時間を最低に、いわゆる残業を加えて17、18時間に及ぶものが少なくなかった。しかも、勤務形態は、昼夜機械設備をフル稼働させるため二交代制が導入され[68]、深夜業も常態化していた。職工を二班に分け、概ね1週間で昼夜の交代をしたが、予備の番を設けず長時間労働を強いるため、欠勤者が多く、昼業を終えた者が居残りを命じられ「翌朝に至るまで24時間立ち作業に従事する者も往々之あり（農商務省商工局工務課工場調査掛編（1947））という有様であった。その間、休憩時間は、桐生足利の織物工場では飲食時間のほかになく、また、綿糸紡績工場では、「都合一時間」の休憩時間に過ぎず、しかも台の掃除や次の段取りでないに等しい状況であった（横山（1985））。休日は、概ね月2回程度与えられたが、それも健康上というより機械の掃除の都合上のものであった。このほか、鉄工業や造船業においても、概ね正規の労働時間は10〜12時間程度であったが、石川島造船所では「一ケ月五六回ハ12時迄夜業アルヲ例トス」（横山（1985））とされており、繁忙期には多くの職場で徹夜作業が行われた。休日は、女工等と同じく、概ね月2回程度であった。

（過酷な労働環境）

　これら職工が長時間労働に携わらざるを得なかった事情は、農商務省商工局（1980）によれば、賃金が極めて低いためであり、「十三時間乃至十六時間の労働に服して辛うじて得る賃銀」でようやく一家数人の糊口を凌ぐことができた。しかも、女工にあっては、多くは15〜20歳で、なかには12〜14歳の女工（はなはだしいのは7、8歳）も含まれていた。こうした年少女工の長時間・深夜労働は、肉体を消耗し、低劣な労働条件、劣悪な寄宿舎・食事と相俟って肉体を破壊し、結核の蔓延などを招いた[69]。明治の後半期には、年少女工に代表される深刻な健康被害が問題化し、識者だけでなく、製糸業者の間

---

[67] 桑原（1979）所載（揖西光速ほか（1955）『製紙労働者の歴史』p21-22）。

[68] 「大仕掛けの夜業の始まりは、明治16年大阪紡績に於いて為された」とされる（細井（1980））。

[69] なお、こうした紡績工場や製紙工場で働く女工たちの過酷な労働環境のもとでの悲惨な生活を如実に描いたルポルタージュとして、『女工哀史』や『ああ野麦峠―ある製紙工女哀史』が有名である。前者は、細井和喜蔵によって1925年に出版されたものである。自身の紡績工場における実体験と女工であった妻の体験をもとに、女工募集の詐欺・誘拐まがいの実態、過酷な労働条件や虐待、自由を拘束される寄宿舎生活などについて赤裸々に記述した書であり、紡織労働運動などに影響を与えた。後者は、山本茂美が1968年に発表したノンフィクション小説であり、明治末期、飛騨から野麦峠を越えて岡谷の製紙工場に働きに出た工女の過酷な労働環境のもとでの悲惨な労働と生活の日々を如実に描いている。多数にのぼる工女や工場関係者からの聞き取りにもとづくもので、1979年には映画化された。

にも、深夜労働は能率低下を招くとして労働時間の規制を求める意見もあった。こうした状況を受け、工場法による労働時間・深夜労働の制限が検討されるに至る。

（3）　職工の生活と都市下層

（「日本之下層社会」と「職工事情」—社会政策的関心の喚起）

　明治30年代は、輸出産業の急速な発展とともに、組合の結成や同盟罷業の発生が相次ぎ、職工の保護・取り締まりの問題が政治上の問題となるなど社会問題に世人の関心が寄せられるようになった時期に当たる。そうした時期にあって、職工達の低賃金と深夜・長時間労働などの苛酷な状況や貧民、細民などの下層社会の実情を描き、社会的に反響を呼んだ代表的なものとして、横山源之助による『日本之下層社会』（1899）及び農商務省商工局による『職工事情』（1903）がある。

（『日本之下層社会』）

　前者の『日本之下層社会』は、明治32年4月に教文館から出版されたものである[70]。同著作は、五編の構成をとり、第一編「東京の貧民状態」、第二編「職人社会」、第三篇「手工業の現状」（桐生足利の織物、阪神地方の燐寸、生糸社会）、第四編「機械工場の労働者」（綿糸紡績、鉄）、第五編「小作人生活事情」からなる。我が国の産業革命期における新旧の下層の状況を直接取材した内容をもとに数字を交え客観的に描き出し、社会問題に関心のある知識層や学生の間で広く読まれた。隅谷（1976）によると、当時はすでに貧民窟の探訪ものは幾つか出されていたが、「日本之下層社会」は、社会全体の中での下層社会の位置づけや、窮民、細民、賃労働者などの下層社会内部の構造を的確に描き出した点で特色を持っている。

（『職工事情』）

　後者の『職工事情』[71]は、明治36年（1904）に農商務省商工局により印刷・配布されたものである。職工法案・工場法案が明治30年代に流産となるなかで、女工や年少労働者らの保護と工場法の必要性を訴えようとしたものであり、官庁調査であるにも関わらず、職工達の劣悪極まる労働事情を赤裸々に描出している。

　『職工事情』は全5冊であり、「綿絲紡績職工事情」、「生絲職工事情・織物職工事情」、その他各種の産業（鐵工、硝子、セメント、燐寸、印刷など）に関する職工事情のほか、「附録Ⅰ」（女工の募集、誘拐、虐待等についての照会に対する府県の回答）、「附録Ⅱ」（女工、事務員、工場主、口入業者との面接談話）から成る。内容は、①生糸・織物などにおける毎日一二・三時間から十七・八時間に達する深夜長時間労働や綿紡における

---

[70] 著者の横山源之助は、明治27年に毎日新聞に入社し、両毛地方の機業や京阪地方の工場をはじめ各地を訪ね木賃宿に泊まり込むなどして取材した労働者・細民や貧民の実態を社会探訪の記事として同新聞に載せていた。『日本の下層社会』はこうした記事や諸論稿を整理し刊行したものである。

[71] 『職工事情』は、職工法案が陽の目をみなかった後、工場法の成立を企図して明治33年に農商務省工務局に設けられた工場調査掛の手で行われたものであり、当時の農商務省書記官窪田静太郎などの官側と桑田熊蔵などの学者が中心となって各地を歩いてまとめ上げた調査・記録である。

十二時間二交代制労働の実態とそれによる慢性的疲労と肉体的磨滅、満足な休憩時間や食事時間の欠如の状況、結果としての結核などの蔓延、②出来高給である「賃業給」のもとでの賃金増のための寸暇を惜しんでの仕事振りと恣意的査定、体罰、風紀上の問題、支払いの不定期・延長、③前借金の天引きによる強制的・人身拘束的関係、紹介人による誘拐や争奪、④逃亡防止のための拘禁的な寄宿舎制度など多岐にわたって実態を明らかにし、労働力食潰しの状態の非合理、結核工女と帰郷・農村結核の広がり、ひいては国民体位の低下を論じた[72]。

社会問題や社会改良については、当時、幾つかの新聞や雑誌が熱心にとりあげるようになっており（「万朝報」、「毎日新聞」、「時事新報など）、また、社会政策学会の誕生など社会学研究も緒に就き始めていた。『日本の下層社会』や『職工事情』などの著作は、こうした潮流と時を同じくして世に出され、社会政策的関心を広く呼び起こす力となり、工場法制定の流れを作ることに貢献した。

（下層社会と貧民層の形成）

都市には、江戸時代からの貧民窟があったが、明治10年代半ばの経済停滞期以後、近代的産業の発展に圧倒されて没落する家内工業、副業の衰退から窮乏し生活の途を失った者などが農村から大量に流入し、東京市では貧民窟が膨張した。当時、貧民＝下層社会といわれた人々について[73]、横山（1885）の中で、「日稼人足」「人力車夫」「くずひろひ」「芸人社会」などの「貧民」、職人社会、手工業、小作人とならんで「機械工場の労働者」をとりあげ、下層社会の構成を明らかにした。隅谷（1955）は、横山の指摘をもとに、下層社会の人々を「貧民」、「細民」、「窮民」の３種に大別している。まず、貧民窟の住人である「貧民」は、多くがその日暮らしの生活であり、男性では、人力車夫、紙屑拾い、日雇人夫、大工、左官、行商、露天商、女性では、マッチ箱張り、硝子屑買いなどが多かった。一家の生計は個々の収入では維持するに足らず、家族労働によって辛うじて支えられた。これに対し、「細民」は、職人を中心として概ね定まった職業をもち生活は安定していた。その中には、貧民と同様、人足、日備取を含んだが、他方で職工などの工場労働者も包含した。「窮民」は慈恵的救恤の対象となる人々であり、救恤規則では、疾病、孤児、老衰などのため働くことができず家族労働にも依存できない単身者とされた[74]。

都市の下層社会は、これらの人々から構成されたが、内部の世代流動性は高く、東京

---

[72] 農村からの「出稼工女」を介しての「農村結核」の蔓延と「国民の体位低下」は、農村からの頑健なる壮丁の確保を帝国陸軍の基礎と考える軍からの工場法実現の陰の圧力が働いたとされる（大河内（1971））。
[73] 明治20年代初頭に「下層社会」的生活を営む者は、全国の約６割を占め、都市においても半数近くなるとの推計もある（中鉢（1975））。
[74] 救恤規則は明治７年に制定されたものであり、その後、明治10年代半ばの経済不況の影響で都市に流入し貧民化する人々が増加したことから、これらの人々も対象とすべく、明治23年の窮民救助法案、明治30年救恤法案及び救貧法案、明治31年窮民法案、明治35年救貧法案が、それぞれ提出されたが、被救恤者の対象が膨大となりかねないことが危惧され、ことごとく否決された。

市では、日露戦争後の重工業の発展等に伴い、工場労働者が増えるなどダイナミックな変化が生じた。下層社会の職業構成について分析した中川（1985）の分析によれば、都市下層の「細民」の構成は、明治中期から明治後期にかけて「雑業型」が減少し、代って「力役型」が増加し、明治末期には、「力役型」も頭打ちとなり、「工業型」が増加する傾向となったことを指摘し、「力役型と雑業型とが相半ばする構成から、力役型が比率を増し、さらにその中から工場職工が生み出された」とする推定が成り立つとしている[75]。

　隅谷（1955）は、上記のような「貧民」や「細民」からなる都市下層の人々を「雑業層」として捉え、この「雑業層」が労働市場において過剰人口の貯水池と追加賃労働の供給源の役割を果たしたこと、また、大正時代末期以後、雑業層の多就業家計が零細企業の労働条件を規定し、間接的に、中及び大企業の労働条件に影響するに至ったことを指摘している。

第4節　労働組合の結成と組合対策[76]
（1）　労働組合結成と争議の頻発

　日清戦争期を通じて日本資本主義の基礎が確立するとともに、戦後の好況と生産増強に伴い物価が急騰し、96年夏以降、生活圧迫のため「賃上げ」を要求する労働者の争議が頻発する。争議は97～98年にかけて高まった（98年35件、参加者5.7千人）。これらの多くは、98年2月の日本鉄道機関方の争議に見られるように、賃上げだけでなく、監督の不公平に対する職工の憤懣等に起因する自然発生的なものであり、社会に大きな衝撃を与えた。これら争議を契機として、労働者の団結する機運が高まる。まず、1896年、労働者の地位の向上を目指した労働組合期成会が結成され、出版・遊説による啓蒙宣伝と組合の設立を進め、続いて1897年12月鉄工組合が我が国最初の労働組合として結成される。それを皮きりに、1897～98年にかけての家具指物職、駁者車掌、洋服職工、靴工、船大工職、木挽、石工・左官たちの組合結成のほか、有力組合として、「日本鉄道矯正会」（1898年）、「活版工組合」が結成（1899年）されるなどこの時期は、労働運動の開花期であった。

　これらの労働組合の結成は、アメリカ帰りの高野房太郎、澤田半之助、城常太郎などのほか、クリスチャンの片山潜らの主導によるものであり、アメリカのAFL（アメリカ労働総同盟）を範とし、当時の劣悪な労働条件の改善のための労働保護法の制定のほか、普通選挙権の取得、労働者の社会的地位の向上、生活の改善など幅広い目的があった。

---

[75] 中川（1985）の一応の定義によれば、①「力役型」とは、土木建築関係労働者（大工、左官、鳶職等）、交通業関係労働者（人力車夫、荷車挽、運送人夫）、日雇など、②「工業型」とは、金属・機械器具製造関係、造船関係、運搬用具製造、紡織関係、被服・身装品製造などに従事する職工・職人、③「雑業型」とは、極小規模の商店主、行商、露天商等の商業関係、按摩、遊芸人、などの自由業、屑拾い、屑選など「日雇」以外の有業者をいうものとしている。

[76] 本節は主に、次の著書を参考に執筆した。大河内（1965）、労働省（1961）、隅谷（1964）、末弘（1951）、二村（1987）、小野塚（2001）、斎藤修（2015）、隅谷・小林・兵藤（1967）、間（1978）。

その中でも、労働者の地位を社会的に対等にすることが第一義の狙いであった（大河内（1965））。当時の社会において、「職工」や「鉱夫」は、「下流」、「細民」として描かれるなど蔑視されがちであり、根底に「道徳的格差」や「人間的価値」まで云々される風潮に対する職工層の憤慨があったとされる。

（２）　治安警察法・行政執行法の制定・弾圧と労働組合の衰退

しかし、これらの職業組合の活動は、1899年には急速に衰退した。共済活動などの財政的破綻などの問題のほか、争議の頻発に驚いた雇用主や政府が当初の融和的態度を変え、鉄工組合員の解雇や鉄工組合の集会の禁止など禁圧的態度となったことが主因であった。例えば、関西を中心に、府県令による同盟罷業の直接禁止の動き、警視庁による工場臨検・巡視措置等がとられるようになった。そして、1901年に明治政府は一連の治安法規（保安条例、予戒令、集会及政社法など）を整理統合し労働運動を禁圧する治安警察法及び行政執行法を制定した。

治安警察法は、結社、集会、多衆運動等に対して厳重な制限を加えたほか、他人を誘惑扇動して同盟罷業に参加させる行為を犯罪として処罰の対象とした（第17条、第30条）。同法の規定は、争議行為そのものを禁止するものではなかったが、争議その他の組合運動の扇動を理由として組合指導者を処罰することができ、集会、示威運動等の組合活動は警察的取締の対象となった。集会はあらかじめ届け出でなければならず、集会には警察官が臨検して発言の中止や解散を命ずることができた。また、行政執行法は、人身の安全または公安の維持を目的として自由に人を検束し得る制度を設けたものであり、検束は一時的であっても、しばしば濫用され組合活動はいちじるしい障碍を受けた。

これらの法律の公布によりストライキは違法とされ、矯正会が1902年解散させられるなど組合運動は明治末にあっけなく壊滅した。存立の基盤が脆弱だったうえ、職場の組合運動を担った「親方職工」が、企業管理者への管理権限の移行が進んだことにより影響力を失ったことも一因であった。こうして、できたばかりの職業別組合は短命に終わり、経済主義的な組合運動も定着しなかった。上記のような初期の労働組合は、アメリカのAFLを範としたもので、社会主義の影響は余り認められなかったが、これ以後の組合運動は、社会主義運動への転化のもとで展開された。

（３）　初期の労働組合の組織と性格

労働組合の性格は、市場の性格・あり方に大きな影響を及ぼす。例えば、西欧においては、労働組合は、職業別のクラフトユニオンとして組織され、入職規制や労働力のコントロールを行い、ストライキを武器に、使用者側に対抗して職務に応じた市場横断的な賃金格付けや賃率の決定の仕組みを作り上げてきた。こうした労働組合の成り立ちは、中世のクラフト・ギルドのような入職規制や労働力の統制を行った自律的組織の伝統を背景とし、かつ、近代化や機械化が進行する中でも市場の性格や労働力に対する規制が職業別のクラフトユニオンによって、継続性を持って発展したことによるものと考えら

れている（二村（1987））。

　これに対し、明治期に設立された労働組合は、クラフトユニオンの性格を持っておらず、市場への影響力を持ち得なかった。初期の組合の性格については、従来同業者的な職能組合であるとの説（大河内一男「黎明期日本の労働運動」、隅谷三喜夫「日本労働運動史」等）が有力であったが、近年は、当初から同業的性格は薄く職種規制のない緩やかな集まりであったとの指摘（二村（1987））が有力である。もともと、我が国においては、「徒弟制度」や「仲間」があり、西欧のギルドに類似した機能もあったが、基本的に領主の統制に服したため独自の規制力に乏しく、加えて、幕末には生産の向上に伴い鑑札のない労働力が大量に参入し規制力・影響力は殆ど失われた。また、近代化や機械化に伴い必要とされる労働者は、工場の中で新たに育成されるようになり、従来の職人とは技能や働くスタイルの点で断絶していた。鉄工組合や友愛会は、クラフトユニオンを組織のモデルとしたとされるが、西欧との歴史的な背景が大きく異なり、その後の発展においてもクラフトユニオンの性格を持ち得なかった。このことは、我が国の市場のあり方にも大きな影響を与えることとなった。また、労働者は職工の地位から脱出し世代を経ながらも上向移動しようとする志向を持ち、固定的な階層意識は乏しかった。このため、労働組合は確固とした組織基盤を持つことはできず組織は極めて脆弱であった。

（４）　労使関係の不安定化と経営家族主義

　日露戦争後、近代化と生産力の増強のため、大工場では機械の導入と生産システムの変更と、それに伴う管理機構の合理化が進められた。それによって従来の親方請負制の崩壊と新たな管理機構のもとでの職工の直接管理・統制が始まり、1906〜07年にかけ、海軍工廠、砲兵工廠、造船所、銅山、炭坑などの大企業において、待遇に不満を抱えた職工らによる大規模な争議や暴動が頻発した[77]。これらの争議・暴動は、戦争景気の後退による残業収入の消失と物価高による実質賃金の目減りによる生活苦が直接的な要因であったが、近代的な体制への移行に伴う面があった。親方職工を中心とする作業請負体制が崩壊するなかで、作業管理・労務管理の強化が進むとともに、日給支給への切り替えにより従来の請負所得が大幅に削減され、職工の蓄積した不満が親方不在により直接経営にぶつけられることとなった。

　これらの争議や暴動の発生は経営者や政府を震撼させ、その対応が喫緊の課題となった。政府は、これらの暴動に呼応して、社会主義運動からさらに過激化した無政府主義活動の活発化を極度に警戒し、その弾圧に乗り出した。政府は、争議・暴動を警察力や軍隊を使って鎮圧するとともに、日本社会党の結社禁止（1907年）、赤旗事件（1908年）、

---

[77] 日露戦争後には、一連の大争議・大暴動として、石川島造船所（1906年2月）、呉工廠（同年8月）、大坂砲兵工廠（同年12月）、長崎造船所（1907年2月）における争議、足尾銅山（1907年2月）、北海道幌内炭鉱（同年4月）、別子銅山（同年6月）の暴動などが起こった。特に、後者は軍隊の出動により鎮圧されほどの規模であった。これらの大争議や大暴動は経営者を震撼させ、これを契機として経営者は、本格的な労務管理策を講ずるようになる。

—61—

大逆事件（1910年）などを通じて社会主義運動の抑圧を強化し、労働運動への浸透の防止を図った。

こうした弾圧の一方で、組長を含む熟練労働者までも長時間労働と低賃金に陥り不満を抱え労働組合に走る状況の中で、対処療法的な強硬策だけでなく、何らかの宥和策が必要と判断される。その1つとして、一部の経営者の間で福利厚生の充実と「経営家族主義」の振興が図られた。福利厚生措置としては、傷病・死亡などの事故に係る給付、解雇・退職手当、退職積立金制度などの共済制度を中心として、日用品の廉売施設、娯楽施設、住宅施設、扶助施設の設置などがなされた。中でも、共済制度は、明治期に新設された労働組合の中心施策であり、財政破綻によって崩壊したものの、それを経営の一部負担により実施することは、労働者の生活不安を緩和し労使関係の安定や労働者の定着を図るうえで大きな意味をもった。こうした企業内福利厚生施設の設置について、経営者は、企業という家族共同体における経営者の温情ないし情誼の発露であることを強調し、「経営家族主義」に基づき、権利意識に目覚めつつあった労働者を主従の伝統的観念のうちに繋ぎとめようとした（隅谷・小林・兵藤（1967））。

第5節　労働法の開始期—農商務省下の労働行政[78]

（1）　工場法等の制定

（工場法制定の経緯）

明治期の資本主義的生産方式の成立に伴い労働関係法の立案が課題となり、政府は明治15（1882）年以来、種々の調査や職工条例、徒弟条例、職工法案、工場法案などの制定準備に着手した（これらの法案等は、前述のように、保護というより工場の秩序維持、職工の取り締まりの性格が強かった）が不調に終わった。

その後、工業の発達によって製造方式が従来の「毎戸製造」から工場製造中心に変わり、「傭主職工間ノ関係ヲ円滑ニシ、資本ト労力トノ権衡ヲ維持シ」「諸般ノ紛擾ヲ未然ニ防喝スルノ目的ヲ以テ必要ナル法令ヲ制定スルハ緊急事件」であるとして、明治29年10月、第一回農商工高等会議に「職工ノ取締及保護ニ関スル件」が上程され、明治31年には工場法案が農商工高等会議で決定されたが、帝国議会提出に至らなかった。

次いで、政府は、第三回農工商高等会議の希望意見に従い、工場及び職工に関する事実を調査して将来における法案の実現に備えることとし、明治33年4月、商工局工務課に工場調査掛を置き、臨時工場調査職員を設け詳細な調査を行った。その成果が『職工事情』などであり、調査の結果に基づき、新たな法案を起草し、明治35年11月『工場法案要領』を作成したが、日露戦争で一時中断した。戦後における一般経済の回復に伴

---

[78] 本節は主に、次の著書を参考に執筆した。ゴードン（2012）、大河内（1964）、渡辺（1911）、岡（1913）、労働省（1961）、細井（1980）、労働省職業安定局編（1956）、中島（1987）、労働省（1961）、神林（2000）、隅谷（1977）、渋谷（1958）。

い、公私の意見を参酌して法案の再検討を行い、明治42年12月召集の第26回帝国議会に漸く法案を提出した。しかし、議会提出案が発表されると夜業禁止に対する非難の声が高く、とりわけ綿糸紡績業者は激しい反対運動を展開した[79]ので、政府は法案を撤回せざるをえない状態となった。

政府はひきつづき法案の修正・検討をかさね関係団体等の意見を徴し、明治43年に生産調査会の決議（明治43年10月）を経て、明治44年10月に第27回帝国議会に提出した。提案理由説明で、農商務大臣大浦兼武は、「其ノ精神ハ健全ナル我国ノ工業ノ発達ヲ計画スルト同時ニ婦女子幼年者ノ健全ヲ保護シ熟練工ヲ養成シ我国ノ工業ノ発達ヲ図ラナクテハナラナイト云フ考デ」あるとしている。法案は、適用範囲（十人以上を十五人以上に変更）などを修正したうえ、明治44年（1911年）3月20日に議決・成立し、同月29日に公布されたが、施行期日については「勅令ヲ以テ之ヲ定ム」と明確にされなかった。工場法施行の用意、特に、施行に当たる人を得ること、施行に係る種々の工場の細則に関する調査の必要から2年程度は猶予が必要（岡政府委員）とされたが、実際には、国際競争力の低下を主張する繊維業界の猛烈な反対を受け、財政難もあって、例外規定と適用猶予規定を設けたうえで、公布後5年経った1916年（大正5年）9月に社会政策の実行を標榜する大隈内閣の手によって漸く施行された。

（工場法―旧法の内容）

同法の主な内容は、次のとおりである。

第一に、適用対象は、常時15人以上（後に10人以上）の職工を使用する工場及び職工数に関わりなく事業の性質が危険又は衛生上有害の虞れのある工場とした（第1条）。対象を常時15人以上の職工を使用する工場に限ったため、適用はごく一部の工場の適用に止まり、問題の多い小規模工場、手工業、建設・土建関係の事業場の多くは適用外であった。さらに、適用を必要としない工場を勅令（工場法施行令）をもって除外する一方、適用工場以外の15人未満の工場であっても「原動力ヲ用フルモノ」には、工場法の諸規定中保護職工（女子職工や15歳未満の職工）の危険業務への就業禁止、安全衛生に関する規定を適用することとした。施行令においては、菓子、麺類、清酒、酢、醤油、味噌などの食品製造業、行李、籠、和傘、藤、竹、団扇などの日用品製造業、被服、足袋その他の裁縫、刺繍などの業種が除外された。

第二に、女子、年少労働者についての就業制限を定めた。具体的には、年少者の使用

---

[79] 繊維産業のほか、三井、三菱などの重工業界からも強い反対があげられた。その主張は、工場法の制定が社会問題の蜂の巣を突つき、日本の産業を安定させてきた服従と忠誠という古くからの美風を破壊し、産業の将来を損ねるという「温情主義」に立ったものであった（ゴードン（2012））。その代表的なものとして、三菱長崎造船所の荘田平五郎所長は、「我国に於ては古来其特有の美風とも称すべき『主従関係』なるもの存し、其犠牲心、同情心の強固なる、多く他国に其類例を見ず・・而して此主従関係なるものは根柢を家族制度に発し・・雇主は被庸者を愛し、被雇者は主人を敬し、相依相助けて工業上の平和を保持するものなり、・・今日何等の弊害の存するなく、殊更ら平地に波瀾を生ぜしめ、強いて主従関係の美風を破壊し、工業上の平和を撹乱するは、我輩の到底賛成する能はざる所なり」と述べている（「工場法制定の理由如何」東洋経済新報 1910年3月5日）。

—63—

禁止としては、工場法施行の際、10歳以上の者を引き続き就業させる場合を除き、12歳未満の者の就業を禁止した（第2条ただし、軽易業務については地方長官の許可を条件に10歳以上の者の就業可）。

　また、15歳未満の者及び女子については、①1日12時間を超える労働の禁止（第3条）、②午後10時から午前4時に至る深夜業の禁止（第4条、第5条）、③休日、休憩の法定（第7条、少なくとも毎月2日の休日、休憩は少なくとも6時間を超える場合30分、10時間を超える場合1時間など）、④危険有害業務への就業禁止（第9条、第10条）の制限規定が定められた。なお、同法では、第12条において、「主務大臣ハ病者又ハ産婦ノ就業ニ付制限又ハ禁止ノ規定ヲ設クルコトヲ得」とし、これを受けた同法施行規則第9条において産後5週間を経過しない者の就業を禁止した（産後3週間経過した者については医師の意見を徴し支障ないと認められる場合に就業可）。

　しかしながら、女子及び15歳未満の年少者の就業制限については、器械生糸製造及び輸出絹織物の業務について法施行後5年間は14時間まで、10年間は13時間までの延長が認められ（施行規則第3条）、深夜業についても、交替制を採用する場合などの場合（法第5条「一時ニ作業ヲナス必要」がある特種の場合や「夜間ノ作業ヲ必要トスル」特種の場合を含む）は15年間猶予されるなど保護職工に関するこれらの重要規定の適用は多くが将来に持ち越された。

　第三に、職工保護一般に関する保護規定である。その主たるものは、業務上傷病・死亡に係る扶助の仕組みを工場主に義務づけた点にある。即ち、法第15条は「職工自己ノ重大ナル過失ニ依ラスシテ業務上負傷シ、疾病ニ罹リ又ハ死亡シタルトキハ工業主ハ勅令ノ定ムル所ニヨリ本人又ハ其ノ遺族ヲ扶助スヘシ」と規定し、これを受けて工場法施行令（勅令）は、工業主に対し、①負傷、疾病に罹った場合の療養に必要な費用の負担（3年経過後の170日分の扶助料支払いによる打ち切りあり）、②療養のため労務に服することができず賃金を受けられない場合における扶助料（毎月1回以上、療養中1日に付賃金の2分の1以上）の支払い、③治癒しても身体傷害が残った場合における傷害の程度に応じた扶助料（賃金の30〜170日分）の支払い、④死亡した場合の祭葬のとり行いと祭葬料の支払い、を義務づけた。

　第四に、そのほか、職工保護一般に関するものとして幾つかの規定が定められた。例えば、主務大臣は、危険・有害設備・工場等の使用停止・臨検の権限、伝染病の範囲を定め病者の就業を禁止できる権限を持った。また、賃金に関し、通貨払い、毎月1回以上払いの原則が定められ、解雇・退職時の未払い賃金、貯蓄金等の返還が義務づけられた。さらに、労働契約規則に関して、「職工の雇入、解雇、周旋の取扱及徒弟に関する事項は勅令を以て之を定む」との規定（第17条）を置き、施行令、施行規則に若干の規定（職工の雇入、解雇及周旋、徒弟など）を定めた。

　第五に、罰則規定を設け、それによって履行を強制する仕組みとした。

（施行と効果）

　1916年の工場法の施行の施行体制として、農商務省は、官制の整備を行い、商工局に工場課を新設するとともに、施行事務を担当するため、本省に工場監督官（奏任官）専任4人、工場監督官補（判任官）専任5人を置くことを定め、さらに、地方官官制を改正して、主要工業府県には奏任官たる工場監督官及び判任官たる工場監督官補を、その他の県には判任官たる工場監督官補を置き、工場監督職員総数199人の体制を整えた。工場法施行当時、適用を受ける工場数は19,047、労働者数は1,120,328人であり、当初、監督回数は1工場3回をもって標準とした。

　工場法施行に当たって、業界は、これによって負担が過重し経営は打撃を受けるとの考え方が一般的であり、当局は施行に際し、検挙告発を控え指導に重点を置く方針をとり、印刷物の配布、説明会の開催等により業者の啓蒙に努めるとともに、工業団体と協力して法の周知に努めた。

　施行当初は、第一次大戦に伴う好況により、工場設備の改善、労働条件の向上が進み、工場法の実施は比較的円滑であったが、大戦後の不況とともに、経営者は従前の労働条件を維持することさえ容易でなくなり、工場監督の遂行は難航した。また、経済の発展に伴い、適用工場数（1921年 25,593）、労働者数（1,468,110）は急激に増加する一方、監督官数は増えず、不足を補うため、警察官による補充的監督が行われた。違反の内容としては、10歳未満の者に就業させた事案や女子や15歳未満の職工に法定労働時間を超えて就業させた事案などが主なものであり、違反事業場の大半は、織物、製糸などの繊維・衣服関係の工場であった。違反に対しては指導に重点を置き、刑事手続きに及んだのは、再三戒告を与えても改悛の情のみられないものや比較的重大な違反事案に限られた。

　こうした工場法制定の意義については、工場法における労働保護の基準はきわめて低位なものであり、しかも主要な原則も例外規定や猶予規定が多く、本来の目的は相当程度無力化されていたとして、保護法としての機能を否定的に評価する意見が有力である。他方、資本主義の勃興期における経営者の圧倒的な権限による支配の中で、工場設備の不完全や経営者の不当使役から労働者を保護するうえで一定の効果を持ったとの意見もある[80]。歴史的に見ると、工場法の制定・実施は、日露戦争後の大争議・大暴動により、それまでの経営者の主従関係の美風を尊重する温情主義の限界と労使関係の再編成が必要になったことに対応しており、同法の施行によって新たな労働者保護政策が開始されることとなった。その意味で同法の制定は、労働政策上画期となる出来事であるといえよう。

---

[80] 例えば、大河内（1964）は、工場法の制定の意義について、「原生的労働関係」（長時間労働などの過度労働、生計維持を不可能とする低賃金、身分的・権力的実態、強行的な労務管理などからなる労働関係）から基幹労働力の消耗を防ぎ、その健全な労働力としての創出を図る「総体としての資本」の立場からの反省であるとした。

（鉱業法及び鉱夫扶助規定）

　我が国における鉱山関係の法制は、明治初期の一般保安対策であった日本坑法を皮切りに、1892年（明治25年）に、鉱山労働者の安全、衛生及び負傷・疾病・死亡に係る扶助を図ることを企図して鉱業条例が制定され、工場法とは別個の法令となった。その後、同条例の実施に伴い不備が明らかになり、1905年（明治38年）3月に鉱業条例は廃止され、同時に工場法に先だって鉱業法が制定（施行同年7月）された。

　同法においては、鉱夫保護に関する規定の充実を図っており、第5章に鉱夫保護の大綱を定めた。その仕組みは、採掘権者に鉱夫の雇用及び労役に関する規則を作成して当局の許可を受けさせ、当局は許可に際して就業時間等を制限するというものであり、違反に対しては罰金が科せられた。注目されるのは、業務上負傷、疾病に係る扶助の規定であり、第80条は「鉱夫自己ノ重大ナル過失ニ依ラスシテ業務上負傷シ疾病ニ罹リ又ハ死亡シタルトキハ鉱業権者ハ命令ノ定ムル所ニ従ヒ鉱夫又ハ其ノ遺族ヲ扶助スヘシ」（第80条）と規定し、上記工場法の扶助に係る規定のモデルとなった。この規定を受けて、鉱業法施行細則では、鉱業権者に診療費・治療費の実額、休業中の扶助料（標準日数相当の賃金額の3分の1以上）、祭葬料（標準10円以上）等に係る扶助規定を定め鉱山監督署長に提出し許可を受けさせる仕組み（細則第66条）をとった。

　1916年になると、工場法施行令及び施行規則の発布にあわせ、それとの均衡の必要とともに、鉱山における労働災害の増大に鑑み、鉱夫の保護ないし扶助に関する法規が必要となり、鉱夫労役扶助規則が制定された。同規則は、工場法、同施行令及び同施行規則に規定する労働者保護に関する条文の殆どを網羅しており、施行もこれら工場法関係規則と同時（1916年9月1日）になされた。なお、同規則の制定・実施に伴い、鉱業法細則の労働者保護関係条文は削除された。

（2）　労働者募集の規制強化と公的職業紹介事業の開始

（労働者募集の規制）

　明治中期になると、産業の興隆と発展、特に製糸業や紡績業などの急激な発展に伴い大量の労働力需要が生じ、営利職業紹介とともに、雇用主による募集活動が盛んとなった。女工などの募集は縁故のみでは充足できず、遠隔地からの集団的雇用の確保のため募集人による方法が採られるようになるが、募集人による誘拐まがいの募集、前借金とからんだ人身売買的な募集、ピンハネ・中間搾取的な行為などの弊害が後を断たなくなる[81]。労働者募集に関する取り締まりは、明治14年の山口県において制定された職工募

---

[81] 『女工哀史』（1925）を執筆した細井は、募集のあり方の変遷を三期に分けて述べている。それによれば、日清戦争後から明治37・38年の日露戦争頃までの第二期になると、工場の数の増加とともに過酷な労働条件による女工の逃亡と不足が生じ、各会社に募集人が置かれ女工募集の競争が始まるとともに、女工の束縛のため「身代金制度」と「年期制度」による束縛や少しばかりの「教育制度」の導入、さらには「強制送金制度」によって親権者の機嫌をとり始めた。日露戦争後の第三期になると、募集の実態は辛辣を極めた。会社の社員による「直接募集」の場合は、募集地で「募集事務所」を設けそこを拠点に地域に会社を宣伝し勧誘を行ったが、「嘱託募集」の場合、募集を全面的に任せられた募集人は嘘八百を並べ誘拐的手段

集取締規則を嚆矢とし、その後各府県において取締規則が設けられるようになる。なかでも明治32年に制定された大阪府の職工募集取締規則は代表的なものであった。これらの規則においては、就業地では募集の届け出の義務が課され募集方法が規制され、募集地では募集人の守るべき義務が明示されるのが通例であった。こうして労働力の需給調整に係る諸問題については、府県の条例による規制が先行し、後に国による規制に移行することとなった。

（公益職業紹介所の設立）

明治期を通して、職業紹介は、口入れ、桂庵などといった民間の業者が有料で紹介業務を行うものが中心であったが、明治後期になると、無料の職業紹介が事業として行われ始めた。日露戦争の終わったあとの不況期に、都会には失業者が増加し農村では凶作が相次ぐ中で、手数料なしに働ける仕組みとして、慈善救済的な発想により無料紹介が始められる。即ち、明治39年（1906年）1月に救世軍が東京市芝区愛宕町の本営内に無料宿泊所及び職業紹介の施設を設置したのに始まり、翌明治40年に大阪婦人ホーム、明治42年に東京基督教青年会、明治43年大坂基督教青年会と、公益紹介所が設立され、無料職業紹介事業が始められた。これらは、すべて私設で主として日雇労働者を対象とし、宗教慈善事業の一環として行われたものであった。

しかし、こうした宗教団体や一部の篤志家の慈善活動では、産業の発展により雇用求人が急増する中で、そのニーズに応えるには限界があった。このため、当時勃興しつつあった産業界の要請に応えて人材を紹介する新たな視野に立った職業紹介を行うため、政府は、欧米の事情も参考に、1909年（明治42年）国庫補助金を交付することとして、六大都市に職業紹介所の設置を奨励した。その結果、1911年（明治44年）に東京市が芝と浅草に職業紹介所を創設したのを嚆矢に、1919年に京都市及び大阪市が紹介所を開設した。その後、公立職業紹介所設置の動きは次第に全国に広がり、その機運は都市のみならず農村にまで及んだ。

こうして明治後期に生まれた宗教団体等による民間無料職業紹介所と地方公共団体による公立職業紹介所は、あわせて「公益職業紹介所」と呼ばれた。しかし、これらの紹介所は明治期には未だ設備・体制は充分整っておらず活動も充分ではなかった。例えば、民間無料紹介所は未だ慈善事業の域を脱せず、公立職業紹介所は宿泊事業や授産場を兼ねるなど未だ社会事業の色彩を残していた。明治時代の職業紹介は、口入屋などの営利職業紹介事業が圧倒的位置を占め、公益職業紹介は未だ力量に乏しく、その利用は未だ限定的であった。

（職業補導事業の開始）

第一次大戦後の1920年代の不況期には、企業の事業合理化に伴う失業者が巷に溢れ、

により地方から女工を連れてきたとされる。細田は、募集人についてほとんど「女衒」の類であると述べている。

これに対処するため、職業補導事業が開始された。東京市は、大正12年に失業者の職業再教育を目的とした職業補導会を設立し、建設、土木、家具、印刷の種目について短期の補導を行った。さらに、直後の関東大震災による建築工の需要の急増と多くの失業者の発生に応じ、13年に市立職業補導所、14年に東京府家具養成所を開設し、失業者の短期職業再教育を目的とする職業補導事業に本格的に乗り出す。その後、不況の深刻化と失業者の続出に伴い各地に職業補導施設が増設され、大恐慌後の昭和7年（1932年）には、職業補導事業のみを行う施設数43、授産事業と併せ行う施設を併せ96となった。これらの施設は、主に市町村立（21）と公益団体立（69）であり（その他、国立2、府県立4）、和洋裁、家具木工、印刷・製本などの手芸・手工芸的職種について、精神訓話とともに通常3〜6か月の簡易な訓練や講習を与えるものであった。

　また、昭和11年には、失業応急事業として、六大都市に失業者更生訓練施設が設置され、日雇労働者常用化のための合宿制の夜間訓練が行われた。これらの訓練は、概ね、技能の付与と精神面での労働意欲向上を目指したものであり、未だ初歩的慈恵政策的段階のものであった。

第6節　経営層・ホワイトカラー層の内部化と学歴主義[82]

（1）　日本的経営の萌芽と経営者の内部昇進

　日清・日露戦争後の数度の株式ブームを経て、会社制度が定着するとともに、経営史のうえでは、明治30年代に日本的経営の基盤が形成されたとされるが、この頃の企業のガバナンスは、主に各企業の個人大株主によって担われた。大株主は、自ら経営にあたるか、取締役として経営のモニタリングにあたるという方法を通じて企業経営に関与した。

　また、この頃、職員の所掌が重役に取り込まれ、職員から重役への内部昇進の道が開けた。さらに、20世紀初頭には、大企業で専門的な経営者が頭角を現わし、経営候補者として、帝国大学、慶応、高等商業学校などの学卒者が採用されるようになる。郵便汽船三菱会社や三井物産などの財閥系企業が専門経営者の登用に熱心であったが、非財閥系でも紡績会社の一部で次第に学卒者の採用が行われるようになる。

　明治期における170人の専門経営者の進出経路を調べた森川によれば、①新入社員から昇進経路を経て取締役に就任するケース、②他所から移籍した後、昇進して取り締まりになるケース、③取締役として他から移籍してきたケースがあるが、当初、①が30%弱、②③を併せ70%強であったが、時が経つにつれて①のケースが増加し、③のケースは減っていった（森川（1973））。学卒者の経営者予備軍としての採用の開始と相俟って、明治末期から大正期にかけて経営者の内部昇進の慣行が形成されていったとされる。

---

[82] 本節は主に、次の著書を参考に執筆した。森川（1973）、斎藤修（2015）、粕谷（2006）、若林（2007）。

（2）　ホワイトカラー層の変容

（商家における奉公人制度から使用人制度へ）

　大店の商家などでは使用人について、明治期になってもしばらくは、従来からの子飼の養成法を続け、奉公住まいの中で教育や躾を修得させつつ、能力のある者を淘汰する選抜方式をとっていたが、概ね（転換のプロセスは規模・業種による違いがある）、明治後半期から大正にかけ、住み込み制度（仕着別家制）から通勤と給料支払いの制度、あるいは、両制度の併用した折衷制度に切り替える動きが出てくる。

　その後、大規模な商店や商業関係では、これらのシステム併存の過渡期を経て、次第に給料制・通勤制が取り入れられ、店員制度・社員制度に変化していく。給料制・通勤制になると、それまで仕着と少額の小遣の負担で済んでいた人件費が給料分の負担により急増するため、多数採用して淘汰する方式から、採用段階で厳しい基準を設け採用枠を絞る方式に切り替える。例えば、三井では、明治19年以来、他に先駆けて読み書き・算盤と基本的な能力による試験と身元の確かさを基準として採用・選抜の方式が採用された。こうして、従来からの大店では、住み込みの子飼い制から給料制・通勤制のもとでの内部市場型の使用人制[83]へと変化する。しかし、こうした採用方法がとられたのは、一部の財閥系の大企業に過ぎず、多くの商店では、従来からの丁稚奉公的な関係が続いていた。

（近代的会社におけるホワイトカラー層の学卒採用と定着）

　明治・大正期の近代的な会社制度におけるホワイトカラー層は、役員のほか、技術者と一般に使用人と呼ばれる事務系職員であった。技術系職員は、明治期には、近代的な工場経営に不可欠なテクノロジーの所有者として需要が高いうえ、教育養成機関が限定されていたこともあり（帝国大学工科大学、東京工業大学）、早くから学卒者の採用方式が採られた。これに対し、使用人は、主として、技術や管理についての外国の手法の修得と活用（工場での技術適用、設計、計器管理など）、文書の作成（労務、原材料購買・管理、経理など）などの業務に従事し、明治中期までは、当時始まった様々な教育手段を活用して学習しながら転職を重ねるキャリアが主流であった。

　しかし、明治30年代以降は教育制度が確立され、教育を受けた卒業生が輩出されるようになると、財閥系大企業を中心に、大学や高等商業・高等工業学校卒業者が採用され、事務系職員の役割はこれらの新規採用者が担うようになった。まず、明治20年代に三井銀行が慶応大学出身者を積極的に採用し始め、明治30年代に入ると、他の大銀行、財閥系大会社でも学校出の者を採用するところが出てくる。企業の規模が大きくなり、組織を管理・運営する専門的な経営者や管理者が必要になったことが主因であるが、銀行界

---

[83] 大阪の問屋商人伊藤忠兵衛は、商業学校との対比において、伝統的奉公人制度のうち残すべき点、新たな通勤・給料制の導入と両立する点として、幅広い経験を積ませながら昇進させていくという人材養成法を挙げたと言われる（斎藤修（2015））。

などでは官尊民卑の風潮を打破し官庁と並ぶ社会的威信を獲得する狙いも少なくなかった。明治30年代後半から40年代にかけては、専門学校として多くの官立高商や私学の商科（中央、法政、立教、関西など）が設立されると、大量の卒業生が実業界に送り込まれるようになる。

　こうして、20世紀初頭の頃から、事務系職員の雇用のあり方は、新卒採用・長期雇用・内部昇進に急速に変化しはじめ[84]、三井物産のような商業関係でも、人事課の設立を契機として、伝統的な「子飼い」の養成システムが全廃され、新卒定期入社システムが確立されたとされる（若林（2007））。さらに、地方においても、事務系職員は中等程度の商業学校卒業者、技術系は工業学校を採用し、その中から本社雇用の職員を選抜する仕組みができ上がっていく。

　他方、こうした学校教育や学歴が官公庁や近代的な会社制度のもとで浸透し始めるのとは対照的に、明治期の旧平民層の間では、依然、「学校卒業」の意味は殆ど認識されず、「学校」は旧士族のものという意識が強かった。富裕な商人層も商学などの実学には関心があっても、直接仕事に関連しない高等教育には無関心であった。まして、一般の農民、職人などの庶民は、寧ろ、子供を学校にやりたがらない人々が多数を占めていた。

第7節　教育制度の浸透[85]

（1）　義務教育の確立

　1890年（明治32年）から1907年（明治40年）にかけては4年制義務教育の完成期とされる（天野（1997））。即ち、1891年の「小学校令」の改正により、尋常小学校の年限は4年に統一され（それまでは3年のところが少なくなかった）、義務教育の無償化がほぼ実現するとともに、進級や卒業の際の試験も完全に廃止された。これによって就学が容易となる一方、就学に抵抗する保護者に対する就学の督促は一段と強化され、同令には督促の方法が規定される（戸口派遣や召喚等）とともに、「中途退学」は不倶廃疾、病弱などを例外として許されないなど徹底が図られた。

　これらの一連の改正は顕著な効果をもたらし、就学率は1890年の72.8％から1892年の88.1％と急上昇した。特に、女子において、同じ期間に59.1％から81.8％へと22.7％もの上昇となった。その後も就学率は上昇し続け、明治期末の1907年には97.4％とほぼ皆就学に近い水準に達した。また、出席率も、1889年の71.2％、1898年の80.2％から、1906年には90.3％と顕著に上昇した。さらに、就学猶予者の割合も1990年に学齢人口の15.6％を占めたものが、1907年には僅か2.0％まで低下した。

　こうした尋常小学校における就学率の目覚ましい向上をうけ、1907年には、さらに義

---

[84] 三井銀行に関する粕谷（2006）の研究。
[85] 本節は主に、次の著書を参考に執筆した。文部省編（1972）、天野（1992）（1997）、ドーア（1978）、麻生（1982）、文部省編（1986）、豊田編著（1982）。

務教育年限の2年延長が決定され翌08年から実施に移された。この延長については、財政的にも、民衆の教育意識という点でも困難が予想されたが、市町村の財政的負担の軽減などが講じられ、1909年に就学率は98%を超え、出席率も90%を優に超えるなど順調な進展をみた。これによって初等教育はその基盤確立に成功した。

こうして極めて短い期間に初等教育の確立が達成されたについては、政府の懸命の推進施策の効果が大きかったが、民衆側においてそれを受け止めた背景として、18世紀以来、寺子屋などの庶民教育が広く普及したこと、とりわけ社会の多数派を占めた農村において「読み書き能力」や「正しい言葉使い」が卑しからぬ村民の資格として求められたなどの社会事情も少なからず影響した（ドーア（1978））。

（2） 複線型教育システムの完成とメリトクラシーの始まり

明治後半期（主として日清・日露戦争間）には中等教育の発展により、日本的な複線型学校制度が完成した。即ち、中等教育段階においては、帝国大学へと接続する高等中学校（＝高等学校）が「正統な」エリートコースとして確立され、その周辺に、女子のための高等女学校、尋常師範学校、農・商・工の各産業教育のための実業学校、さらには職工等の養成を行う下級実業教育機関として実業補習学校・徒弟学校・簡易農学校が位置づけられた。もっとも、「正統」とされた「中学校」の学生は男子同年齢人口の僅か3.6%、高等女学校の学生は同じく1.8%に過ぎなかった。

また、高等教育段階においては、帝国大学以外に、教育エリートの養成機関として高等師範学校があり、さらに、中等学校卒業生を入学させ年限3年を標準とする専門教育機関たる「専門学校」が多数設立された。専門学校のうち農・工・商などの実業教育を与えるものは「実業専門学校」と呼ばれた。明治43年（1910年）において、帝国大学は2校、高等師範学校も同じく2校であるのに対し、「専門学校」数は79校（専門学校60校、実業専門学校19校）に及んだ。専門学校は官公立のもの（24校）と私立のもの（55校）があり、前者は主として各領域の専門職や技術者の養成に直結する教育を行い、後者は人文・社会系の学科が主であった。また、高等教育内で、帝国大学とそれ以外の専門学校、専門学校の中でも官立と私立の順に階層的な序列が形成され、その違いは企業における採用と処遇に影響した。

第二に、ヨーロッパのようなアビツーアやバカロレアなどの資格制度がない仕組みであり、身分との結び付きのない純粋に選抜的な仕組みであった。高等教育は私的な存在となり、資格制度の替わりに、大学の序列化・階層化し、官立大学の卒業証書など学校歴が重視される仕組みが形成された。

麻生（1982）によれば、これらの複線型教育体系を貫く共通の原理は試験制度による能力主義（メリトクラシー）であった。試験制度については、既に、江戸時代の藩学において、「試業」の形で学業奨励、人材発掘を目的とした各種のものが藩吏立会のもとに行われた伝統があった。我が国の教育体系における試験制度は、伝統的な「試業」に欧

米から移入された試験制度が接ぎ木され近代学校制度が定着することによって形成されたとされる。また、明治時代に移植された学校制度を短期間に構築するには、それへの適合を示す能力を基準として採用し、入学試験や入学後の学業試験を頻繁に活用しながら、初等→中等→高等へと教育体系を積み上げていく仕組みが効果的とされた。試験制度は、明治初期、すでに「学制」に基づき初等教育段階から深く浸透し、学級編成は個々の生徒の学習進度による等級制でなされ、その手段として試験が特に重んじられた。小学校の試験には、席順を決定する小試験、各等級の卒業認定である定期試験、学校の卒業認定である大試験、飛び級や転入に係る臨時試験、学校同士の競い合いである集合試験があり、学業の成果を試すだけでなく、一種学校儀礼的性格を持ったとされる。こうした傾向は、中等教育、高等教育にも共通した。メリトクラシーの重点は、明治中期までは入学後の選抜に置かれたが、明治20年代後半に中等学校の増設によって進学意欲が高まり高等学校進学者が急増すると、選抜の重点は入学試験へ移った。明治末の1909年頃には、中学校の合格率は2分の1、高等学校で4分の1弱となり既に受験競争が始まっていた。

（3）　実業教育の状況と体系

　1894年（明治27年）から1895年（明治28年）にかけての日清戦争の勝利は、我が国近代的工業の発展に大きな刺激を与え、それを背景に1899年（明治32年）に実業学校令、1903年（明治36年）に専門学校令がそれぞれ公布され、戦前における我が国の実業教育の体系が確立した。明治中期に設立された徒弟学校や実業補習学校は初等レベルの技能者の養成であったが、実業学校令によって中等レベルの実業教育制度が整備・発展し、さらに専門学校令によって高等レベルの実業教育の制度が完成した。

　前者の実業学校令に基づく中等レベルの実業教育機関に関し、1899年から1901年にかけて工業学校、農業学校、商業学校、商船学校、水産学校、それぞれに係る規程が設けられ、やや遅れて、徒弟学校規程の改正（1904年）及び実業補習学校規程の改正（1905年）がなされ、これによって実業教育制度が整備された。また、後者の専門学校令の公布によって多様な分野にわたって高等レベルの専門学校が設立された。専門学校令は専門学校を「高等の学術・技芸を教授する学校」と定義するとともに、修業年限を3年以上、入学資格を男子は中学校卒業者、女子は修業年限4年以上の高等女学校卒業者と定めた。専門学校は、極めて多様な分野にわたり高等教育を授けたが、帝国大学の数が極めて限定されるなかで、やがて大学として発展を遂げていった。

　1899年の実業学校令公布後、中等レベルの実業学校は急激に増加し、1899年（明治32年）の117校から1917年（大正6年）には587校となった。このうち、大きく発展したのが農業学校であり、1899年の49校から1917年には278校に増加し実業学校の半数近くを占めた。また、同じ期間、工業学校は17校から36校、商業学校は28校から121校、徒弟学校は19校から131校へとそれぞれ増加したが、増加幅は農業学校に比べれば小さ

かった。実業教育機関が急増したのは、日清・日露戦争後の産業の発展に加え、明治27年の実業教育費国庫補助法による援助の影響によるものであった。

　また、実業補習学校は、1899年の113校から1917年には10,781校と10倍もの発展を遂げた。特に、実業学校同様、農業関係が際立って増加した。工業や商業関係の実業補習学校もかなり普及を見るに至ったが、実態は種々雑多で、多くのものが企業や産業団体・同業組合との有機的な連携が不十分で、かつ、施設や設備が極めて簡略なもので小学校程度の補習を与えるにすぎなかった。

第4章　第一次大戦後から昭和初期における雇用システムの形成

第1節　全体的状況―重化学工業化の進展と雇用システムの初期的形成

（第一次大戦期の状況）

　第一次大戦中、日本経済は戦時の好況に沸いた。特に、欧州諸国の戦時需要の増大などに伴う、輸出の激増、海運業・造船業の活況、外国製品の輸入途絶と内需の拡大による重化学工業の発達が始まる。1914年から1919年までの間に、工場数は2.5倍に増加し、大規模化するとともに、労働者構成も機械器具、窯業、化学工業などの工場に雇用される労働者が急増した。

　戦時の企業活動の活発化と大規模化は労働需要を逼迫させ、労働者の移動を盛んにし、大企業でも熟練工、技能工の不足などの労働者不足が深刻化した。近代的な技術・生産設備を導入した企業（主として重化学工業）においては、新機械・生産システムに適合した労働システムへの転換、労働者の定着とシステムに適合する技能者の育成などが課題となった。

　大戦中、経済の未曾有の繁栄を見たものの、1917～18年にかけて物価の急騰により実質賃金は大きく低下した。こうした情勢の中で、米騒動の勃発やロシア革命の影響も加わって労働争議は急増し、1919年には争議件数、参加人員は、かつてない規模を記録した。こうした情勢の中で、友愛会は1921年に「日本労働総同盟」となるなど、労働組合運動は社会主義や過激なサンジカリズムの運動の影響を受け戦闘的となっていく。

（1920年代の動向）

　第一次大戦後は、上記のような労働争議の激化に加え、パリ講和会議により国際労働機関の設置が決まったことなどにより、政府は労働運動に対する宥和的政策の必要を感じ、穏健な労働団体はこれを自然の流れとして事実上認める方向となった。特に、組合運動を企業内に抑え込む観点から、労使協調政策の採用による工場委員会の設置奨励など企業内労使関係の宥和・安定を図ることに力点が置かれた。また、これを受けて大企業の一部では、工場委員会の設置による従業員との意思疎通・労使協調の推進や経営家族主義などによる福利厚生の充実が図られる。他方、企業外の共産党系などの組合運動は公安保持の妨げとして厳しく取り締まる方向となり、1925年に治安維持法の制定により共産党が弾圧され、「日本労働総同盟」から分裂した左派の組織である「日本労働組合評議会」は1928年に解散を命じられた。

　戦後の1920年代は、戦後の需要の急激な落ち込みによる恐慌の到来、23年関東大震災、27年金融恐慌、29年からの世界的大不況と続き、経済は大きな低迷期を迎える。20年代を通じて労働移動の動きは止み定着傾向となった。この長期の不況期に、企業による解雇が相次ぎ失業者が増加した。こうした事態に対し、労働者側の解雇反対や賃金切り下げ反対のストライキなどが起こり1926年には労働争議件数は上昇した。

政策面では、我が国は 1919 年に設立された国際労働機関（ILO）の加盟国となり、1922年に創設された内務省社会局のもとで社会政策的視点に立った労働政策の創設期を迎えた。具体的には、労使関係面において労働争議の増大に対応するため、強権的な治安警察法に代わる労働争議調停法の制定、労働組合法制定へ向けた議論と調整の模索、労働者保護関係では工場法の改正による適用対象の拡大と保護基準の水準の引き上げ、労働市場関係では職業紹介法の制定による公営職業紹介体制の確立、労働者災害扶助法、健康保険法の制定など社会保険制度の構築などが進められ、労働関係制度の基盤が形成された。

1920 年代は、不況の中にあっても経済の成長は続いた。1915 年から 1937 年にかけての戦間期の実質工業生産の年平均成長率は 6.8％で欧米諸国を遙かに凌ぐ水準であった（独 1.4％、英 1.5％、米 2.9％）。こうした成長は、主として、電力、機械、造船、鉄鋼、化学などの重化学工業における設備投資を中心とする内需型の経済成長であった。この間に、重化学工業を中心とする企業の大規模化、財閥を中心とする資本の集中が進み、経営の合理化、コストの削減が図られ、生産現場の能率化、新技術・設備や科学的管理法などの導入が進められた。これらの大企業では、機械・設備の導入とそれに伴う人材の調達・育成・管理、合理化等に伴う労使紛争への対処、労働者の内部育成と定着が重要な課題となり、一部の大企業では、専門の人事部が設けられ、経営層の内部昇進、学卒者の定期採用、養成工制度の導入、技能労働者の内部化、雇用の長期化と雇用保護、定期昇給と年功的処遇など我が国独自の雇用システムの原型がつくられていった。

この間、大企業では子飼い労働者を中心に長期雇用が進み、閉鎖的な内部市場が形成される一方、中小・零細企業では、長期不況のもとでの事業縮小や倒産による雇用の不安定化に加え、農業の生産性の低下による過剰人口の大量の都市への人口流入が生じ、賃金は急激に低下した。特に、都市の零細工業、家内労働、零細小売商等の雑多な営業や人夫・日雇などの雑業層は、農業労働力の受け皿であるとともに、潜在失業者のプールかつ労働力の供給源となり、恒常的に賃金引き下げ圧力を形成し、企業規模間賃金格差の要因の 1 つとなった。

日本経済は、1929 年に海外要因としての世界恐慌と国内要因としての金解禁の両面から大きな打撃を受け惨憺たる経済状況に陥る。生産は殆ど上がらず、販売競争が激化して価格が急速に低下し、採算悪化により企業は経営合理化と人員整理を余儀なくされた。都市では労働争議が起こり、農村では小作争議が急増した。政府は 1930 年に「重要産業統制法」を制定しカルテル協定を促進させ不況に対処させる。不況の深刻化は資本主義の矛盾を感じさせ、軍部の台頭を呼び起こした。

（1930 年代—不況の克服と軍需拡大）

不況カルテルの実施や高橋財政による金輸出禁止、公定歩合の引き下げ、膨張予算と日銀引き受けなどの救急対策により 1930 年不況を脱し経済は回復すると、1930 年代半ば

には満州事変などにより軍需支出は増大し景気は過熱状態となる。産業では、鉄鋼、化学工業（ゴム、窯業、化学肥料）などの装置産業が本格的に興隆し、電気関係も急速に発展した。こうした重化学工業化の進展により労働市場もようやく供給過剰から労働力不足に転じ、労働移動が活発化した。しかし、景気拡大のもとでも、経営者は、1920年代不況期における人員過剰とその後の不況期の解雇の教訓から、本工の採用には慎重となり、解雇の容易な就業形態たる臨時工の雇用が急増した。臨時工については、契約更新による身分の不安定さ、本工に比した賃金の低さ、福利厚生面などの処遇格差が問題視されたが、日華事変以後、労働市場が逼迫する中で臨時工は消滅していった。

第2節　大企業における労働者の定着と内部化の萌芽[86]

（1）　労働市場における定着へ向けた動き

（頻繁な職工の移動と足止め策）

　戦前からの高い移動率は、第一次大戦前後においても続き、仕事を転々と変え、技術を磨く渡り職工が相当数存在した。機械器具工業などでは、経験工の争奪戦が激化し、鉄鋼、造船、機械等の大企業経営者等では、相互に移動防止協定を結ぶほどであった。当時、工場法適用対象に係る全国調査でも長期勤続者は極めて限定的であり、大多数は、短期に移動する労働者が占めた。企業は、こうした頻繁な移動は、能率を低下させ、コストを増大させるものとして問題視し、足止め策として、勤続に基づく賞与、盆暮れのボーナス、諸手当、定期的な昇給制度、強制的な積立金制度の導入など種々の方策を講じた。

　しかし、こうしたやり方は、必ずしもすぐに効果を発揮できたわけではなかった。当時、賃金の高低を決める要因として、技能の程度が決定的であり、新規採用者の賃金は試用期間におけるテストによって技量評価され、大雑把なランクの中での位置づけが決められたとされる。そのため、労働者の多くは、足止め策にかかわらず、より高い賃金と技量向上を求めて移動したとされる。また、当時、造船所や海軍工廠周辺の市場の中に経験豊富な労働者が潤沢に存在し、即戦力が欲しい企業にとって、そこから技量のある労働者を容易に採用することができた。こうした状況も、長期勤続重視の姿勢が徹底しない要因をなした[87]。

（経営家族主義の普及と限界）

　日露戦争後の労働力の流動化に対する定着促進や争議の頻発に対する宥和策を兼ねて、

---

[86] 本節は主に、次の著書を参考に執筆した。氏原（1959）、大湾・須田（2009）、荻原（1984）、粕谷（2012）、昭和同人会編（1960）、菅山（2011）、隅谷・小林・兵藤（1967）、津田（1970）、内務省社会局編（1935）、田中（1984）、中西（1982）、野村（2007）、間（1978）（1989）、兵藤（1971）、文明協会編（1930）、孫田（1972）、松島（1962）、山崎（1988）、森川（1981）、労働事情調査所（1935）、ゴードン（2012）、アベグレン（2004）。
[87] ゴードン（2012）。ゴードンは当時の状況について、吉田寧の「本邦造船労働事情」『社会政策時報』を参考に論じている。

明治期に温情主義の考えが導入され、共済制度をはじめとする福利厚生制度の充実が図
られたが、この時代の温情主義は、労使の大きな身分的格差を前提とした主人と下男・
下女との主従関係に類する温情主義であった。第一次大戦後になり、大正デモクラシー
の台頭や教育の普及などにより労使の身分差が縮まると、こうした温情主義は、労使関
係を親子関係に模した「経営家族主義」へと変化した（間（1989））。その考えは、役職
員だけでなくブルーカラーを含め、組織に属する人々すべてを家族に擬制し、会社への
一体感、モラルや協力と奉仕の徳を強調する一方、手厚い福利厚生（住宅、扶助救済、
修養、娯楽）などの施策を実践し、労使関係の宥和と職工層の定着を図るものであった。
　こうした「経営家族主義」は、第一次大戦後の激動と不況を経て大正末期に普及した。
例えば、鐘淵紡績の武藤山治（「家族主義」、「温情主義」）、王子製紙の藤原銀次郎（「工
業日本精神」）、倉敷紡績の大原孫三郎（「人格主義」）などは、こうした考えを掲げ、工
員からの注意函、社内報、共済組合、幸福増進措置などの制度を導入し、意思疎通を図
るとともに、工員の定着と優秀な人材の採用・確保、生産性の向上への協力を企図した。
　しかし、こうした活動については、労使間の権利・義務関係の否定であるなどの批判
も強く[88]、労働者の意識の高まりや労使対等の権利義務を前提とする労働組合運動の進展
によって表面上は大きな流れとはなりえなかった。しかし、その考え方は、戦時の皇国
勤労体制における企業一家の発想に影響を与えるなど、その後も経営の考え方に一定の
影響力を持ち続けた[89]。

（1920年代の不況と労働者の定着）

　1920年代になると、大戦の終結や軍縮による軍需の低迷、関東大震災による関東地域
の壊滅的打撃、さらには、27年の金融恐慌、29年の世界的恐慌と続き、長期の不況が訪
れた。第一次大戦時の好況期の企業の発展と雇用の拡大とは状況が一変して、廃業や事
業縮小に伴う解雇が相次ぎ、雇用者は減少し労働市場には失業者が溢れた。こうした状
況の中で、労働者の激しい労働移動の動きは止まり離職率は大きく低下した。例えば、
同船所、製鉄所、などの離職率を収集した兵藤（1971）によれば、第一次戦争中40〜100％
であった離職率は、1930年に5％まで減少したとしている。また、浦賀船渠についての
協調会資料においても、1921年から1925年にかけて長期勤続者の割合が明確に高くなっ
ている（例えば、6年以上の者は、21年の31.4％から、25年の52.2％に上昇）。
　また、この頃、大企業では、将来の中核労働力として尋常小学校や高等小学校の新規
卒業生を採用し、見習い工として訓練コースに組み込む生え抜きの長期雇用のグループ

---

[88] 例えば、末弘厳太郎は、資本家の温情主義について、「相手方を対等者として取扱い之に対等の権利義務
を認むることを拒否し、唯資本家の好意と温情とに信頼せしむとするのが彼等の態度である。此故に彼等
の温情主義は名君善政を理想とする専制主義と其軌を一にするものであって、到底人格の尊厳と自由とに
目醒めた現代人の間に通用すべきものではない」と批判した（文明協会編（1930））。
[89] アベグレン（2004）は、日本の経営の中には、古くからの家族主義的な関係が存在することを指摘してい
る。同様の指摘は、松島（1962）などにも見られる。

−77−

が生まれ、これらのグループを対象に内部昇進による封鎖的な大企業労働市場が形成されはじめた。離職率の低下は、こうした大企業内部の状況変化も大きな要因の1つであった[90]。ただし、ゴードン（2012）によれば、こうした長期勤続傾向も、戦後とは比較にならない程度であり、1920年代においては、依然として移動層が支配的であった。

雇用の長期化には、労働組合の活動も重要な一因をなした。1910年代には、使用者は、企業の状況に応じて自由に解雇を行っていたが、組合は設立当初から、仕事の保障を重視する方針を持ち、20年代の不況に際しては、解雇反対など本格的な活動を展開し争議は全国的に広がった。こうした組合運動の活発化は、一方で、個別企業の枠を超えた産業別組合の組織化を図る動きを見せたが、他方、企業内において、労働者のより安定した地位や整備された福利厚生など内実を伴う処遇を要求し、組合はその存在感を高めた。こうした組合の存在により、経営側の対応も変化し、要求に応じた福利厚生の充実や公然たる解雇を避けようとする動きが強まった。特に、1930年代に入ると、軍需生産の急増によって生産高は急上昇し、30年代後半には深刻な労働力不足に陥り、急上昇した労働力需要は、常用工の解雇リスクを懸念する経営者の意向により、臨時工の大量採用へと向かうことになる。

（2）　雇用定着の動きと賃金制度の変容
（ア）　第一次大戦後—大正期の賃金制度
（大戦後の諸手当制度の普及）

大正期になると、第一次大戦中の5年間に、生産とともに物価もほぼ3倍に高騰し、インフレに伴う生活苦に対応して、本給たる日額ベースを引き上げるのではなく、様々な手当によって対処する方法が取られ、これを契機として、西欧流の定額給と能率給の2本立てから離れ、我が国独自の賃金体系へ向けた動きが生じてきた（孫田（1972））。

諸手当の内容は、1922年3月の内務省調査資料[91]によれば、次の通りである。

第一に、物価高騰に対する純粋な生活手当として、「物価手当」「臨時手当」「米価手当」「月額手当」等の名称の賃金項目を新設する動きが活発となった。これらの手当は、本給の定額のものや定率のものなど様々であり、インフレ終息後も手当のまま維持されたり、本給に繰り入れられた。また、「住宅手当」「通勤手当」などの生活関連手当の支給のほか、実物給与として「日用品・白米廉売」「作業服・通常服」の支給などの実質賃金引き上げ策も講じられた。

第二に、労務管理的観点からの手当の支給である。監督の任につく者に対する「役付手当」や寄宿舎の室長などに対する「職務手当」のほか、「出勤手当」、「家族共励手当」「精勤手当」などの雇用政策的手当の支給がなされるようになり、各種生活手当と併せ

---

[90] 1920年代の長期雇用定着の要因として、労働市場要因のほかに、企業内における内部昇進性の成立による封鎖性を原因とする見解（隅谷・小林・兵藤（1967））、企業内による技術と技能の専門分化推進策に求める見解（兵藤（1971））、多様な労務管理政策の結果だとする見解（間宏（1978））などがある。
[91] 大正11年内務省社会局「本邦ニ於ケル工場・鉱山従業員ノ賃金制度大要」。

複雑な諸手当制度からなる賃金体系が広まった。

（勤続奨励的賃金政策）

　第三に、この時期には、勤続奨励的政策が普及し始めた。まず、一定年数以上の勤続年数別の奨励としての「勤続手当」や「年功加給」のほか、解雇手当と勤続奨励的意味を兼ねた「退職手当」の支給などが普及し・熟練工の確保と定着が図られた。さらに、手当の支給に留まらず、「賞与」を職員だけでなく工員にも支給するケースが出てきたこと、「昇給」について技量・能率本位だけでなく年齢・勤続に応じて支給する考え方が提起されたこと[92]、「温情主義」に基づく福利厚生諸施策の普及が図られたこと[93]などが注目される。ただし、この時点では、昇給は、未だ全体の一部について技量・成績により不定期に行うものが支配的であった。

　他方、こうした勤続奨励的政策が講じられる一方で、初任給は労働市場の供給過剰を反映して従来からの低賃金の状況に変化はなかった。その結果、大正期の賃金体系の特色は、初任給の低賃金をベースとし、基幹工の企業内養成に沿う「勤続給」の形をとった年功昇給制、勤続助長・定着奨励的体系という点にみられた。

（イ）　昭和初期の賃金を巡る動き賃金切り下げ・合理化

　昭和期にはいると、初期の恐慌による不況が深刻化・長期化するなかで、全体に操短や事業所閉鎖による解雇が盛んになるが、解雇に及ばなかった企業でも、賃金切り下げや合理化を余儀なくされた。

　第一に、賃金切り下げは、世界恐慌後の 1930 年前後、民間企業において諸手当の削減、昇給停止、賞与削減、本給・請負単価の切り下げなどの種々の方法がとられた。その削減幅は、「労働統計実地調査」によれば、20〜30％に及ぶ極めて大幅なものであった。一般に、男子より、女子、熟練男子より不熟練男子、長勤続（経験）より短勤続（経験）の賃金引き下げの度合いが大きかった。特に、初任給の引き下げが行われる一方、長勤続の熟練労働力は、子飼い労働力を中心に定着・温存させるため、賃金引き下げ率を抑える方向をとった。その背景について、昭和同人会編（1960）は、大正期に萌芽的にみられた事業一家の温情主義と生活賃金的思想が、昭和不況期における賃金切り下げ過程において、年功傾斜的な賃金体系を用意したとの見方も可能である、としている。

　第二に、上記のような賃金水準の切り下げと並行して、大企業の中には、賃金合理化運動[94]を背景として賃金制度合理化への努力をする企業もみられた。具体的には、能率給が過払いにならないようタイムスタディ等による標準作業量の科学的設定を行う企業や、基礎賃率に年功的本給でなく「仕事ノ種類」に基づく職務給を設定し、それを実効に移

---

[92] 呉海軍工廠の伍堂卓雄は、1922 年「職工給与標準制定の要」を制定したが、その内容は、生計調査を基礎とした必要生計費を最低賃金とする当時としては画期的なものであった。同給与標準は、軍縮のため実現されなかったが、その後の賃金体系論に大きな影響を与えた（孫田『年功賃金の歩みと未来』1970）。
[93] 例えば、「幸福増進基金」。
[94] 臨時産業合理局が 1932 年に出した「賃金制度」に盛られた提案。

そうとする企業も現れた。しかし、こうした動きは、日中戦争後の賃金思想の大きな転換によって消滅していくことになる。

（ウ）　賃金制度の展開[95]

（賃金制度の基盤─技能に応じた固定給と出来高給）

　第一次大戦前後においても、労働者の働き方には、未だ、労務規律の緩さ、低能率、激しい労働移動など多くの問題があり経営者を悩ませた。賃金制度は、当時の経営者によって、規律の是正、能率・生産性の向上、労働移動の抑制を図る主要な手段であった。他方、労働者にとっては、出来高制における単価の切り下げと不安定な収入、賞与や昇給における基準の不透明さや管理者による恣意的と思える査定などに強い不満を抱いていた。

　当時、基本となる賃金の構成は、概ね、固定給（時間給）と出来高給からなっていた（なかには、固定給のみ、出来高給のみもあった）。固定給は、1910年代から1920年代初期にかけては、技能と時間によって決まり、年齢や勤続等の要素が考慮されることはあまりなかった。出来高給については、大企業の中には、出来高払い賃金制[96]のほか、生産性の観点から「科学的管理法」による複雑な能率刺激賃金制[97]を導入するところも出てくる。賃金全体に占める出来高給の割合は、相当部分（企業によって異なるが、5割を超える例も少なくなかった）を占め、それによって実際の手取り賃金は大きく変動した。また、昇給は、足止め策として年に数回行われるようになったが、不定期で対象者や上げ幅は、経営者の自由裁量に任されることが多かった。

（賃金制度の変化の兆し）

　上記のような仕組みに対し、1920年代に企業内に労働組合が結成されるようになると、賃金制度に係る労使間の主要な争点として、①日給や出来高給における能率・生産性に対する年齢や勤続年数などの固定的要素の考慮、②昇給の定期化や昇給に当たっての勤続年数や年齢の考慮、③賞与、退職金、年金などの制度としての安定性などが取り上げられるようになる。

　これらの点に関し、組合側は、しばしば、固定給の増額、昇給の定期化、勤続年数や年齢の昇給における考慮と固定給への反映、賞与の工員への適用などを要求して争議を行ったが、一部の例外を別として、多くの場合、経営者の技能重視の考えや賃金に係る強い査定・裁量を変えることはできなかった。しかし、こうした組合の交渉による影響に加え、20年代の長期に渡る不況によって労働移動が減少し労働者の企業への定着が進

---

[95] この部分は、主としてゴードン（2012）による。

[96] 出来高給には、個人単位の出来高給と集団単位の出来高給とがあり、後者が多数を占めた。後者の場合、労働者は、集団ごとに計算された出来高賃金を集団構成員間で分配した。従来、こうした分配は、親方が行ったが、親方請負制が崩壊した後は、職長がその任に当たることが多かった。

[97] 能率刺激賃金制度として、時間当たりの標準出来高（ノルマ）を設定し、社会的賃金率と結び付ける利潤分配法であるハルセー法やその修正方式であるローワン法、テイラー法とその修正法であるガント法などがある。ガント法には、最低賃金の発想が取り入れられている。

むことによって、流動的な市場を前提とした技能中心の賃金制度は徐々に変質し、各企業の状況に応じ、構成員の特質、勤続年数、地位などを考慮する傾向が強くなっていった。

（年功的賃金上昇の意味）

こうした年齢や勤続年数に応じた賃金上昇の傾向は、昭和2年（1927年）の内閣統計局『労働統計実地調査報告』にも現われるようになった。それによれば、どの産業でも、概ね、10代から40代まで年齢とともに賃金は上昇し、45〜50歳程度で頂点に達しており、例えば、筋肉労働の多い金属産業では、40〜45歳層、機械器具産業では、50〜54歳層が、それぞれ賃金額の最高水準となっている。また、就業年数別には、就業年数の長期化につれ規則的に賃金が上昇し、概ね勤続30年、45〜50歳前後で最高に達した。

しかし、こうした統計から、直ちに、年齢や勤続年数に応じた年功的処遇が具体化したものと判断することはできない。即ち、ゴードンによれば、昭和期の賃金制度が、1900年前後に勤続年数に関わりなく純粋に技量によって賃金水準が決められた制度と比べれば大きな変化であるには違いないが、昭和の時点でも、賃金のかなりの割合は出来高給であり、賃金水準は、勤続年数というより、依然として技量や能率向上の刺激などの数多くの要因により決まった。また、昇給は会社の評価により選別的・恣意的であり、かつ、不定期の場合が多く、年功的処遇が具体化した[98]というのは誇張である、としている。

（退職金制度の普及）

そのほか、第一次大戦後における賃金制度の重要な発展として、退職金制度、共済給付、さらには、複雑な諸手当、福利厚生制度の普及が挙げられる。このうち、退職金制度は、労働移動に対する足止め策として勤続に応じて増額される解雇手当や退職手当から出発したもの（自己都合退職の場合減額することにより退職の抑制効果を狙ったもの）であり、大企業の多くで、第一次大戦後から普及した[99]。山崎（1988）は、1935年の内務省調査の調査結果に基づき、常時100人以上の企業の36％に退職金規定が設けられ、17％の工場で退職金支給の慣行があったとしている。ただし、当時の退職金は、自己都合の場合は減額され、勤続年数に対する累進性も低かった。また、ブルーカラーの退職金とホワイトカラーでは、退職金の額に大きな違いがあった。1936年には、被解雇者の所得保障として退職手当の一般化を図った退職積立金及び退職手当法が制定され、これによって、常時50人以上の労働者を雇用し、工場法・鉱業法を適用される工場・鉱山などの事業主に労使負担による退職金制度の整備を義務付けられるに至る。

---

[98] 間（1978）は、年功賃金が成立・具体化した時期を1920年代としている。
[99] 世界恐慌の際における労働争議において、労働側は失業保険制度を要求したが、それが実現せず、工場法の改正（1922年）では、解雇予告と予告手当の制度が設けられたに止まった。このため、労働組合と大企業は、退職手当制度の導入という現実路線を選択した（大湾・須田（2009））。

（3）　大企業における雇用システムの内部化の動き

（専門経営者の成長と内部昇進）

　第一次大戦後には、軽工業分野における合併・集中と重化学工業における企業の発展により、近代的な大企業が多数叢生する。これら大企業においては、事業の拡大と業務の多様化・分化、組織の複雑化・階層化が進行し、専門的知識を有する経営層が必要となった。また、資金面でも、経営管理を通じた内部資金の蓄積により所有者への資金依存を減少させていった。こうして、日露戦争直後までは、企業の経営者（取締役）の多くは所有者であったが、次第に専門経営者が頭角を現し、1910 年代から 1930 年代にかけて急増した。1930 年頃には、殆どの企業で専門経営者が存在し、取締役の過半数を占める企業も相当の割合を占めるようになる。

　専門経営者のタイプは、多くが明治後半に創立された高等教育機関の卒業生であり、特に、工学士などの技術系の者が多かった。近代的大企業においては、技術の導入・蓄積・利用と事業計画について的確な判断を下せる技術者が不可欠であり、彼らが、番頭型の経験主義的な熟達者に替わり事業運営をリードした。これらの専門経営者の経歴は、明治・大正期には他の勤務経験を経て直接取締役として招かれた者や、一定の勤務経験を経て会社に中途採用され内部昇進して取締役の就任した者が多かった。しかし、次第に、新規学卒者として採用された者が、内部で経験を積みミドルを経てトップ・マネジメントに昇進するケースが増加する。森川（1981）が調べた 1930 年時点で大企業 470 名の専門経営者の経歴では、学卒採用者が過半数に達した。専門経営者を活用した企業は、財閥系が特に多かった。財閥系においては、早くから所有と経営の分離が進んでおり、経営の所有からの裁量度が広かったことも影響した。こうして、第一次大戦から昭和初期にかけて財閥系を中心とする大企業において経営層の学卒採用と内部昇進の仕組みが確立されていった（菅山（2011））。

（労働者の内部化の進展と人事部の登場）

　第一次大戦後の経済活動の発展に伴い、近代的企業における事業規模の拡大及び従業員数の増加並びに経営合理化・生産性の向上と機械・生産システムの導入が進み、それに伴い、一部の大企業ではあるが、次のような新たな雇用と労働の仕組みが形成・発展し始めた。

　第一に、新しい技術・生産システムの導入を契機として、日露戦争後に本格化した親方請負・間接的管理方式から直接雇用・管理方式への転換が進み、同方式が重工業だけでなく金属鉱山、炭鉱、建設などにも本格的に広がった。同時に、現場作業組織を合理化し、職長などの「下からの役付制」を組織化して、職工の昇進ルートを決定する仕組みがつくられた。また、中央集権的直接管理体制のもとでの集団作業を効率的に行うため、「カン」と「コツ」の手工業的熟練から、科学的管理手法の導入など新たな生産・労働システムへの転換が図られた。

第二に、年少者を採用し、自前で新しい技術・生産システムに適合する労働者を育成する養成工制度が大企業において普及した。労働者を養成する制度は、日露戦争後の三菱工業予備学校（1899 年設立）、八幡製鉄所の幼年職工養成所（1910 年設立）などの一部先駆的な例を除けば補助教育機関的なものに過ぎなかった。しかし、第一次大戦後、養成工制度は、熟練工と生産現場の監督者的人材（職長など）の養成を目的とした教育機関として位置付けられ、大企業において広く普及するに至った。さらに、満州事変以後の熟練工不足が顕著になるなかで 1935 年に青年学校令が公布されると、大企業内に私立の青年学校が相次いで設立され、見習工の教育部分（座学）も企業内教育に切り替え、その組織的な整備と拡充が行われた。

　第三に、労使関係の内部化が推進された。第一次大戦後の不況のなかにおける合理化の推進は、しばしば労働争議を誘発した。当時、これらの争議の中心になったのは、いわゆる「渡り職工」であり、特に、サンジカリズムの影響は、経営者を震撼させた。他方、徒弟として入社し養成された子飼い労働者の企業に対する忠誠心は比較的高かった。徒弟養成所を設け、子飼い労働者の育成に努めたのは、技術・生産上の要請とともに、労使関係上、企業の貢献意欲の高い基幹労働力を確保・育成し、労働者の中核に据える必要性を痛感したことも大きな要因であった。さらに、家族主義的な労使関係の構築や政府の奨励による工場委員会の導入によって懇談の場を設け、労使の意思疎通によって労働者の企業帰属意識を高める努力が払われた。

　第四に、養成工制度の普及とともに、育成した子飼い養成工を中心として中核労働力の離職を防ぎ（当初は養成工の離職も頻繁であり事業主の悩みの種であった）長期定着を図る方策として、様々な方策が強化・導入された。例えば、第一次大戦中に導入された勤続賞与や中間賞与、年末賞与の労働者への適用とその維持・強化、戦時恐慌の人員整理にさいして退職事由と勤続年数に応じて支給される退職手当制度の充実、定年制の導入[100]などである。また、企業内の教育訓練、定着志向の強化により企業内昇進が慣行となるのに併せ、定期昇給と個別の人事査定の仕組みも導入された。さらに、定着促進と労使関係の宥和を図る観点から、福利厚生制度の導入と内容の充実が図られた。

　第五に、内部市場を運営する体制がつくられた。第一次大戦期から直後の 1910 年代に、大企業において、近代的機械・設備の導入や組織の複雑化・大規模化とそれに伴う人材の調達・育成・適正配置の実施、さらには労働組合運動の活発化、直傭化と作業監督の

---

[100] 定年制は、大正期に金属機械工業のみならず広く産業全体にわたって普及した。例えば、協調会が 1925 年に発行した「主要工場就業規則集」集録の 75 の工場就業規則中 17 に定年年齢が明記されていた。「申し合わせ」や「内規」による定年制度を含めると普及率は若干高いと想定される。定年制のある工場の多くは、男女とも一律 55 歳とし（19 規則中 12 例）、ほとんどが「心身強健ニシテ作業ニ堪ユルモノハ此限リニ在ラス」「特別ノ技能アルモノハ此限リにアラス」など就業期間の延長制度を設けていた。また、従業員の「一律定年制」のほか、「男女別定年制」や「資格別定年制」など定年制の分化現象もみられた。なお、この頃の定年制は「老廃業ニ堪エサル」ことが退職事由とされるように身体的・肉体的要因が大きかった（荻原（1984））。

強化、合理化などに伴う労働紛争への対処、工場法の施行（1916年）などのため人事労務の役割が飛躍的に高まった。さらに、職場定着を促進する一連の仕組みが導入・強化された。こうした必要性に対処するため、経営補助の事務を担うホワイトカラー（「月給取」と呼ばれた）の大量採用がなされるとともに、労務管理を専門に所管する人事部が登場した。特に、労働者が企業に定着する1920年代になると、主要産業部門の大企業では人事労務専門の部・課が新設され、専門のスタッフ主導のもとで、上記のような一連の施策が進められた[101]。

これらの仕組みは、戦間期においては、未だ大企業の一部に過ぎず、雇用関係全体から見れば萌芽的なものに過ぎなかった。しかし、こうした仕組みは、戦中の統制期や、戦後の民主化と激しい労使の攻防の時期を経て、やがて高度成長期に確立する雇用システムへと発展していく原型でもあった[102]。

（4）　現場主義と科学的管理法の導入
（技術者の定着と現場主義の原型）[103]

1910年代後半から20年代を通じた産業の拡大期に、職員層の拡大と定着も進行するが、その中で特に注目されるのが、外国の技術の導入とともに自主技術の開発が進むなかで、製品開発や管理技術導入の担い手となる学卒技術層の比重の増加・定着とその役割である。従来、現場における工作、工程管理、請負単価の決定などは熟練工に任されていたが、戦間期には、技術者層の多くは大学や高等工業学校などの高等教育機関を卒業し、スタッフとして工場現場に配属され、現場の生産技術や管理技術の担い手となった。

森川（1988）によれば、技術者を輩出した高等教育機関のカリキュラムは現場の実地経験を重視しており、そうした教育を受けた技術者は、生産現場での実地経験や熟練作業員からの情報収集を尊重する現場主義の志向を持っていたとされる。このため、工場現場では、現場主義を基盤とするコミュニケーションにより技術者の体系的技術知識と労働者の熟練の融合が進んだ。また、企業内教育訓練機関を設置した企業では、技術者が「教師役」を努めることも多く、両者の意思疎通も密になり、OJT方式による熟練形成方式が進展したとされる。下記の科学的管理の普及も技術者が設計によって現場をコントロールするようになって初めて可能となった。

（科学的管理法の導入）

1920年恐慌以後の不況が続き国際的取引が増す中で、各企業は競争優位を確立するた

---

[101] 大企業で労務管理の専門的な労務管理部門が設けられたのは、第一次大戦後の大正8年ごろから大正末期にかけてであり、これによって、職工・筋肉労働者の人事権は、それまでの親方や現場監督者から労務担当部門に移され、労務の一元的な管理が行われるようになった。
[102] 例えば、大河内は、「『産業報国会』の前と後と」（1972）の中で、「子飼い」制度（常用工＝本工）とそれに伴う生涯雇用、年功的な賃金上昇と手当その他の付加給付、個々の企業に封鎖された流動性のない「縦の」人間関係の支配は、表面上の仕組みは変わったものの、戦前、戦中、戦後を貫く特殊日本的なものである旨を述べている。
[103] 本項は、主に、次の著者を参考に執筆した。粕谷（2012）。

め、各種合理化に取り組んだ。そうした手法の１つとして、紡績業、電機産業などでは[104]、工場法の施行を前に、生産技術の進歩に見合った作業能率の向上を図るためテイラーによって体系化された「科学的管理法」の導入を進めた[105]。同手法は、動作研究・時間研究によって、作業の標準化を図るとともに、標準作業動作を確立し、講習・訓練を受けた指導工により各工場において標準作業動作の普及・指導を進め、効率化と労働時間の短縮を図ることを目的とするものであった。それまで、現場の作業は、職工の自由裁量による慣習的な作業動作が支配的であったが、こうした作業方法の導入による合理化と効率化が期待された。

　1910年代から20年代にかけて、科学的管理法についての調査・研究とその普及を目的とする団体が全国各地にでき、科学的管理法を普及した。1927年には、これら諸団体のうち6団体の連合体として日本能率連合会が設立され、各地の県庁や商工会議所への働きかけ、機関紙の発行や全国大会・発表会の開催などの啓蒙活動を行った。政府においても、産業合理化の実施機関として、1930年6月に臨時産業合理局を設置し、管理手法の近代化を図る専門委員会として、生産管理委員会を設けた。さらに、同委員会の決定事項の普及を図るため、1931年6月に日本工業協会が設立され、実際的な管理技術の普及に努めた。科学的管理法は、こうした産業合理化運動の一環に組み込まれることによって理論の域を出て実践に移された。

　しかし、こうした科学的管理法は、順調に普及したわけではなかった。それには、業務の単調化、過労や人格無視などの労働者の批判もあったが、基本的には、それを受容する経営方針に関わる部分が大きかった。即ち、科学的管理法は、それに対応する能率給や適性人材の選択雇用・配置が必要となるが、日本の低賃金と労働力過剰の中では、絶対額が低いままでの能率給の導入や適正配置は労働者の生活不安と反発を招きかねなかった。逆に、同管理法の導入が成功した企業では、その導入に当たって、実収入の確保など賃金の生活保障面への配慮や全員委員会による現場労働者の意見の反映吸い上げを図るなど実際の労務の仕組みとの折り合いをつけ一定の成果を挙げた。科学的管理法の受容に当たっては、こうした現場におけるコミュニケーションなどの組織能力の如何が成否の差をもたらしたとされる[106]。

（5）　職員と職工の格差、臨時工問題
（職員と職工の格差—学歴身分制）

　氏原（1959）によれば、戦間期の大企業においては、従業員グループには、「社員」、「準

---

[104] 代表的なものに、東洋紡績、鐘淵紡績などの紡績会社、三菱電機、芝浦製作所などの電機会社、呉海軍工廠。
[105] 欧米では、工場法の施行によって、労働時間の制限、年少労働の禁止、低賃金労働の排除がなされたため、各企業は機械化を促進した。しかし、それによって固定資本の増大が生じたため、剰余価値増大の必要から機械と労働力の効率的利用が重要になり、能率問題が大きく浮かび上がった。我が国でも、工場法の施行を契機に、能率向上と科学的管理手法の紹介が始まったのは、同様の理由とされる（間（1989））。
[106] 佐々木（1995）。

社員」、「工員層」、「組夫」の名称を異にする4つのグループが存在した。これらの各グループは、学歴と結びついて区分され、経営体内部の職能が違っていたばかりでなく、採用、解雇、昇進経路、給与など質的な差があった。

①「社員」は、経営の首脳、スタッフまたはその候補者であり、経営全体を考慮に入れ判断することを期待された。採用は本社一括採用であり、学歴は、大卒ないし高等専門学校卒が主であった。配置や昇進も幹部となるために必要な知識と訓練を与えるという観点から行われ、満遍なく種々の部門をわたり歩いた。

②「準社員」は、「社員」と同じくデスク・ワークを行うホワイトカラーであったが、企業との関係は希薄であった。学歴は中卒者中心で、採用は地方労働市場から事務所の責任で採用され、仕事は、多くの場合、特定の分野での専門化・特殊化された職務であった。特殊な分野の事務・事業に徹底することにより昇進の道が開かれ、ごく一部の者が社員層に入れた。給与形態も日給月給であり、時間決めの売買の性格が強かった。賞与や福利厚生も社員と比べ大きく見劣りした。ここまでが「職員」であり、さらに、「職員」外の者として小学校卒の「雇員」「准雇員」がいた。

③「工員」は、①②とは、決定的に異なり、企業との関係は請負的な関係であり、寧ろ企業外の者に近かった。「技術」と「技能」は明確に区別され、前者は学校で学んだり書物から覚える知識中心の体系であり「社員」や「準社員」が所掌した。これに対し、後者は現場で覚える「カンとコツ」からなり「工員」が所掌した。工員の賃金は日給（時間給）または能率給（請負給）であり、賞与は少額で、福利施設とは殆ど関係がなかった。工員層は、また、一等工頭、二等工頭、三等工頭、工員に分けられた。

④「組夫」は、工場設備の補修、運搬、製品の包装などの筋肉労働に従事する下請会社の従業員であり、待遇の最も悪い最下層の労働者グループであり、尋常小学校卒業者からなった。

こうした、区別は、基本的に戦前を通じて変わることはなく、寧ろ、賃金についてはその格差は拡大した。一部の大工場において、労働者の定期昇給制が普及したが、並職工については、昇給の頭打ち、一律でない抜擢昇給制など厳密な勤続年数に応じた昇給の仕組みとはならず、勤続に応じた定期昇給の確立している職員との賃金格差は、大きく拡大した。「従業員」の名のもとに、労働者と職員を同等の企業構成員メンバーとして位置づける労使関係の動きもあったが、実態的には、労働者と職員の間には、賃金、企業帰属意識、定着率、職位においてなお大きな開きが存在した。

（臨時工問題の発生）

昭和恐慌を経た1930年代前半には、恐慌時の厳しい体験と不況の長期化により、大企業の熟練工の企業内定着志向は強まる一方、景気拡大とともに、1933〜34年以降、重工業部門を中心に臨時工の採用が本格化した。その頃の事情について、「工場主は現下経済乃至産業界の状況に鑑み工業界股賑の持続性に付見通し付かず、拡張部分の作業に対し

ては何時なりとも自由に縮小し得べき方策として」臨時工を採用したこと（内務省社会局編（1935））が指摘されている。元々、大正期に、親方請負の間接雇用から直接雇用に転換して以来、雇用の柔軟性を確保するため臨時工の採用が始まったが、1930年代前半には、常用工の定着が進んだ反面、その解雇に伴うトラブルの懸念や解雇手当の支払いなどのコスト回避の意識が働いたとされる（隅谷（1964））。当時、既に「我国では労働者の雇傭若しくは解雇が、単なる市場取引として行われるのではなくて、一度工場に雇傭されたら過失なき限り工場主はその労働者の身柄を保証しなければならないもののような観念が行われている」という状況があったとされる（労働事情調査所（1935））。加えて、長期不況に伴う労働市場の緩和により、臨時工の供給源として熟練労働者が相当数市場に滞留していたことも大量採用につながった。

　しかし、こうした臨時工の処遇については、経済が好調となったにもかかわらず、期間満了ごとに契約が更新され長期にわたり臨時のままに置かれている状況や、本工と比較して相対的に低賃金で、かつ諸手当、賞与、共済などの福利厚生面で待遇格差がある状況が問題視された。1933年から34年にかけて臨時工の抵抗による争議（三菱航空機や戸畑鋳物の争議など、いずれも解雇手当に関するもの）が発生し、臨時工問題が社会の注目を浴び、労働組合の大会では「臨時工制度の撤廃」が盛んに取り上げられた。また、政府も労働者保護＝労働力保全の視点から臨時工の存在に関心を示し、社会局労働部は「雇傭形式ノ如何ヲ問ワズ凡テ工場法上職工トシ就業制限及扶助等ニ関スル規定ヲ適用スベキモノ」であることを確認した[107]。臨時工の処遇について、こうした批判があったにもかかわらず、臨時工の雇用は、その後もしばらく増加した。しかし、日華事変以後、軍需生産の確保のため応召兵の補充として臨時工の雇い入れが画策されるが、それを超えて労働市場が逼迫し臨時工は消滅していった。

（6）　経済の発展と労働市場における格差の拡大—階層化の進行[108]

（ア）　大企業と中小企業の賃金格差の拡大

　第一次世界大戦の後半期から昭和恐慌までの時期は、実質賃金が着実に上昇したが、この時期の実質賃金の上昇は、農業と工業の賃金格差の拡大、中小企業と大企業の格差拡大など格差の拡大を伴うものであった。例えば、隅谷（1964）によれば、大工場労働者の賃金と中小企業労働者の賃金を、1914年の時点と1932年の時点で比較してみると、1914年には、1000人以上規模の企業の労働者の賃金は、5〜9人規模の労働者の賃金の1.5倍程度であったが、1932年には2.3〜2.4倍程度に大きく開いた[109]とされている。ま

---

[107] 社会局「定期臨時職工ニ関スル件」1930年6月、「工場法施行令第二十七条ノ二ノ解釈ニ関スル件」1933年11月。
[108] 本節は主に、次の著書を参考に執筆した。農商務大臣官房文書課編（1916）、尾高（1984）、小宮山（1941）、隅谷（1964）、中村（1978）。
[109] 1914年のデータは農商務大臣官房文書課編（1916）、1932年のデータは東京市等の「工業調査」による（隅谷ほか「日本資本主義と労働問題」）。なお、尾高（1984）は、賃金の二重構造は1920年代に発生したとしている。

た、中村（1978）によっても、次のように、工場における規模別の職工賃金の格差は、1920年代から1930年代前半にかけて拡大している（図表1-3）。

図表1-3　東京における職工数10人以上の工場の賃金の10人以下の工場の賃金に対する倍率

年代	1917	1918	1919	1920	1921	1922	1923	1924	1925	1926	1927
倍率	1.03	1.04	0.99	1.09	1.15	1.16	1.05	1.33	1.09	1.20	1.26

年代	1928	1929	1930	1931	1932	1933	1934	1935	1936	1937	
倍率	1.21	1.25	1.38	1.43	1.37	1.41	1.42	1.36	1.35	1.29	

出典：中村隆英『日本経済―その成長と構造』（1978）東京大学出版会 p.109　第21表

（イ）　雇用構造の階層化
（労働市場の階層化）

　この間、大企業と中小企業の市場には大きな断層が生まれ、雇用構造の階層化が進んでおり[110]、賃金格差拡大の統計は、その現われであると考えられた（隅谷（1964））。即ち、大企業では生産性が向上する一方、若年労働力を整理し雇用は縮小した。特に、重化学工業において近代的な新しい機械・技術を導入するとともに、労働者に教育訓練投資を行い生産性を向上させ、投資を行った労働者を保持するために賃金配分・格付けする処遇体系と独自の閉鎖的な内部市場を発達させた。加えて、活発化しつつあった労働運動の影響から自社の労働者を切り離すため、終身雇用や経営家族主義が採用され、閉鎖的な雇用システムが形成された。

　他方、中小・零細企業でも、事業縮小や倒産の頻発によって雇用は不安定化した[111]が、封鎖的な内部市場の形成された大企業との間の労働移動の道は閉ざされた。このため、これらの不安定層や農村から流入した人口層は小零細、商業、サービス業などの低生産部門を中心に過剰労働力として潜在失業化し、賃金は急激に低下した。また、世帯主の所得低下と窮乏は、家族の内職労働の活発化や労働市場への参入となり、さらに供給過剰による賃金低下を招く悪循環を生じた。

　こうして、大企業労働者の賃金は着実に上昇し相対的に安定した生活を享受する一方、中小・零細企業や生業的経営層は、不安定雇用と低賃金の状態に取り残され、雇用構造の階層化が明確となった。第一次大戦後の労働運動の分極化と小規模零細企業における争議の多発には、このような雇用構造の階層化の問題があったとされる（隅谷（1964））。

---

[110] 小宮山（1941）は、1930年代前半に機械器具生産において下請工業の存在、下請分業構造の階層性が確認される、としている。
[111] 尾高（1984）によれば、内閣統計局「大正十四年失業等計調査報告」（1926）のデータでは、1925年の顕在失業率は、男子5.3％、女子1.4％、計4.5％であった。1930年には男子2.3％、女子0.3％、計1.4％であり、それに比べかなり高い。もっとも、尾高は、こうした統計上の失業率は、厳しい失業の実態を反映していないとしている。

（都市雑業層の存在）

　なお、隅谷（1964）は、雇用構造の階層化の底辺を構成するものとして、明治以来の貧民層の流れをひく都市雑業層（零細工業、・家内労働・零細小売商等、雑多な生業からなる）の存在を強調した。即ち、都市雑業層は、労働力需給という点で、農業労働力流入の受け皿であるとともに、労働力の供給源として賃労働力需要と農村の労働力供給を媒介する存在であったが、雇用需要が未熟で労働力供給が過剰な労働市場においては、過剰人口ないし潜在失業者のプールとなり、低賃金圧力としてはたらいた。

　こうした雑業層は、戦前・戦後をまたいで存続し、戦後の高度成長前期において、二重構造・低賃金・不完全雇用の温床であり、完全雇用政策が機能しない後進性の現れであるとされ、その解消が近代化の焦点とされた。そこでは、家族の紐帯により生活を維持する生業的スタイルをとり、どんなに貧しくとも全部雇用の形によって失業として顕在化せず、雇用と自営の未分化な状況となっていた。

第3節　労働組合運動の再出発と政府の労使関係政策[112]
（1）　組合運動の再生・昂揚と経営者団体の創設
（友愛会の設立と組合運動の再活性化）

　労働組合運動が明治末に挫折して後、大正期に入った 1912 年に法学士の鈴木文二によって労働者組織として「友愛会」が結成された。友愛会は、当初、進歩的知識人に率いられた修養的・親睦団体的性格の強い組織であり、機関紙「友愛新報」の発行や例会の開催などを通じて労働者の自尊心・意識の向上を図るほか、ささやかな共済活動を行うに過ぎなかった。しかし、第一次大戦後の国際的な社会主義の台頭や国内における物価騰貴と労働市場の需給の逼迫に伴って、全体として、労働組合運動が活発化・激化するなかで、友愛会も労働組合としての体制を整え、次第に変容していった。

　即ち、第一次大戦による資本の発展と経済の繁栄は、労働力の量的発展と質的変化を引き起こし、労働運動活発化の基盤をつくった。特に、第一次ロシア革命の影響やそれらに伴う社会主義の思想の昂揚、1918 年の民衆による米騒動は組合運動のみならず、社会一般に大きな刺激を与えることとなった。こうした状況のもとで、国内では、第一次大戦前後における物価高騰による生活難から賃上げをめぐる争議が自然発生的に多発した。争議行為の件数は、1915 年まではストライキ数は毎年 100 件、参加者総数は 1 万人を超えることはなかったが、1916 年に参加者は 5.7 万人に急増し、1919 年には一般争議件数 2,388 件、同盟罷業・怠業 497 件、参加人員 33.5 万人に達した。これらの争議の特色は、大企業を中心とし（1919 年の参加人員は、1,000 人以上規模企業で 56%）、指導的

---

[112] 本節は主に、次の著書を参考に執筆した。隅谷（1966）（1977）、隅谷・小林・兵藤（1967）、日本労働総同盟（1921）、法政大学大原社会科学研究所編（2004）、石井（1979）、矢野（1993）、西岡（1966）、西成田（1988）、協調会編（1926）、兵藤（1971）、労働省（1961）、ゴードン（2012）、上井（1979）、末弘（1951）、森川（1981）、大河内（1963）。

役割を果たしたのは、渡り職工たちであった[113]。また、こうした争議頻発の背景には、労働力需給の逼迫により労働者の発言力が増すなかで、労働者は生活費の高騰を長時間労働でカバーせざるを得ないにもかかわらず、株主には大幅増の配当がなされるなど利潤分配の不公平が拡大し、使用者に対する労働者の対抗意識が高まったという事情があった（隅谷（1966））。

　頻発する争議を契機に、1920年頃にかけて労働組合の組織化が進み、団体数、組合員数が急増するとともに、戦闘的気風が起ってきた。こうした流れの中で、友愛会は、1919年8月に関西同盟会の賀川豊彦を指導者として、「大日本労働總同盟友愛会」に改称し（さらに1921年に「日本労働總同盟」に改称）、普通選挙権の獲得とILOに倣った「労働非商品」の原則を掲げるとともに、1920年の戦後恐慌に伴う解雇や賃金切り下げに対する一連の争議において企業に団体交渉権を要求する運動を展開した。

（工業倶楽部、日本経済連盟の創設）

　労働組合の組織化が進む一方、使用者側の組織として、商業会議所が各地に存在したが、重化学工業が急速に勃興する状況において、それらの経営者が自らの意見を政府の経済・産業政策に反映させる組織が求められた。このため、1917年に京浜地区を中心とする重化学工業の経営者によって「日本工業倶楽部」が設立された。同倶楽部は、商業会議所が伝統的な問屋や中小の商工業者中心に組織化されたのと異なり、財界有力者を網羅した大会社の組織であり、特に、三井、三菱などの財閥系関係者が中心となった（理事長は団琢磨三井合名理事長）。同倶楽部は、当時、重化学工業が直面していた課題として、重化学工業の脆弱な基盤を強化し成長の軌道に乗せること、労働運動の勃興に対する対応策を確立することに活動の重点を置いた。特に、後者については、工場法の施行延期と労働組合法の制定に反対する運動推進したほか、ILOに使用者代表（第一回代は武藤山治鐘淵紡績社長）を派遣するなどの活動を行った。1931年には、労働組合法に反対するために、それを担う組織として全国産業団体連合会（全産連―戦後の日経連の前身）が設立され、強力な反対運動が展開された。なお、日本工業倶楽部の設立から5年経った1922年には、日本工業倶楽部、銀行集会所、商業会議所などが糾合して財界の総本山である「日本経済連盟会」が設立され、長期不況に対応して政府の経済産業政策に対する影響力を強めた。

（2）　政府の労使関係政策の展開

（宥和政策の展開）

　労働組合の急激な組織化の進展と争議の頻発、産業別組合の台頭、さらに、第一次大戦後の革命思想の流入は、政府に労働組合運動に対する新しい政策の必要性を認識させ

---

[113] 代表的なものとして、1919年に、日立鉱山及び東京砲兵工廠や足尾銅山におけるストライキ、阪神地方各工場における8時間労働を要求するストライキ、軍隊の出動に至った釜石鉱山のストライキ等が起り、1920年には、八幡製鉄の「溶鉱炉の火が消え」憲兵・軍隊と衝突した大争議が発生した。

－90－

た。また、1919年に国際労働機関（ILO）が設立され、我が国も加盟国となり、労働政策の面での国際的対応が問われることとなった。こうした状況を受け1910年代末から1920年代にかけて労使関係立法をめぐり活発な議論が展開された。

（労働問題への対応—「救済事業調査会」）

まず、政府は、さまざまな労働問題・社会問題への対応を模索するため、1918年6月に内務省地方局の諮問機関として「救済事業調査会」を設置した。同調査会は「救済事業」の名称を冠してはいたが、従来からの貧民救済・救恤などの救貧問題に留まらず、社会・労働問題の存在を認め、それを対象事項として検討する初めての場であった（委員には、政府官僚のほかに、桑田熊蔵、高野岩三郎など多数の社会政策関係者を含んだが、労働者代表は含まれず）。同調査会は、1919年3月「資本ト労働トノ調和ニ関スル施設要綱」の答申を行い、①労働組合を自然の発達に委ねること、②労働問題調査及び保護に関する事務を統括する機関の設置、③労働保険、仲裁制度、純益分配制度等に関する調査と実行、④資本、労働両者の協同調和を図るための適切な民間機関の設立に関する調査、⑤治安警察法第17条第2号の誘惑煽動に関する規定の削除を指摘した。

（協調主義と工場委員会）

次いで、米騒動後の1918年に成立した原内閣のもとで、1920年2月床次内務大臣は、政・官・財・学を糾合した労使協調推進機関として協調会[114]を設立し、日露戦争以後の労使関係を支配した「主従の情誼」に代わり、労使関係を安定させるイデオロギーとして「協調主義」を普及するに至る。「協調主義」の考えは、労働者の立場をある程度認めたうえで対等な相手として妥協点を探るというものであり、その考えは、労使関係の不安定化に悩んだ経営者の間にも浸透する。同時に、内務省は、同年12月、イギリスのホイットレー委員会の構想に示唆を受けた「労働委員会法案」を作成、非公式に発表した[115]。これを契機として、協調主義の流れを受けた具体的な展開の1つとして、一部の大企業の間に工場委員会制度が普及した。

実際の工場委員会制度は、大正8年（1919年）～大正12年（1923年）にかけて、第一次大戦後の不況の中で、労働組合の急増と争議行為が多発したことに対する対応の1つとして、造船、鉄鋼、機械金属などの財閥系大企業や軍工廠などの重工業で新たな労

---

[114] 協調会は、労使一体を理念とし、社会政策の調査研究、争議の調停、職業紹介などを行う組織であり、野田醤油争議の調停など一時盛んになった労働争議の調停活動に活躍した。協調会の活動は、1926年に制定された労働争議調停法のもとでの「調停法体制」を体現した。第二次大戦後の労働委員会制度の先駆的存在でもある。

[115] 労働委員会法案は、企業別に一定地域ごとに労使共同の労働委員会を組織し、賃金、休日、作業規則、危険防止、保健、互助、能率増進その他労働者の福利増進に関して調査審議し企業に提議しようとするものであり、労使協調の組織であるイギリスのホイットレー委員会類似のものであった（石井（1979））。単なる労使間の意思疎通機関ではなく、雇用主側の提案事項に対する諮問機関でもなく、労働条件を含めての審議（協議）決定機関として提案されたが、産業団体側は、工場委員会組織には賛成しながらも、単なる意思疎通ないし諮問機関にとどめ、労働条件を含む権限ある協議決定機関とすることは好まなかった（大河内（1963））。

—91—

使関係機構として設置が進められた。その内実は企業によって様々で、多少とも協議的な色彩をもったものから、親睦団体にすぎないものまであったが、概ね、労使双方の意思疎通を進めるため、労働組合とは別個の組織として設置され、労働条件を除いた福利厚生に係る事項を中心に、合併、合理化、直傭化などに伴う現場労働者の不満・意見を汲み上げ、事業運営への協力や円滑化を図るものであった。大正10年（1921年）に集中的に設立されたが、当時は、総同盟系組合による「団体交渉権」獲得運動が昂揚した期であり、同委員会の設置は、横断的組合の企業内への浸透を防ぐ狙いがあったとされる[116]。

（労働組合法案の調査審議と挫折）

　政府は、協調会の設立や工場委員会制度の普及と並行して、1920年2月、「工場ノ組織」「資本労働ノ関係」をはじめ「産業界ニ於ケル諸般重要問題」（原首相）を審議する内閣直属の諮問機関として臨時産業審議会を設置し、「労働組合法案」の審議を進めた（具体的な検討は調査会）。その背景には、国内における労働争議の頻発や団結権獲得運動の活発化に加え、1919年のヴェルサイユ条約締結の結果、結社の自由承認を迫られたこと[117]、三者構成からなる国際労働委員会（ILO）に参加する中で国際的に労働組合に対する対応を明確にすることが求められたことなどの事情があった。

　同調査会では、1920年の調査会開設初期から農商務省と内務省が法案要綱を提出し合い対峙する形となり、政府案確定に至る前に挫折した。法案の基本的な視点として、世界の風潮となった労働運動の影響が極端に流れ産業の発展の阻害となりかねないこと、とりわけ、労働運動の政治的過激化や思想問題・治安問題への発展を危惧する観点は両省とも共通であった。大きな対立点は、組合の「組織原則」と「法人格」の二点であり、前者について、農商務省案は職業別組合のみ認め都道府県内に制限したのに対し、内務省案は組織形態及び範囲について制限を加えない立場をとり、後者について、農商務省案は法人格強制主義・設立認可主義で当局の監視下に置くこととしたのに対し、内務省案は任意設立・設立届出主義をとり、組合設立について「自然ノ発達ニ委スルヲ適当」とするものであった。また、農商務省案は何らの保護規定をもたず労働組合の運営に強い制約を加えたのに対し、内務省案は労働者の組合加入権を保護する規定をもつ点でも対照的であった。総じて、内務省は組合活動自体は避け得ない自然の流れとして認め、無理に抑え込むのではなく健全な組合活動を育成・支援する考えに立っており、そのような考えをとったのは、組合運動が震災以来穏健化しつつあるとの状況認識に加え、ワ

---

[116] 工場委員会について、大河内（1963）は、協調会編の「最近の労働運動」（昭和9年刊）において「現下における労働委員会設立の情勢は一般に労働組合の存在を要件とせざるのみならず、数多の実例によれば却って労働組合の勢力の伝播拡張を牽制し、若しくは之によりて横断組合の設立を阻止せんとするの傾向があるように思われる」との記述があることなどから、当時、政治闘争に明け暮れていた労働組合の闘争体を個別企業の内部に引き込むことを極力避ける観点から、横断組合の代わりに個々の企業の内部に工場ごと・企業ごとの労働組合活動をむしろ誘導しようと考えていたと判断してよいだろう、と述べている。なお、総同盟の中にも、これを歓迎する意見があり、それによって団体交渉権獲得の主張は弱められた。
[117] ヴェルサイユ条約第13編の前文には、「結社の自由の原則の承認」が明記されていた。

イマール・ドイツなどの経験に学んだ結果であるとされる。

　なお、この両省の案について、1920年6月、労働組合同盟会は、「何れも単に労働者の絶対権利たるべき団体交渉及び同盟罷業に自由を否認し其の一貫せる立法方針は一に苛酷なる取締精神に立脚す。斯くの如きは徒に労働運動の正常なる発達を阻害」するものであるとの宣言を発して強く反対した。

（事実上の公認―ILO 労働側代表の組合選出）

　労働組合法案は政府決定に至らず挫折したが、労働組合活動が否定されたわけではなかった。我が国は、1919年のILO（国際労働機関）設立当初からの加盟国であり、第一回総会から参加していたが、同機関の討議は三者構成（政労使）の会議方式であり、参加に当たって労働者代表の選任資格を巡ってILOにおいて再三問題が指摘された。1924年2月に至り、ようやくILO総会に出席する労働者代表の選出方法が政府任命制から組合員1000人以上の労働組合による公選制に改正され、これによって、労働組合が行政レベルで事実上公認された[118]。

　これ以後、労働組合及びその活動は「事実上公認」の状態となるが、それは主として企業内に留まる限りであり、企業外の政治的な活動、特に公安を害するおそれのある活動は、強く規制された。

（３）　労働争議調停法の制定・労働組合法案の流産
（1920 年代前半の組合活動の過激化・分裂と労働争議の頻発） [119]

　1920年代前半は、組合運動にとって過激化と分裂の時代であった。1920年になると、我が国の経済は突如大戦後の恐慌に襲われ、恐慌に伴う工場閉鎖や解雇、賃金切り下げが盛んとなるが、これに対する争議は、警察や軍隊による干渉を含めた弾圧の強化により抑え込まれ、組合活動は防戦一方となった。これに対し、24団体が集合した同年の第一回メーデーを契機に、労働組合の大同団結を期して、友愛会、信友会（印刷工組合）、正進会（新聞印刷工組合）などの団体が集まって「労働組合同盟会」を結成する動きもみられた。

　しかしながら、普通選挙運動が挫折し、加えて、政府の弾圧等により団体交渉を要求した争議の惨敗が続く[120]なかで、ロシア革命の影響や政府の抑圧的姿勢[121]への反発など

---

[118] ただし、労働組合の事実上の公認によって労働組合の団結権の承認にまで至ったわけではなく、こうした労働組合に対する政府の対応について、団結権放任と団結権公認の過渡的段階に位置づける説（西成田（1988））がある。

[119] 本項は、主に、次の著書を参考に執筆した。大河内（1970）、末弘（1951）。

[120] 1921年以後は、戦後の恐慌により争議件数は激減したが、反面、争議自体は深刻化し争議日数は長期化する傾向がみられた。なかでも1921年4月に関西の大阪電燈に端を発した一連の労働争議は、長期にわたる友愛会の積極的な指導のもとに、警察と衝突し多数の検束者、解雇者を出しながらも団体交渉権を獲得した。それを契機に、関西の労働運動は質・量的に急速に拡大した。さらに、争議の波は、6～8月にかけて川崎造船、三菱造船を中心とする神戸地域の造船、電機、鉄鋼などの大企業に波及し、横断的組合の存立、団体交渉権の確認、工場委員会制度の採用等を要求して、スト、サボタージュ、大示威運動を展開した。しかし、示威運動は警察との衝突に至り、流血の事態のあげく、賀川豊彦を含め200名ほどの幹部が検束され、各職場の活動家は根こそぎ解雇される結果となった。こうした結果を受け、同年9月の総同

－93－

から社会改造思想と結びついたサンジカリズムを標榜する過激な労働運動が台頭し、急進的な方向に向かった[122]。この間の組合陣営では、様々な対立を抱えるようになっており、特に、信友会、正進会系の直接行動を主張するサンジカリズム系に対し、友愛会では、中央集権的社会主義のボルシェビキ系が優勢となり、両者の間で対立が激化した。

　その最中の1923年に関東大震災が起こり、戒厳令が敷かれるとともに、治安維持のための緊急勅令（「治安維持ノ為ニスル罰則」）が公布され、混乱の中で、主導者であった大杉栄が虐殺されると、サンジカリズム系は一気に凋落した。

　これを契機に、労働組合では、ボルシェビキ系が力を強め共産党と結びつく一方、組合右派は、大震災時の経験で組織の脆弱さを認識するとともに、政府の普選の実施やILO代表の組合推薦の公約などを目の当たりにして現実的な「労働組合主義」に立ち戻ろうとした。こうした対立が総同盟内部で激化し、1925年には、ボルシェビキ系が総同盟から脱退して、新たに共産党系の「日本労働組合評議会」（以下「評議会」）を結成し、労働組合運動は、両派に二分される状況となった。

　独立した「評議会」は、「組織と闘争とによって資本の搾取に対抗」することを運動目的に据え、設立当初から旺盛な闘争活動を展開し、積極的に争議に関与して急速に組織を拡大した。当時、官業や大企業は右派組合の勢力下にあったことから、組織活動は、中小工場の域にとどまったが、経済事情が悪化するなかで、「評議会」の指導関与もあり、1926年以後、労働争議件数は、それまでの年間300件前後から、年間400〜500件前後へと急増した。それに伴い、「評議会」は官憲の弾圧の標的とされていった。

（治安警察法の廃止と労働争議調停法の制定）

　1926年に入ってから労働争議が急増する状況において、政府は、同年、治安警察法第17条及び第30条の撤廃を定めた治安警察法中改正法律案と労働争議調停法案を国会に提出した。その考えは、「我国産業ノ近代化スルニ従ヒマシテ労働争議モ亦頓ニ増加シタノデアリマス。固ヨリ労働争議ノ発生ハ現時ノ産業界ニ於イテ避クベカラザル自然ノ勢イデアリマス」との若槻礼次郎総理大臣の趣旨説明に現われているように、争議の自由と自然発生を前提に、争議を抑圧・取り締まるのではなく、調停によって損失を最小限に抑えようというものであった。その姿勢は、罷業権は否定するものの争議の自由は認めるという意味で「放任主義」といえるものであった。

盟機関誌は、「『力』に対するものは、結局『力』である」とし、「正義とか人道とかという、弱者のお題目を唱うることを止めて、『力』を以て応対するの外はない」と記し（日本労働総同盟（1921））、急進的方向に転換した。

[121] 労働組合活動、特に争議行為に対しては、当局は、治安警察法（1900年制定）第17条の「同盟罷業の扇動」を禁止する規定を活用して抑圧していた（上井喜彦「第一次大戦直後の労働政策」）。

[122] 普通選挙法案が国会で政友会により否決され、普通選挙運動が挫折した1919年以後、戦後恐慌に伴う賃金カットや頻発する解雇を契機とする労働争議が起こるなかで、関東地域を中心に労働組合における資本制体制に対する不信が高まっていった。具体的動きとしては、同年の8時間制を要求した争議に惨敗した印刷工組合信友会では直接行動を主張する急進派が主導権を握り、新聞印刷工組合正進会にも影響し、これらの組合を中核としてサンジカリスト派が形成され、関西の総同盟本部との対立を深めていった。

1926 年に成立した労働争議調停法の主な内容は、①公益事業（交通機関、郵便・電信・電話、水道・電気・ガス及び陸海軍直営事業）における強制調停主義と私益事業における任意調停主義（第 1 条）、②調停委員会の三者構成（第 3 条）、③公益事業の争議に対する調停手続進行中の第三者による争議勧誘行為の禁止（第 19 条）などであった。労働争議調停法は、私益事業における調停の労使当事者による開始と任意調停主義の考えに立ったものであり、当時としては集団的労使関係を助長する画期的なものであった。

　しかし、こうして制定された調停制度も、労働組合法が未成立の状況では私益事業に係る紛争に関する労使双方の請求に基づく調停委員会（紛争の請求ごとに設置）は殆ど開催されず、任意調停の件数は極く僅かに留まった。それに替わって、調停官や警察官などの官吏による事実調停の急速な拡大によって争議は事実上収拾された。特に、1930 年代になると調停官より警察官による調停が多くなり、争議による解雇者を減少させ、治安の維持、争議の未然防止に当たる観点から国が労使の調整主体となる形が定着した。

（労働組合法案の流産）

　1920 年の労働組合法案が挫折した後も、労働組合法案は幾度か国会に提出された。1925 年には、従来から労働組合法の制定を主張していた加藤高明憲政党内閣のもとで法案制定の動きが活発となり、社会局労働組合法案が行政調査会に付議された。同法案の内容は、概ね、1920 年の内務省案の踏襲であったが、新たな規定として、労働協約の規範的効力を確認していること、法人となった組合に関し民法第 44 条の損害賠償規定を準用せず損害賠償の民事免責の立場をとった点は重要な変更であった。社会局案については、農林省、商工省、司法省などの行政の立場からの意見、日本工業倶楽部、東京商業会議所、大坂工業界などの経営者団体からの意見を踏まえ一定の修正をしたうえ、行政調査会の決議がなされ、加藤内閣の後を受けた若槻内閣のもとにおいて 1926 年 2 月、第 51 回議会に提出された。

　同法案の性格は、社会局の「団結放任」の考えを基本とし団結権を公認する一方、法令や「公益ヲ害スル」場合の決議取消し・規約変更・解散命令などの団結規制取締の規定も含む複雑なものであった。

　具体的には、まず、団結権に関連して、①組合の目的として「労働条件ノ維持又は改善ヲ目的トス、労働組合ハ前項ノ外組合員ノ共済、修養其ノ他共同利益ノ保護増進ヲ目的トナスコトヲ得」（第 2 条）として団結権公認の対象を明確化したこと、②「労働組合ハ届出アリタル時に設立サレタルモノトス」（第 4 条）として届出制を明記したこと、③組合総会等の承認者であれば非組合員の組合加入を認めた（第 12 条）こと、④組合員の差別解雇、黄犬契約を禁止した（第 14 条、ただし違反者の罰則規定なし）こと、⑤争議賠償の民事免責を明記した（第 15 条）ことなどである。次に、団結規制的な規定として、①組合の組織形態について「同一又ハ類似ノ職業又ハ産業ノ労働者」に限定したこと、②法人格の強制規定（第 3 条）、③「労働組合ハ組合員ノ脱退ニ関シ不当ナル条件ヲ定ム

ルコトヲ得ス」として組合員の脱退の自由を事実上認めたこと、④法令違反や「公益ヲ害スルトキ」において行政官庁の決議取消権（第17条）、規約変更命令権（第18条）、主務大臣の組合解散命令権（第19条）が明記されたことである。こうした若槻政権によって提出された法案は、概ね、経営者側にも受け入れられる内容となり大きな反対はなかった。しかし、法案は結果として審議未了に終わった。

次に、1929年に成立した浜口雄幸民正政党内閣は、10大政綱を発表し、社会政策の確立をかかげ、8月に社会政策審議会を設置し、第1回総会に「労働組合法制定」に係る諮問をおこなった。同審議会では、社会局提出の「労働組合法ニ関シ考慮スベキ主ナル諸点」について審議が行われ、同年12月に原案通り可決、社会局草案が同年12月11日に発表された。同草案は、1925年の社会局案に比べ、組合組織について職業別又は産業別のものに限定しないこと、法人格の取得を任意としたことの2点において、より進歩的な面をもっていた。当時、組合の設立と組合員は増加しつつあり（1925年、組合457、組合員25.4万人→1929年、630組合、33.1万人）、浜口政権は、デフレ政策によって生ずると予想される労資対立の激化を抑制する緩衝役として労働組合を位置づけようとした（西成田（1988））。

しかしながら、この法案が公表されると、金解禁後の経済の破局的な様相により大量の失業者が発生し、労働争議が空前の記録を示すなかで、労働勢力の増大と先鋭化をおそれる経営者諸団体の猛反対が起こり[123]、法案は経営者の意向を受け入れ、大幅に修正されたうえ、1931年2月21日第59議会に提出された。その内容は、従来の社会局案の団結放任思想が大きく後退し、団結規制取締的性格が全面に出たものであり、①労働組合の目的として「労働条件維持改善及ビ組合員ノ共済、修養其他協同利益ノ保護増進トヲ併セ目的」とするものに限定し「労働条件維持改善」のみの目的を認めず、②労働組合の組織形態について職業別・産業別に限定するとともに、③組合員の資格に「労働者タリシ者ヲ組合員トナスコトヲ得」とし黄犬契約を認め、④争議賠償の民事免責規定を削除し法人組合について有責とするほか、⑤行政官庁の調査・組合決議取消・規定変更・組合解散などの権限を広く認めるものであった。しかし、こうした法案であっても、日本工業倶楽部及び全国産業団体聯合会（全産聯）は、組織的な組合法反対運動を展開した。結局、同法案は衆議院を通過したものの、貴族院において審議未了により廃案となった。

その後の社会情勢は、1931年秋の満州事変が勃発して以後准戦時体制に入り、労働組合運動は徐々に後退し、産業報国会運動がおこるとその中に吸収されていく。それに伴い労働組合法制定の動きは止み、同法の制定は戦後に持ち越された。

---

[123] 例えば、日本工業倶楽部は、労働組合法案が「労資相互の情誼を基礎とし家族制度の延長とも見做し得べき我国固有の雇傭関係」を無視して、法律をもってこの関係を規律するときは「徒に労働者に階級闘争の意識を誘発」し「全国多数労働者を駆って社会主義団体に走らしむる虞があり我国家の為危険である」との意見書（「我国情に適せざる労働組合法案」）を提出した（西岡（1966））。

（４）　労働戦線の分裂・衰退と企業内労使関係
（ア）　労働戦線の分裂・衰退と労働争議の増加[124]
（労働総同盟の分裂）

　1920年代半ば以後、労働戦線はさらに分裂を重ね、相互の抗争が続き、全国レベルの組合運動は衰退の道をたどった。即ち、1925年に分裂によって右派中心の組織となった「総同盟」は、翌1926年に再び分裂し[125]、本部は現実路線の色彩をさらに強める一方、分離した中間派（麻生久、藤岡文六、加藤勘十、棚橋小虎など「労農党」関係グループ）は「日本労働組合同盟」を組織し、労働組合運動は、左・右・中間の三派鼎立の状況となった。さらに、1929年に、「総同盟」内部の左派勢力である大阪連合会系が分裂し、短期間に3次にわたる分裂を経験した。こうして勢力を失いながらも、「総同盟」は、「労働組合主義」を掲げ、ストをできるだけ避け、平和的な交渉によって団体協約を締結することにより組合の安定をはかる方針を進め、戦時体制時の1940年に至るまで活動を継続した。

　他方の旗頭である共産党系の「評議会」は、積極的な闘争主義を掲げ、組合の争議を支援し、争議の増加とともに組織を拡大した。しかし、評議会の支援した1925年から1926年にかけての共同印刷や日本楽器などの大争議では、長期の泥沼のストに落ち込んだ結果、大量解雇で終結し惨敗に終わるなど、その闘争主義は現実と遊離したものであった。1928年には、「評議会」は共産党につながる団体として、闘争的性格と活動の故をもって治安警察法により解散を命じられ、以後共産系の組合は「日本労働組合全国協議会（全協）」の名のもとに非合法活動に入った。

　なお、1924年に制定された治安維持法及び1929年に緊急勅令によって全面改正された同法は、国体の変革及び私有財産制度の否認を目的とする結社の行動を厳罰をもって処するものであり、その対象は共産党関係者のほか、その影響下にあった左翼組合の指導者に及び、左翼組合は厳しい弾圧によって表面から姿を消すこととなった（ただし、非合法運動として活動は継続された）。

（労働争議の増加、組合組織の拡大と限界）

　全国レベルの組合運動は分裂を重ねる一方で、昭和2（1927）年の金融恐慌などの産業・経済事情の悪化により、工業全般にわたる大幅な操業短縮、大量解雇、賃金引き下げが行われた。加えて、政府の産業合理化政策は、企業合同、中小企業の整理、機械の高度化など資本と企業の集中は、中小企業の没落など失業と労働条件の一層の悪化を招いた。これに対する労働者の反発は激しく、政府の弾圧強化にもかかわらず、労働争議

---

[124] 本項は、主に、次の著書を参考に執筆した。大河内（1970）、末弘（1951）、ゴードン（2012）。
[125] この分裂の原因について、大河内（1970）は、当時、総同盟は、社会民主主義に立った新党（「社会民衆党」）結成の準備をしていたにもかかわらず、麻生等が別途準備していた「日本労農党」創立の計画を明らかにしたため、除名されたものだとする。我が国では、組合の激しい離合集散が、無産政党の離合集散、特に主義主張というより、戦術や人脈の対立に引き回されることが多いが、その典型例としている。

件数は、それまでの年間 300 件前後から、年間 400〜500 件前後へと急増し、1931 年には最高潮に達した。その多くは産業合理化によるもので、守勢に立った労働者の要求は、不払い賃金の支払い、賃金減額に対する反対、解雇反対と復職要求、退職手当の確立・改善などであった。規模別には、中小企業を中心とした参加人員 50 人未満が多く（争議件数の 6 〜 7 割）、争議期間は長期にわたるものが多かった。この間、組合運動の中心は、大企業組合から中小企業の横断的組合に、熟練工から半熟練工に移っていった。

　争議件数の増加に伴い、組合数及び組合員数も増加の一途をたどりたどったが、1931年時点の組合員数は 36.9 万人、組織率は 7.9%に過ぎなかった。因みに、組織率 7.9%は、第二次大戦前の最高値であり、しかも、組合員 36 万人のうち、海員が約 11 万人、海軍諸工場の労働者が 3 万人余りであり、一般の労働者の組織率は極めて低く、各種の労働者が多くの組合に分かれて組織化されているに過ぎなかった（末弘（1951））。

　A. ゴードンは、戦間期に労働組合運動が発展出来なかった要因として、①長期の経済停滞による組合の守勢、ことに賃上げなど積極的活動やストライキ・組織活動が困難だったこと、②労働運動に対する弾圧が続いたこと、③組合側の絶えざる派閥抗争が運動の力を削いだこと、を挙げている。

　我が国の労働組合運動は、戦間期に本格的に開始されたが、上記の末弘（1951）は、当時の企業内の組合は、少数の大組合を除けば、独力では殆ど何事もできず、わずかにその属する上部組織の力をかりて争議を行うのが唯一の事業であった、と記している。我が国のように、歴史的に上部組織が産業別などの独自の組織的基盤を欠き、上からの政治的な理念やイデオロギーによって支配される風土のもとにおいては、政治的抗争によって、組合運動が左右されるという状況が繰り返されることも当然であった。

（イ）　企業内の労使関係

（企業内の組合活動）

　他方、企業内の労働組合は、1920 年代を通じて大企業では一定の存在を確保した。全産業の組織率は、1936 年の 7.9%を超えることはなかったが、産業ごとに見ると、例えば、当時の中心産業であった機械工業部門では、1930 年代に 40%を超える水準に達するなど大きな存在となっていた。企業内においては、賞与、定期昇給、退職金、福利厚生などを巡り、経営側との交渉を行うとともに、争議に及ぶことも稀ではなかった。しかし、両者の力量の違いと 1920 年代の長期にわたる不況のもとで、経営側の優位は動かず、組合の要求がそのまま受け入れられることは少なかった。また、経営側は、懲罰的な就業規則、規律と管理の優先、能率刺激給の普及などにより、労働者を管理しようとしたほか、工場委員会を活用して労使関係の安定を図った。労働争議件数は、1920 年代後半に全体として増加たが、300〜999 人規模、1,000 人以上規模では、逆に減少しており、大企業では、労使関係は一応安定した状況となっていく。さらに、1930 年代に入ると、組合員数は増加したものの、組織率は低下し、労働組合運動は中小企業に移り、大企業

や中核産業では衰退し影響力を失っていった。

（工場委員会の実態）

　工場委員会は、1921年に造船、鉄鋼、機械金属などの財閥系大企業や軍工廠などの重工業で新たな労使関係機構として集中的に設立されたが、その組織は、委員を労働者のみで構成し、経営側の参与員を加えた一元的なものと、工場委員を労資双方で組織する二元的構成のものがあった（協調会編（1926））。いずれも労働者委員は労働者の自主的選挙によって選ばれるケースが一般的であったが、労働者委員の選出は、役付職工と一般職工の資格別選出が採られ、役付職工（職長クラス）の選出が重視されるケースが多かった。組合運動に影響力を持った職長層を吸収・包摂する意図があったとされる[126]。また、附議事項の内容は、福利厚生や作業能率・作業規律、工場設備に関するものが多く、雇用、賃金、労働時間など基本的労働条件に関する事項は少なかった。実態としては、作業能率、作業規律、合理化目標などへの労働者の協力をとりつける一方、反対給付として住宅、扶助救済、修養・娯楽施設の設置など福利厚生等の充実を図るものであった。また、企業によって、工場委員会とともに労働者・職員一体の共済修養団体を設けるなど協調主義を補強し一体性を強化する動きも見られた。多くの場合、企業側は、委員会の任務を単なる懇談会・意思疎通機関として議決権を持たないように努め、協議機関とした場合でも、賃金その他の労働条件についてはできるだけ協議事項から外そうとした。大河内（1963）によれば、それは、当時の産業団体が工場委員会（労働委員会）について労働組合を疎外するための仕組みと判断していたことによる。

　その後、関東大震災（1923年）後における労働組合の勢力後退と産業団体の発言力強化に伴い、工場委員会に対する使用者側の関心は薄れていった。また、労働者側は、深刻な不況の続く中で、賃下げ、人員整理、解雇手当などの問題が喫緊の課題となり、それ以外の事項についての協議や意思疎通に関心を払う状況でなくなった。このため、工場委員会制度は、関東大震災以後、衰退傾向となった。

第4節　第一次大戦後の労働行政—内務省社会局と社会労働政策の展開[127]

（1）　内務省社会局の誕生

　明治・大正期の労働行政は、農商務省による産業政策的観点を主とする工場監督行政や内務省警保局による治安対策的行政のもとで展開していた。しかし、第一次大戦後のインフレーションによる生活の逼迫などから、米騒動に続いて労働争議の頻発が生じるようになると、それまでの救恤行政では対応しきれず、社会政策として展開する行政が必要になり、1919年内務省地方局の救護課が社会課に改称され、翌20年8月社会局が誕

---

[126] 西成田（1988）。
[127] 本節は主に、次の著書を参考に執筆した。副田（2007）、桑原（1979）、内海（1959）、菅山（2011）、有馬（1968）、中島（1987）、神林（2000）、大霞会編（1971）、労働省（1961）。

生した。さらに、1922年11月社会局は内務省の外局としての社会局になり、労働行政事務が同局に一本化され、統一的な労働行政を扱う基盤ができた。

　国際的には、1919年にILOが設立され、毎年、新たな条約の成立と各国による批准が進んでいった。社会局においては、中堅クラスの官僚が1919年のILOのなど設立を契機に海外出張の機会を重ね、国際的な労働者保護の実情を認識し、当時としては進歩的な政策を打ち出すようになるなど政策の質的な転換が生じた。

（2）　工場法の改正

（工場法改正の経緯）

　1916年5月に公布・施行された工場法は、対象が15人以上の労働者を雇用する工場に限られ、しかも、労働保護の水準は低位であり、保護政策の要である就業最低年齢や女子や年少の職工の深夜業禁止にも多くの例外規定や猶予規定が設けられていた。特に、これら保護職工の多い生糸製造業と輸出絹織物業については、法施行後15年間の猶予があるなど多くの問題を抱えていた。

　他方、工場法の施行された1916年（大正5年）頃、我が国経済は一時的に未曽有の発展を示したものの、その後、物価高騰による生活不安と争議の頻発などによる社会不安が生じつつあった。加えて、1919年国際労働機構ILOの設立と第1回総会において、8時間労働制をはじめ、最低年齢、女子・年少者の深夜業禁止等に関する条約案が採択され[128]、社会政策推進の国際的潮流が生まれつつあった。我が国もILOの設立とともに常任理事国となり、こうした国際的動きに呼応して社会政策の必要性がさけばれ、工場法改正の機運が生じていた。

　このため、内務省は、1922年の設立当初から、ILOにおいて採択された工業者労働者最低年齢に関する条約の批准と工場における女子の深夜業の禁止を断行し、できれば就業時間の短縮、適用範囲の拡張を含む工場法の改正を行う方針を持った。この頃には、従来工場法に強固に反対した紡績業者も、女子の深夜業禁止にことさら反対を唱えることはなくなり、全体として民間に大きな反対はなかった[129]。寧ろ、労働時間の短縮に反対したのは農商務省であったが、これを押し切る形で工場法の改正がなされた。

（1926年改正の内容）

　こうして、工場法改正案は1923年（大正12年）3月29日に、工業労働者最低年齢法案は同年同月30日に可決・公布されたが、施行は、関東大震災の発生等の事情のため、両法とも、工場法施行令の改正とともに、1926年（大正15年）7月1日からとなった。

---

[128] 第1回総会において採択された労働時間関係の条約は、「工業的企業における労働時間を1日8時間かつ1週四48時間に制限する条約（第1号）」を筆頭に、「工業に使用しうる児童の最低年齢を定める条約（第5号）」「工業において使用される年少者の夜業に関する条約（第6号）」「産前産後における婦人使用に関する条約（第3号）」「夜間における婦人使用に関する条約（第4号）」である。8時間労働制は、すでに欧米諸国において労働運動として取り上げられ、一部の国では法律ないし労働協約によって確立されていたが、それが「国際的な舞台に乗せられ条約として採択されたものである。

[129] 大震会編（1971）。

－100－

その主な点は、次のとおりである。

第一に、工場法の適用対象を常時15人以上の職工を使用する工場に適用されることとなっていたのを改め、常時10人以上を使用する工場に及ぶものにした。

第二に、12歳未満の幼年者の就業禁止規定を削除し、「工場労働者最低年齢法」（1923年法律第34号）を制定し、同法によって、就業禁止年齢を旧法の12歳から原則14歳に引き上げた。また、従来、女子及び15歳未満の者を保護職工としていたのを女子及び16歳未満の者とした。ただし、3年の猶予期間が設けられた。

第三に、労働条件規制の水準を引き上げた。まず、保護職工の就業時間は原則として最長12時間であったのを1時間短縮して11時間とした（第3条）。

次に、深夜業禁止について「午後十時ヨリ午前四時ニ至ル間」とあったのを「午後十時ヨリ午前五時ニ至ル間」と改めた（第4条）。また、交替制による就業の場合における適用猶予の期間を短縮し、特定の業務に係る深夜業禁止の例外規定を削除した。

このほか、休憩時間の一斉付与を定めるとともに、臨時必要ある場合の就業時間延長・深夜業禁止の解除・休日廃止に係る行政官庁の許可について16歳以上の女子に限定する改正（16歳以上の男子はもともと無限定）、「産婦」の産後休業を4週間から5週間に延長し産前4週間の休業を加え、1歳未満の生児のための哺育時間の請求とその時間中の使用禁止（30分2回）などの改正を行った。

第四に、扶助に関する内容の改善である。当初の工場法では、職工に重大な過失あるときは扶助することを要しなかったのを改め職工の過失の有無を問わないものとした。ただし、休業扶助料及び傷害扶助料については地方長官の重大な過失の認定を受けた場合にかぎり支給を要しないこととした。また、遺族扶助料及び祭葬料の受領者の範囲を「死亡当時其ノ収入ニ依リ生計ヲ維持シタル者」に拡張した。

第五に、労働契約に係る規定（第17条）の改正はなかったが、施行令及び施行規則において、労働契約に係る規制を充実させた。その主なものは、①14日前の解雇予告または14日分の解雇予告手当の支払い義務の設定、②解雇証明書の付与義務の設定、③常時50人以上の職工を使用する工場の工場主に対する就業規則の作成義務と必要記載事項の法定及び地方長官の変更命令の制定などである。なお、工場主の上記義務違反については罰金刑の定めが置かれたほか、就業規則についての周知・掲示義務、賃金事項の就業前明示義務も規定された。

（1929年改正）

工場法の適用範囲については、上記改正により、「常時15人以上職工を使用する工場」から「常時10人以上を使用する工場」に拡大されたが、繊維産業における適用工場と非適用工場との間の不均衡は業者の不満を募らせ、それによって法の円滑な施行が妨げられる状況となった。このため、内務省は、使用職工の数如何にかかわりなく法を適用できる改正案を準備し、地方長官等に対する諮問ののち、第56回帝国議会の議決を経て

1929年（昭和4年）3月28日公布され、同年7月1日より施行された。

　その改正内容は、従来、第1条（適用範囲）に該当しない原動力使用工場に対して主務大臣は安全・衛生関係の規定を適用できるとしていたが、新たに、原動力使用工場に関する限り、第3条（就業時間）、第4条（深夜業禁止）、第7条（休日及び休憩時間）ならびに第8条（第3条、第4条及び第7条の例外規定）の規定をも適用することができるものとした。ただし、第3条（11時間の就業時間制限）の適用について施行後2年間は1時間以内の延長を認めることとした。

　この改正により、内務大臣は原動機を使用する一切の工場に対し就業時間、深夜業、休日、休憩に関する規定を適用することができるようになったが、まず、最も就業時間の長く弊害の顕著な織物業及び撚糸業に適用するため、同年5月に工場法施行規則を改正し、工場法と同じく7月1日から施行した。

（施行・監督状況）

　1922年（大正11年）11月に内務省の外局として社会局ができると、工場法の施行監督に関する事務は社会局に移された。しかし、農商務省時代からの監督職員数の相対的減少と監督実施率の低下は、さらに深刻となった。適用対象事業場は、施行時の1916年の2万から1937年には11万にも及んだが、その間、監督職員数は208人から420人に増えたに過ぎず、事業場監督率は漸次低下し、年1回の監督標準の達成も困難であった。このため、警察官の協力による補充的監督が大きな役割を担うこととなった。26年改正によって、女子労働者の多い産業では、30〜40分程度の労働時間の短縮がみられたが、男子労働者の多い重工業では変化は殆どみられなかった。

　監督は、当初、幅広く行う方針がとられたが、1929年以降、不況の影響から経営不振で閉鎖する事業場が増え、賃金、各種扶助料、解雇手当の不払い、就業時間の違反等実質的違反が急増したため、これらの点に監督の主力を注ぐ方針がとられた。違反件数の大半が紡織工場であり、深夜の一斉臨検により就業時間制限の励行を図るなどの手法もとられた。しかし、小規模紡織工場にあっては、法の非適用の問題があり、26年改正による対象の10人以上規模への拡大、29年改正による規模如何に関わらない原動機使用工場への拡大によっても問題が残された。

　違反件数は時代とともに増加の一途をたどり、1922年の9,167件（処罰508件）から1937年の43,744（処罰1,319件）となった。1931年の満州事変の勃発を期に、軍需産業を中心に産業活動が活況を呈しはじめ、再び労働時間の延長がみられるようになると、違反件数はさらに激増し、女子年少労働者関係の深夜労働や危険有害業務就労などの実質違反が多くなり、監督当局も監督に追われる事態となった。

（3） 職業紹介制度と失業対策

（失業対策の始動と職業紹介法の制定）

　第一次大戦後、戦争景気は一転して深刻な不況を迎えた。軍需産業の縮小と海外市場の沈滞による過剰産恐慌となり、造船、軍需工廠、鉱山など各分野で工場の閉鎖や集団解雇が相次ぎ、失業問題がはじめて社会問題になった。それまでも、農村部のおびただしい過剰労働力や都市部の零細企業における不完全就労者の問題はあったが、深刻な失業問題として顕在化することはなく、貧困者の救済策に留まり本格的な失業対策に至らなかった。しかし、第一次大戦後の集団解雇による失業者の大量発生は、政府に失業対策の樹立を迫り、政府は救済事業調査会に「失業問題」に係る諮問を行い 1920 年に出された答申に基づき、帰農奨励策と公益職業紹介制度の整備を行うこととなった。

　また、職業紹介については、明治時代からの慈善団体による無料の公益職業紹介所のほか、東京をはじめとする市町村の職業紹介所が設立・運営されていたが、1919 年の第 1 回 ILO 総会「失業に関する条約」（第 2 号条約）及び同勧告（第 1 号）が採択され、「中央官庁管理の下にある公営無料の職業紹介施設を新設または増設すること」とされたことを踏まえ、政府は 1921 年（大正 10 年）に「職業紹介法」を制定・公布した。

　同法は、職業紹介所の設置は市町村が行い、その事務は市町村長が行うものとし、紹介事業の連絡統一を図るため、中央及び地方職業紹介事務局を置くこととした。職業紹介所の経費は市町村の負担とするが、経費の 2 分の 1 以内を国庫から補助することとした。また、公立職業紹介は無料とし、報償として手数料を受けることを禁止した。当初、中央職業紹介事務局として、財団法人協調会を指定されたが、1923 年に内務省社会局がその任に当たることとなり、同時に、東京、大阪の 2 ブロックにも地方職業紹介事務局が設置された。その後、地方職業紹介事務局は増設され 7 局体制となり、遠隔地間の職業紹介業務の連絡は体系化され、組織的な広域紹介が進展していった。また、広域紹介を支える仕組みとして「取扱い無料」と「就職旅行運賃 5 割引」がうたわれ、民間職業紹介事業との差別化が図られた。なお、営利ないし有料の職業紹介については、同法第 14 条に基づき「営利職業紹介事業取締規則」が定められたが、許可制のもとでの違法行為を列挙するにとどまり、営利職業紹介事業は大きな規制を受けなかった。

（公立職業紹介の展開）

　公立職業紹介所は、第一次大戦後の経済恐慌や震災後の罹災失業者と復興求人対策などの非常時に失業対策としての役割を担い、その後、公営の職業紹介所は大幅に増設され、1921 年の 31 か所から 1937 年には 717 か所に達した。しかし、職業紹介の世界では、長年にわたり、口入れなどの従来からの営利仲介業者が圧倒的な勢力を誇り、公益職業紹介が職業紹介数において民間職業紹介の人数を上回ったのは、漸く 1932 年に至ってからであった。公立職業紹介所に対しては、紹介を受ける企業側から、身元保証人が存在しないため安心して求職者を受け入れることができず、無料であるがため不適当な紹介

—103—

が多いという苦情が絶えなかった。特に、農村部では既存の民間仲介業者が強固に根を張っている状況で、地方自治体が自らの負担で行うことは容易に受け入れられなかった。また、内務大臣の監督と職業紹介事務局による調整によって統一的な業務推進が図られたものの、独立の経営主体をなしていた公立職業紹介所間の連携はうまくいかず、職業紹介所の国営論が有力に主張された。

　公立職業紹介が大きく前進した分野として、新規小学校卒業者の職業指導、職業紹介がある。1925年に内務省と文部省との連名の通達(「少年職業紹介に関する件依命通牒」)によって、職業紹介所と小学校の連携体制がつくられ、卒業前の児童のための職業相談、職業見学、実地研修、適性検査などを計画的に行い、それをベースに卒業後の就職あっせんを行うというものである。適職の判定は小学校が行い、具体的なマッチングは職業紹介所が担当する仕組みであり、こうした連携校は昭和初期に急速に拡大した。就職後の指導も活発で、訪問指導、就職者慰安会などが年中行事化した。しかし、こうした進展にもかかわらず、職業紹介所による小学校卒業者の就職あっせん率は低位に留まり(菅山(2011)によれば1936年で12%)、国全体に広まるのは、1938年の国営化後に持ち越された。このほか、注目すべき成果として、製糸女工の集団的な広域紹介の実現がある。紡績女工の募集人による弊害はつとに有名であったが、こうした悪弊を取り締まるに留まらず、募集人に替わって、送り出し地の職業紹介所と受け入れ地の職業紹介所が連携し集団的な移動紹介を行う仕組みが1928年に実現した。これが契機になり、以後、他の産業でも集団的な職業紹介が計画的に実施されるようになる。

（失業者救済事業の開始）

　大正末期には、失業者に職を与える失業救済事業が始まった。即ち、1923年の関東大震災の大打撃や1924年の対外為替の大暴落によって都市部では離職者が続発する一方、農業不振から職を探して都市部に流入する農村困窮者が増加する状況で帰農奨励策は全く機能しなくなった。1925年夏には大量の求職者が都会はにあふれ、職業紹介だけでは日雇求人の減少する冬季の乗り切りが困難と思われた。このため、政府は同年8月、冬季に見込まれる失業者を救済するため、六大都市において公営土木事業をおこすこととし、事業実施の大綱を定め、同年の冬季から六大都市において日雇失業者の失業救済事業を開始した。

　大綱は、事業について、不熟練労働者に適した事業を選び、労力費の2分の1を国庫が補助すること、働かせる労働者は職業紹介所の紹介による労働者とすること、支払う賃金は一般の賃金より低額とし、日々支払うことなどを定めた。事業は六大都市で時期は冬季に限られ、就労者は日雇失業者であった。この大綱の考えは、失業者に金品を支給するのは怠惰の風を助長するとしてこれを避け、働く場所を作り併せて失業者の労働力を活用するというものであった。冬季失業対策事業は1925年度に延96人ほどの失業者を吸収し、失業者の減少、労働者街の活性化に寄与したとされた。この事業は1928年

まで同じような形で続けられ、1929 年からは、地域や時期を限定せず施行されるように
なり、その後も改変されながら 1942 年まで続けられた。また、この際の大綱は、戦後の
緊急失業対策法により実施された失業対策事業の原型となった。

（4）　社会保険制度等の創設

（労働者災害扶助法及び労働者災害扶助責任保険法の制定）

　工場法や鉱業法の制定により、これらの法律の対象となる労働者には災害扶助の仕組
みが適用されたが、災害事故が多発する土木建築、交通運輸、貨物積卸及び土石採取等
の事業に従事する労働者は、災害扶助措置の対象外であった。このため、1927 年の田中
内閣当時から法案作成が準備され、再三、国会に法案が提出されたものの、審議未了な
どにより成立に至らなかった。この間、土木建築業者等から労働者災害補償について国
営保険によるべしとの意見が主張され、政府もかねてからその必要性を認めていたため、
事業主の扶助責任につき国営保険制度を採用する方式を採用することとし、関係業者団
体への諮問・答申を踏まえ、1931 年 4 月に「労働者災害扶助法」及び「労働者災害扶助
責任法」が成立し翌 32 年 7 月より施行された。

　「労働者災害扶助法」は、工場法、鉱業法の適用対象とならなかった石切業、鉄道、
軌道、土木建築等の事業を対象とした。扶助義務者は、法律に規定する事業（上記対象
事業）を行う者であるが、土木建築業に関しては請負関係が数次に分かれ責任の所在が
不明な場合が多いため、扶助の実効を期する観点から元請負人をその工事の事業主とし
た。また、土石採取事業、貨物積卸業についても、専ら同一注文者により行われる場合
には、同じく実効を期するため、その注文者も事業主とみなすこととした。

　次に、「労働者災害扶助責任保険法」は、同制度を労働者災害扶助法、工場法又は鉱業
法に基づく扶助責任を保険するものと位置づけ、政府管掌の国営保険として健康保険制
度とともに社会保険体系の一環とした。

　しかし、実際に保険を強制されるのは工事形態の特殊性から土木建築だけであった。
被保険者は労働者でなく事業主であり、事業主を保険金受取人とする責任保険として諸
外国に類をみない仕組みをとった。保険すべき扶助責任の範囲は施行令（第 2 条）によ
り、療養中 10 円を超える部分、休業扶助料中 8 日以後の休業につき支給する部分、障害
扶助料、遺族扶助料、打切扶助料と定められた。

　その後、災害保障関係の三法（工場法、鉱業法、労働者災害扶助法）の調整をはかり、
その不備を補正するため 1935 年に三法の改正が行われ 37 年 1 月から施行された。これ
により実質的に三法の内容的統一がはかられた。

（健康保険法の制定・施行）

　我が国の疾病保険制度は、もともと、欧州留学から帰朝した後藤新平が明治 25 年頃か
ら制度化を考究したのが始まりとされ、明治 30 年代の後半から工場法とともに農商務省
において検討されていたが、現実の問題として登場するのは第一次大戦後における労働

保護の動きの一環としてであった。この頃、労働者の傷病その他の事故に対する保護の必要性が高まり、1920年8月に農商務省工務局に設置された労働課において短期間のうちに健康保険法案が作成され、労働保険調査会の審議を経て、1922年4月に健康保険法が成立した。しかし、重要事項の多くが施行勅令に委ねられ、1920年に設置された内務省社会局の所管のもとで関東大震災後の1927年1月に漸く施行された。

　内容は、政府及び健康保険組合の2種とし、工場法または鉱業法の適用を受ける工場・事業場に使用される者を強制被保険者とした。保険給付の内容は、被保険者の疾病・負傷・死亡または分娩に関し、療養の給付または傷病手当金・埋葬料・分娩費もしくは出産手当の支給を行うものであり、業務上・業務外を問わなかった。費用の負担は、実施当初の保険料率は、100分の4で、被保険者及び事業主が原則として折半で負担し、国庫から事業の事務費にあてるための負担金が支出された。

　事業運営のため、内務大臣直轄官署として健康保険署が全国に設置されたが、後に地方に移管された。診療契約は、医師会、歯科医師会との間に請負契約を結び報酬は一括して日本医師会に支払った。政府管掌のほか、規模の大きい事業については健康保険組合が設立された。運営は、給付の増大により次第に保険財政の窮乏を招き、負担の増大を不満とする事業主の声や被保険者の保険悪用に対する攻撃、他方での保険医側の低医療費に対する不満の中で、収納確保、給付適正化の努力に努めかろうじて財政破綻を免れる状況であった。また、毎年度の政府と日本医師会との診療契約はしばしば紛糾し難航した。しかし、満州事変後は、軍需生産の増大により保険財政は好転し剰余金を積み立てる余裕が生まれた。

　なお、1930年代末になると、上記の労働者を対象とした健康保険制度のほか、農民（自営業者も含む）を対象とした国民健康保険法（1938年）、販売・金融等に従事するホワイトカラーを対象とする職員健康保険法（1939年、1942年に健康保険法に吸収）、船員を対象とした船員保険法（1938年）がそれぞれ制定され、戦前の疾病保険体制が完成した。

（失業保険制度に代わる退職手当法の制定）

　失業保険制度については、1934年のILO総会において「非任意的失業者に対し給付又は手当を確保する条約」が採択されるなど国際的に失業保険制度が要請される状況となり、我が国においてもそれに先立つ1932年に内務省社会局内に設けられた失業対策委員会において検討がなされたものの、戦前の段階では実現に至らず、それに代わる制度として退職積立金及び退職手当法が制定された。

　即ち、当初、同年8月に昭和恐慌による大量の失業労働者の救済方法について検討を行うために設けられた特別委員会（失業対策委員会の一委員会）内に、失業保険制度又は解雇手当等の金銭的救済方法の問題について研究するため小委員会を設置し、欧州主要国の失業保険制度の内容を基礎として審議を重ねた。

　しかし、失業保険制度は社会各方面に対する影響が重大であり、制度の内容について

もなお充分考究の必要があるとの結論に達し、将来の課題として先送りされた。実際には、我が国において労働者の足止め策として独自の発達を遂げた解雇退職手当制度の醇風美俗を広く普及し、その内容を合理化して労働者保護の目的を達すべきであるとの事業主の主張が強く、失業保険制度について賛意が得られなかったものである。その後、小委員会では、事業主の意向も踏まえ、解雇手当制度について審議を進めたが、同制度は客観的に不明確な「事業主の都合による解雇」を前提とするため、労働者の死亡、自己都合退職等を含む退職一般に対して一定の標準によって手当を支給する退職手当制度の法制化に切り替えて検討を進め、事業主側の反対による修正を行ったうえ 1935 年 12 月「退職手当積立金法案要綱」を決定した。内務省は、同要綱を基礎として「退職金積立金及退職手当法案」を作成し、1936 年の第 69 回特別議会に提出し、同年 5 月に可決成立し、1937 年 1 月から施行された。同法の概要は、次のとおりである。

第一に、適用を受ける事業は、工場法、鉱業法の適用を受ける事業であって常時 50 人以上の労働者を使用するものとした。常時 50 人に達しない事業主は、所要の規程を作成して行政官庁の許可を受けることにより適用を受けることができる。上記事業に使用される労働者は、原則として適用を受けが、6 か月以内の期間を定めて雇用される者、日々雇い入れられる者及び季節的事業に雇用される者には適用されない。

第二に、退職積立金の制度を設けた。即ち、事業主は、毎月、労働者の賃金の中からその 100 分の 2 相当額を控除し、これを労働者の名義で積み立て、労働者が退職（解雇、死亡を含む）したときに、これを支払う義務を負う。事業主は行政官庁の許可を得、かつ労働者の同意を得たときは積立金を運用できるが、その場合は運用利子をつけて退職積立金を支払わなければならない。

第三に、退職金の支払いにあてるため事業主の積立金の仕組みを設けた。それには、退職手当積立金制度と準備積立金制度の 2 種があり、通常は前者の退職手当制度により、行政官庁の許可を得たときは、後者の準備積立金制度によることができる。前者の退職積立金制度の場合、事業主は労働者の賃金の 100 分の 5 以内に相当する額（負担能力により異なる）を積み立てなければならない。この積立金及び利子は毎年 1 回以上労働者別に計算し、退職手当支給に備えておくことが求められる。後者の準備積立金制度は、事業主が行政官庁の許可を得て退職手当支給規程を定めた場合において、その支給を確保するため、毎年一定時に一定の準備金を積み立てる制度であり、退職手当支給義務額の全額を積み立てることを要せず、毎年複雑な手続き計算を省略できる点に特色があり、相当な負担能力のある規模の大きい事業によって利用された。

第四に、退職手当の支給であり、本法の適用を受ける労働者は、退職した場合に、上記の退職積立金のほか、退職手当の支給を受けることができる。退職手当は、普通手当と特別手当の 2 種があり、普通手当は、退職した場合に一般的に支給される手当であり、支給額は、労働者の標準賃金、勤続年数、退職事由等、さらには、事業の負担能力によ

り異なる。特別手当は、事業の都合により解雇した場合に加算して支給する手当である。

第5節　学歴重視の風潮と企業内教育[130]

（1）　「学歴重視」と企業就職の拡大

　明治後半に近代的な学校制度が完成するのと並行して、「学歴重視」の風潮がひろまった。近代学校制度の移入は、元々、西欧の近代的知識の普及・伝達を図ることに加え、近代化の担い手となる優秀な人材の早急な創出を図ることを狙いとした。このため、行政官僚の任用制度、医療系や教員などの専門的職業資格制度について特定の学校で教育を受け卒業証明を取得した者に試験免除等の特権を与える仕組みがつくられた。それによって、昭和期に入る頃には、官僚や専門的職業はほぼ学校卒業者によって独占され、その限りで教育的選抜と職業的選抜が統合された。

　ただし、こうした官僚制や専門的職業資格に関して教育の選抜機能との関係が深いことは西欧諸国でも同様であったが、我が国に特徴的な要因がいくつかあり、それが大正から昭和にかけて我が国特有の「学歴重視」と激しい受験競争を生むこととなった。

　第一に、民間企業においても職員の採用にあったって早い段階から学歴を採用の重要な要件としたことである。しかも、企業は高学歴者を採用することに熱心なだけでなく、職員の間に学歴・出身校による階層を設け報酬や昇進などの面で優遇した。学歴や学校歴の差異が良好な就職の機会や初任給の違いを齎すことがわかるようになると[131]、企業への就職を目指す人々にとって、どのような学校を出るかが重要になり評価の高い学校への入学をめぐって競争が激化することとなった。

　第二に、我が国の高等教育は、それを構成する大学と専門学校、専門学校間でも官公立と私立の間に階層的な序列が形成された。我が国の教育制度は、西欧のようなアビツーアやバカロレアなどの資格制度がない仕組みであり、身分との結び付きのない純粋に選抜的な仕組みであった。そのため、高等教育は私的な性格を帯び、西欧の資格制度に替わって大学ごとの序列化・階層化が進行し、官立大学の卒業証書など学校歴が重視される仕組みが形成された。こうした帝国大学を頂点とする高等教育のピラミッド的序列は、単なる教育機関としての階層的な序列だけでなく、職業的機会の序列であり、かつ社会的な威信の序列ともなった。このため、階層的序列のより頂点に近い学校を目指す競争は、社会的な地位上昇と威信の獲得競争の色彩を帯びた。

　第三に、我が国の高等教育機関の卒業者は、当初、圧倒的に旧士族出身者で占められたが、産業化の進展した明治後期になると職員層の需要が拡大し、卒業者の目指す職業

---

[130] 本節は主に、次の著書を参考に執筆した。天野（1986）（2006）、黒羽（1994）、隅谷（1977）、協調会（1936）、文部省（1972）（1986）、豊田編著（1982）。

[131] 同じ正社員でも「学校歴」によって、初任給に明確な格差がつけられた。例えば、三菱系の企業の場合、昭和5年において、帝国大学・東京商科大学 80 円、慶応・早稲田・神戸高商 75 円、地方高商・中央・法政・明治 65〜70 円、その他私大・専門学校 50〜60 円であったとされる（天野（1986））。

も官公庁から企業の職員層に向けられ、高等教育機関への進学者の主流は旧平民層に移った。ただし、教育機会は当初から広く一般大衆に開かれていたものの、中等教育以上は教育費が相当程度かかり、高等教育を受けられる者はある程度の資産を持った家庭の子弟に限られた。実際には、地主・富農層の余剰人口である次三男が大都市に移住して俸給生活者となる道を選ぶケースが増え、高等教育の裾野は大きく広がった。

第四に、上記の結果、我が国の高等教育は、大学、専門学校ともに、大正から昭和の時期にかけて従来の専門的職業人の養成機関から企業の必要とする職員層の養成機関へと、その構造を大きく変えた。それは、企業が身分的な秩序を整備し、新規学卒者の定期採用をはじめた時期でもあった。企業は学校に新規学卒者採用の申し込みをし、学校は就職担当の課や係を設け企業の要請に応え、時に第一次選考を行うなど相互に緊密な結びつきを持つようになった。もっとも、この頃になると、企業の組織は大規模かつ官僚化し、組織を運営する独自のノウハウが形成され、高等教育機関の教育内容と企業内の知識・ノウハウとの関連は薄くなった。このため、各企業は新規学卒者を潜在的な幹部候補者として採用し、その中からする幹部を育成・選抜する方式が定着した。

こうして、高等教育は、産業・企業の発展にあわせ増加し続ける職員層を供給する役割を担い、産業と企業の円滑な発展に貢献した。また、高等教育は、社会的な上昇移動を目指す人々にとって社会的な地位と職業を獲得する開かれた手段としての性格を強めた。それによって受験競争は激化したが、分厚い職員層を生みだし、都市の「新中産階級」の形成と再生産をもたらした。

（2）　企業内養成と実業教育

第一次世界大戦を迎えると、殺到する軍需品の注文によって非常な好景気になり、職工数が飛躍的に増加した。実業教育への要望は強くなり、幾多の実業学校が設立され、大正年間を通じ、2～3倍程度に急拡大した。また、実業学校以外にも、近代的な機械的工業の発展に伴って、大正末～昭和期にかけて、多くの工場で、かつての徒弟教育に代わる「企業内養成機関」が増加した。

昭和初期には、不況に伴う産業合理化によって技能工は解雇される傾向となり、企業によっては市場から技能労働者を調達する動きが生じ、一旦、「企業内養成施設」は減少する。やがて、不況を切り抜けるうえで製品の質の向上と生産の合理化をはかるため、知的能力を備え新技術に柔軟に対応できる能力を持った技能工を一定確保する必要が自覚されると、再び増加に転じた。昭和初期における普及状況は、文部省調査（「会社工場従業員数教育施設調査報告昭和」5年）を行った機械器具製造業工場61のうち、企業内教育施設を持つものは21に及んだ。

そのタイプは、①工場内に独立した教育施設をつくり、学科授業と実習の双方を組織的な教育機関を設け実施するもの、②工場内に独立した施設を持たず、作業場において通常作業に従事しながら随時先輩指導者から技能習得上の訓練を施すに過ぎないものを

両極とし、その中間型として、③学科授業については特に教室を設けて実施するが、技能については特別の実習を行わず実地作業を実習とするもの、④実習については③と同じく実地作業を実習とするが、学科事業について、外部の公立学校（実習補習学校など）に委託するものがあった。①のタイプは、独占大企業に限られ、多くは③のタイプであった。企業にとって、これらの養成施設を設けることは、進学できない地域の優秀な若年労働力を集め育成することができ、優れた基幹労動力の確保・定着につながるとともに、忠誠心の高い「子飼い労働者」の育成により温情的な労使関係を確立するうえで大きな効果を持った。

他方、実業補習学校の多くは、設備が不十分であり、かつ、実践的な技能実習の水準も様々であった。都市部の中には立派な施設・設備を擁し企業からの委託を受ける学校もあったが、多くは、貧弱な施設・設備で、小学校の補習を行う程度であった。大正15年の改正により、実業補習学校は、「徳育」を行う役割を担うこととなり、昭和10年（1925年）には、青年学校に統合された。

（3）　青年訓練所及び青年学校の登場

明治末から大正期にかけて、地域の青年団の振興策が講じられたが、文部省は軍部の要請を受け、青年団を勤労青少年の補修教育機関として発展させる考えのもとに実業補習学校を青年団との緊密な連絡のもとに運営する方策をとった。大正15年（1926年）には、さらに発展して、勤労青年の軍事訓練を目的（「青年ノ心身ヲ鍛錬シテ国民タルノ資質ヲ向上セシムルヲ以テ目的」青年訓練所令）とする青年訓練所が設けられた[132]。青年訓練所は、全国の市町村及び企業に設置され、公立のものは実業補習学校または小学校に併設されるのを常例とした（私立として工場の青年訓練所も置かれた）。多くは専任職員をおかず、小学校長又は実業補習学校長が主事にあたり、教員や在郷軍人を指導員に委嘱するという簡約なものであり、教育課程も教練を除けば実業補習学校と重複する面が多かった[133]。

昭和10年（1935年）には、青年訓練所と実業補習学校の両者が統合されて青年学校となった。それは、昭和6年（1931年）の満州事変以降の「国家総力戦体制づくり」のムードの中で、勤労青年男女に対し軍事要員としての一層の組織的訓練を求めたものである（黒羽（1994））。その目的は「心身を鍛錬し、徳性を涵養する」ことと「職業及び実際生活に須要なる知識を授け、以て国民たるの資質を向上せしめる」ことであり、普通

---

[132] 青年訓練所の設立は、軍部の文部省への働きかけによるものであった。軍部は、大正期から青年団を軍・官僚の統括下に置き、丁年前の20歳までの団体訓練を行っていたが、デモクラシーの声におされ青年団を自主組織に改めるとともに、軍事計画を縮小せざるを得なくなり、その欠けたところを徴兵検査前の青少年に対する軍事教練によって補う考えのもと、当時の補習教育の必要性を説く声に乗じて、文部省に働きかけを行ったとされる（隅谷（1977））。

[133] 青年訓練所の訓練項目が兵役を中心にして組織されるのに対し、実業補習学校は産業あるいは職業教育を基礎として考えたため、両者間に指導精神の統一がなく、かつ、これが同一の機関、同一の指導者を通して行われたため運営にかなりの無理があった（協調会（1936））。

科（尋常小卒後2年）、本科（普通科卒または高等小卒後、男子5年、女子3年）及び研究科（本科卒後1年）が設けられ、本科の科目として、修身・公民科、普通学科、職業科が定められた。教育・訓練の総時間数は実業補習学校の標準に近く、各年間の時間数は低く抑え、年限を長く教育・訓練に充てる方針がとられた。内容は、従来にも増して教練科の割合が多く（約4割）なり、技能教育の要素よりも兵力の基礎訓練の要素が強くなった。同訓練所は、昭和14年（1939年）には、約19,000校（大部分は公立、企業内校など私立も昭和17年約3,000校に増加）男子生徒約134万人、女子生徒約80万人に達した。

　さらに、軍国主義体制の整備に併せ、昭和14年の青年学校令改正により青年学校は就学義務制とされた[134]。この措置により、熟練工の不足に対処することも兼ねて、私企業・工場において工場青年学校が急速に普及した。しかし、同年には、既に工場技能者養成令が施行されており、経営者・工場主は、両制度の規制の間で混乱をきたすことになる。それでも、大工場では、青年学校令により青年学校を工場・鉱山に付設し、業務の都合に合わせ積極的に活用するところが少なくなかったが、中小企業では自前の施設の設置は無理なため、公立の青年学校を利用したものの、勤労青少年の実態にそぐわず形骸化した。

---

[134] 改正青年学校令は、「年齢満12歳ヲ超エ、満19歳ニ至ル迄ノ男子ハ（上級学校進学者ヲ除キ）ソノ保護者ニ於テ之ヲ青年学校ニ就学セシメ義務課程ヲ履修セシムルコトヲ要ス」（第12条）とし、さらに、「義務就学者ヲ使用スル者ハ其ノ使用ニ依リテ義務就学者ノ義務課程ノ履修ヲ妨グルコトヲ得ズ」（第17条）として雇主の理解を求めた。

第5章 戦時体制・統制と労働の状況

第1節 戦時労働の全体的状況

（戦時体制初期）

1931年の満州事変以後、軍需の膨張によって労働力需要が増加し始めた。特に、1937年の日華事変以後は、雇用量と需要が激増するとともに賃金は半年間に2割以上も上昇した。1930年代半ばには、人手不足は顕著となり、新卒者だけでは労働力不足を埋めることはできず、工場間での職工の奪い合いと移動は激しくなった。また、軍需急増による物価上昇は国民生活を苦しめ、高い賃金を求めての移動が益々活発化し、生活難からの争議行為も頻発した。

（国家総動員体制）

こうした状況の中で、1938年5月の国家総動員法の施行を皮切りに勅令により矢継ぎ早の戦時政策が開始された。即ち、雇用面では1938年に職業紹介所を国有化し、戦略的重要部門に労働者を送り込む体制を作るとともに、鉱工業などの重要部門に技術者や熟練工を確保するため、雇い入れや移動の制限の措置が取られた。また、賃金面では、賃金統制令（第一次）により賃金規則の作成・届け出の義務化と重工業労働者の初任給の公定などの抑制措置がとられた。

さらに、労使関係面では、皇国興隆と貢献を旗印に労働争議を未然に防ぎ生産性を向上させるため、労使一体の産業報国を目指す国民運動として「産業報国会運動」が展開される。具体的には、通牒により、事業所単位の産業報国会に労資懇談会が設けられ、能率増進、待遇、福利、共済等について事業場労使の意思疎通と相互理解・協力が図られた。同時に労働総同盟は産業報国会に吸収され自主的解散に追い込まれた。

しかしながら、インフレと労働者の移動は容易に収まらず、1939年には戦時政策は一段と企業への介入を深めた。雇用面では労働移動の制限から直接的な労働力の動員に移り、技術者や熟練工を登録する「国民職業能力申告令」や「国民徴用令」が定められ、国民動員計画が数次にわたって作成・実施される。賃金についても第二次統制令によって、労働生産性の向上と生活安定の観点から年功的賃金制度や賃金総額制などの賃金制度に介入するようになった。

（戦争段階から終戦に至る政策）

戦争段階に入ると、壮年男子は兵役に取られ、労務動員計画は「国民動員計画」に改められ、女子及び学徒の動員を含め労務しうる国民全般の徴用が徹底される。

賃金・労務については重要事業場管理令が定められ、基幹産業について政府は必要に応じた就業条件に関する命令権など企業の労務管理に介入する極めて広範な権限が政府に与えられ、生活の安定を図るため、昇給時期、昇給率、最低と最高に至る細部にわたる記載例が示され事実上、年功的賃金・昇給制度が定着した。

また、労働組合の解散によって争議が減少する一方、軍需産業等の生産性向上が喫緊の課題となり、産業報国会の性格が変化する。即ち、1940年11月国家生産力増強の使命を担って「大日本産業報国会」が結成されると、1941年に事業場の単位産業報国会の最下部組織として「五人組」設置など部隊組織化によって生産力増強が図られる。戦時には生産増強のかけ声の半面、規律の弛緩が目立ち、産報は青年の生活指導や増産に向けた労務管理の性格が強くなり、1942年に大政翼賛会ができると産業報国会はその運動に吸収され、生産物資の配給機関に過ぎなくなる。

　戦争末期には、動員体制は中学程度以上の学徒や未婚女子（女子挺身隊）にまで及ぶが、空襲の激化による生産施設の破壊、人員不足、勤労意欲の低下により生産活動は機能しなくなる。需要の増大による物価の高騰により賃金統制は有名無実となり、国民生活は破綻し争議件数も急上昇する。こうした荒廃の中で終戦を迎えた。

第2節　戦時経済体制と企業改革
（1）　満州事変以後の戦時体制への移行

　1931年の満州事変以後、国際的な緊張が高まる中で、戦争勃発に備えた非常時体制が形成されていく。特に、1937年の日華事変後から本格的な非常時体制に入り、内閣資源局と企画庁が統合され、戦時経済の計画作成を直接担当する組織として企画院が設けられる。さらに、1938年には、国家総動員法が成立・施行されるに至る。戦時経済の計画は、戦時の要請に応えるため、生産・流通、消費、労働力などをすべて統制管理するもので、この計画に従って、貿易、産業、金融、労働面で次々に統制が実施されていった。

（2）　企業のあり方に係る改革

　企業の資金調達・金融面では、1939年に国家総動員法に基づいて施行された「会社利益配当及資金融通令」により企業の配当に制限が加えられ、さらに、1940年の「会社統制令」により配当統制の強化と役員賞与の規制が行われた。従来、企業の長期資金調達は、株式や事業債などの直接金融中心であった。しかし、昭和初期の金融恐慌に加え、上記のような配当制限によって株式市場からの資金調達は困難になり、長期資金の調達は、「共同融資団」や「金融統制会」などによる間接融資に切り替えられた。

　また、1940年発足の第二次近衛内閣においては、強い統制のもとに企業改革が進められた。具体的には、「基本国策要項」により官民協力による計画経済の遂行がうたわれ、12月「経済新体制確立要綱」が閣議決定された。同要綱では、国家統制の強化に止まらず、資本と経営を分離し、企業目的を利潤から生産に転換すべきことが強調された[135]。41年8月公布の重要産業団体令によって各種統制会が成立し、生産・資材の割当て、生

---

[135] この頃、企業の在り方を巡っては、企画院官僚と財界の間に激しい論争があった。企画院の資本と経営の分離や企業目的を利潤追求から生産に転換する考えに対して、財界は営利思想の排除は企業を委縮させ生産を減退させるとし、企業経営の目標が正当な利潤追求にある以上、高率の利潤であっても国家はそれを奨励すべきとした。

—113—

産状況のモニタリングが実施される。こうして、上記の配当制限や株主の権利の制約も含め、国家総動員体制のもとで、企業は、株主の利益追求のための組織という性格から、生産目的の共同組織という性格に切り替えられていく。

第3節　労働面の統制[136]

戦時体制になると、労働面でも政府による労働関係に積極的に関与し始める。1937年に施行された「退職積立金法及退職手当法」は、従業員50人以上のすべての企業に退職金及び退職手当（解雇手当を含む）の準備基金の積み立てを求めるものであり、関与の開始であった。1939年の国家総動員法から本格的な関与が始まった。同法は勅令により労働関係についての様々な規制をし得る広汎な権限を行政に委ねた。同法中「人的資源の統制」に関するものは、第4条（徴用）、第5条（国民協力）、第6条（労務統制）、第7条（争議統制）、第13条第2項（従業者の供用）、第21条（国民登録）、第22条（技能者養成）など多岐に渡る。以後厚生省の主導により多数の労働関係諸法令が公布され、労使関係に影響を与えたが、特に影響の大きな分野として、工場労働者の雇用・移動の制限、技能者養成、賃金統制による生活の必要に応じた賃金や支給のあり方の慫慂、企業における労使協調と産業報国会関係の労資関係の調整・生活維持策などが挙げられる。

（1）　労務統制（労働者の登録と労働移動の制限）と労働時間規制の緩和

初期の労働統制

（雇入れ・労働移動の制限）

日中戦争後の労働市場は、兵力動員と軍需産業の拡大などにより、それまでと打って変わって労働力の質・量両面での不足が深刻となり、熟練工や鉱工業系の学卒者の獲得競争の激化と労働移動の活発化が顕著になる。こうした中で、労働力の混乱防止と熟練工や技術者の確保を目的として、職業紹介制度は1938年の職業紹介法の改正（4月公布、7月施行）[137]によりに国有化され、労務統制へと漸次移行していく。

まず、1938年8月に学校卒業者使用制限令が出され、技術者の緊急部門に重点配備するため、鉱工業関係新規学卒者の割当雇入れ制が採用された。続いて、1939年4月には、「従業員雇入制限令」により、軍需工業などの技術者、熟練工の引き抜き・移動を制限するため、重化学工業及び鉱業関係の職種に従事する技術者及び労務者のうち一定の者の雇入れには原則として職業紹介所長の認可を要することとされた。また、1940年2月

---

[136] 本節は主に、次の著書を参考に執筆した。桑原（1979）、労働省（1961）、渋谷（1958）、法政大学大原社会問題研究所編（1964）、ゴードン（2012）、孫田（1965）、菅山（2011）、厚生省労働局（1940）。
[137] 職業紹介法の改正内容は、①職業紹介事業は政府が所管しその目的は労務の適正配置を図るためであること、②職業紹介事業にあわせて政府は職業指導、職業補導その他の事項をも行うこと、③国以外が行う職業紹介は原則的に禁止し特殊な職業紹介事業、許可を受けているものに限って過渡的に認めること、④労務供給事業、労務者募集は許可主義による、などであった。なお、職業紹介所は、戦局とともに労務動員業務が中心になり、その名称も「国民職業指導所」（1941年1月）、「国民勤労動員署」（1944年3月）へと順次改称された。

-114-

に公布された「青少年雇用制限令」は重要産業での若年労働力確保のため青少年の不急産業への雇入れ規制を行った。

しかし、これらの規制も厳しい労働力不足の実態下での激しい労働移動の動きを抑えることができず、11月に「従業員雇入制限令」に替わって公布された「従業員移動防止令」は、移動を制限する対象者を拡大するとともに、移動勧誘行為の禁など規制を強化した。さらに、1941年3月には「国民労務手帳法」が公布され、労務手帳の保持・提出を義務付けることにより労働者の移動防止が一層、強化された。

また、1938年の職業紹介法の改正により、職業紹介所を国有とし、戦略的重要産業へ労働者を送り込む体制を整え、各企業に地域を指定して政府が割り当てた人数を新規労働者として採用する仕組みを作った。これによって、学校を介して従業員を募集する方式が広がっていった。

（労働力確保対策―国家総動員法に基づく労務動員計画）

労働移動の制限によっても労働力不足の深刻度は増し、労働力確保対策は労働移動の制限から労働力動員へと展開する。まず、生産力の拡充と労働力の適正配置の前提として、国家総動員法21条による「国民職業能力申告令」（1939年1月）が制定され、一定の有技能者（技術者・技能者）について職業能力についての申告義務を課す（罰則付き）登録制度がつくられる（同時期、別途、医療関係者、船員等の職業についての申告登録制度もつくられた）。次いで1939年7月には「国民徴用令」が制定・公布され、国民登録者などの徴用の道を開き、同年10月には登録者以外にも拡大した。1939年7月に労務動員計画（第一次）が策定され、以後、軍需産業、生産拡充産業、生活必需品産業等に対する労働力の重点的、計画的充足が図られる。1940年、1941年と労務動員計画は強化される。

（労働時間規制の緩和―工場法の例外措置）

戦時体制への移行とともに軍需生産力の急速な拡大を図る必要があったが、成年男子が兵力に徴用されたため、女子・年少者を労働力として活用する必要が生じた。このため、政府は、1937年7月に社会局通達「軍需品工場ノ年少者及女子労働者ノ就業時間並休日ノ取扱ニ関スル件」を発出し、「今次ノ北支事変ニ関シ急速ニ軍需品ノ製造ヲ為ス必要アル工場」については軍部の証明があれば工場法第8条第2項（保護職工の就業時間及び休日の制限）の緩和を許すこととした。しかし、規制緩和の結果、長時間残業の蔓延により労働者の健康状態の低下と労働災害の増加によって軍需生産の増大に支障をきたすようになると、社会局は通達「軍需品工場ニ対スル指導方針」を発し、労働力の維持と生産能率の増進による生産力の維持・増加を図るため、「過長労働時間ノ抑制、産業災害ノ防止、健康の保持ニ努ムルコト」とし、1939年3月には、それを法制化した（「工場事業場制限令」）。その内容は、厚生大臣の指定した機械製造業、船舶車両製造業、金属製品製造業などで、16歳以上の男子職工に1日12時間の就業時間の制限と就業時間が

6時間を超えると少なくとも30分、10時間を超えると1時間の休憩、さらに月2回の休日を与えるべきことを定めた。

（勤労動員の徹底と崩壊）

その後の戦争段階に入ると、国民徴用と勤労動員が本格化した。「青少年雇入制限令」と「従業員移動防止令」を統合した「労務需給調整令」（1942年1月実施）は、移動制限政策から重点的な労務配置政策へ一段階進んだ。同令は、厚生大臣指定の重要な工場・事業場の従業員について、退職・解雇の場合にも国民職業指導所長の許可を必要とするとして移動制限を徹底した。開戦期の1941年10〜12月にかけて「国民能力申告令」「国民徴用令」が改正され、1942年1月から国民登録すべき者と徴用によって従事させる総動員業務の範囲を拡張して殆どすべての労働力を網羅することとなった。

また、既存の労働力以外に、14歳以上の学生、配偶者のいない女子、中小商工業者等を含む短期任意（半強制）の動員（1941年11月「国民勤労報国協力令」）や朝鮮人労働者の集団的移入（1942年から）、中国人労働者の集団的移入（1942年末から）が進められた。

1942年度の第四次計画から名称が「国民動員計画」に改められるとともに、動員範囲は労務者だけでなく実質的に勤労しうる国民大多数の動員が計画された。戦局が進むにつれ、労働力の確保や適性配置と並び、労働能率と労務管理にも焦点が当てられ、1942年に重要事業場労務管理令が公布・施行された（2月）。同管理令は、総動員上重要な工場・事業場について、生産能率の最大限発揮のため、就業時間・賃金等の労働条件の特例を認め、代りに適用工場・事業場ごとに「労務監理官」（原則、地方労務官を当てる）を配置して具体的な指導・監督に当たらせた。

さらに、1943年の「生産増強勤労緊急対策要綱」（閣議決定）は、「国民皆労働体制の整備強化」と「皇国勤労観の確立」をうたい、以後の労務関係勅令の相次ぐ改正により、女子及び学徒の動員を含め労務国民徴用の徹底的強化が図られた。1943年6月に中学校3年以上の生徒の勤労動員が開始され、9月から女子勤労挺身隊が同窓会・婦人会単位で軍需工場に女子を動員した。1944年には「勤労昂揚方策要綱」において労働力の質的培養・勤労能率の最高度の発揮が叫ばれたが、軍需産業等の労働力不足は決定的となり、労働の実質的基盤は失われた。1945年に、防空施設の建設、兵器生産、食糧増産などの緊急必要部門の労務充足に焦点を絞った「決戦勤労動員実施に関する件」が発表されたが、願望に止まり、労働の実施体制は既に崩壊していた。

（技能者養成制度）

これらの移動防止策と並び、1939年3月に制定された工場技能者養成令は、各企業に技能者養成制度を義務づけることを通じて企業内昇進制を拡大・制度化することとなった。同法は、年齢16歳以上の男子を常時200人以上雇用する（200人以下50人以上で厚生大臣の指定するものを含む）工場または事業場に対し命令をもって3年間の技能者の

養成を行わせるもので、毎年、厚生大臣が事業ごとに定める比率を当該事業場の労働者数に乗じて得た員数について養成することとした。養成職種は、大別すると、①金属工業及び機械器具工業関係職種、②金属鉱業及び石炭鉱業、③化学工業関係職種であった。養成期間は3年であり、この間、「徳性の涵養」毎年40時間以上、「学科の時間」養成機関中120時間以上、「実習の時間」養成期間中5,000時間以上と定められ、養成命令を実施した事業場には補助金の交付などの措置が取られた。

こうした技能者養成制度の実績は、昭和14年事業場数1,095、採用養成工数3.4万人を始めに、昭和18年には事業場数1,773、採用養成工数10.5万人、養成修了者数12.7万人まで拡大するなど、それまでの工場徒弟制度に比べ内容・方法において本格的・組織的ものであった。特に、養成修了者は量的・質的両面で戦時における機械工業の基幹労働力としての役割を果たすなど大きな実績を挙げた。しかし、戦争が激化すると、工場の幹部や役付工は目の前の生産に追われ育成・指導に注力できず、指導工も不足するなど次第に空洞化していく。加えて、養成工自体、一日も早く現場生産に従事させる必要から、昭和18年には期間1年の短期養成に短縮された。

（労働時間規制等の再緩和）

1939年に厚生省は、労働者の健康維持と生産力増強の必要から一旦、労働時間の規制の強化を行ったものの、戦局が厳しくなると、工場就業時間制限令について緩和する必要が生じ、太平洋戦争が開始された1か月後に出された通達（1942年1月）によって交代制の場合における就業時間制限が緩和された（交代日の時間延長を従来の原則6時間以内から予め届出れば12時間以内の延長が可能など）。さらに、翌1943年には、工場就業制限令も廃止され、同時に、工場法戦時特例と鉱夫就業規則特例が出されて、厚生大臣の指定工場（重要事業場労務管理令指定工場など）については、成人男子のみならず、女子や年少男子についても就業時間の制限や行政官庁の許可を条件とする危険有害業務への従事が認められた。

（２）　統制下における賃金・労務管理統制

（ア）　統制初期

満州事変以後、日本経済は軍需によるインフレ経済になったが、日中戦争に突入して、この傾向に拍車がかかった。特に、1938年からの物価上昇率は顕著であった。また、労働市場では、熟練労働者の不足による引き抜きが盛んになり、より高い賃金を求めて労働移動が活発となった。

このため、労働移動抑止対策と並んで賃金の抑制が課題となり、1939年3月に「賃金統制令」（第一次賃金統制令）が出された。同統制令は、金属・機械器具工業、鉱山などの重要産業を対象とし、①使用者（従業員50人以上）に対する賃金規則の作成と届け出の義務付け、②未経験労働者の初任給の公定、③賃金額と賃金形態についての変更命令などを規定するものである。このうち、②の措置は、取り敢えず、当時、最も賃金の高

—117—

騰した重工業労働者の初任給を抑制する狙いであり、使用者に対し雇入れ後3ケ月間、公定賃金（年齢別・男女別・地域別であり道府県の賃金委員会の諮問による）の範囲内の賃金の支払いを義務づけた。

　しかし、これらの規制が限定的でインフレ対策の効果がないと判断すると、1939年10月に、価格統制令に歩調を合わせ、「賃金臨時措置令」により重工業以外の産業にも1年間の賃金凍結を実施し、1940年7月には、「賃金統制令」を全産業に適用することに改めた。しかしながら、これらの賃金抑制策も、インフレと労働移動の抑制に殆ど効果を挙げることはできず、却って労働者の購買力の低下による生活苦を齎し、賃金統制のない産業への転職の増加を招く結果となる。

（イ）　賃金統制の展開

（第二次賃金統制令）

　第一次賃金統制令公布の1年後の1940年9月、政府は、「賃金臨時措置令」の期限切れを機に、改正令（「第二次賃金統制令」）を出した。第一次統制令がインフレ（及び労働移動）の抑制に的を絞ったのに対し、同改正令は、物価政策の一環としての賃金統制に止まらず、新たに労働生産性の向上とそのための前提となる生活の安定を図るため賃金制度にまで踏み込んだ。具体的な内容は、①最低賃金（男子20歳以上40歳未満、女子20歳以上30歳未満の労働者）の導入、②経験工最高初給賃金（40歳未満）の公定、③平均時間割賃金の公定と賃金総額の制限である[138]。①、②は、生活の安定のため、性・年令階級・地域によって異なる最低賃金と初給最高賃金を定めたものである。③は、性・年齢階級・業種・地域ごとの平均時間割賃金を公定し、それに総就業時間を乗じた額の合計金額の範囲内に雇用主の支払う賃金総額を制限するものである。四半期ごとの賃金総額が制限金額を上回る場合には、予め地方長官の認可を得ることが必要とされたが、労働者の「平均年齢が高い」「能率が高い」「新たに家族手当を支給する」など相当の理由がある場合には例外として認可された。

　上記のように、改正令は賃金総額を制限するのみで個々の労働者の最高賃金を制限するものではなく、企業が能率刺激給や諸手当など独自の賃金要素を導入する余地を残す弾力的な仕組みであった[139]。このため、熟練工が払底し労働力の質が低下しながらも厳しい増産が要請される現実の中で、士気を高めるための能率刺激級や諸手当の割合は次第に高まり、統制令の生活の安定を重視した賃金制度導入の狙いは期待はずれに終わっ

---

[138] このような平均時間賃金の考え方が取られたのは、我が国では、職種別賃金率が労働力取引の単位として社会的に明確に確立しておらず、企業規模、年齢、勤続年数によって大幅な賃金格差がある現実の中で、職種や熟練度別の賃金率を統制の基準とすることができなかったことも一因であると思われる（法政大学大原社会問題研究所編（1964））。なお、一応の職種別賃金の存在する建設業や日雇いについては、上記の仕組みとは別に、最低及び最高賃金が職種ごとに決定された。

[139] ただし、賃金統制令第18条は、「厚生大臣ハ賃金委員会ノ意見ヲ聴キ賃金算定方法又ハ賃金支払方法ニ関シ賃金統制上必要ナル命令ヲ発シ又ハ処分ヲ為スコトヲ得」としており、過度に刺激的な賃金制度などについては、当局による規制の余地があった。

−118−

た。しかしながら、統制令の狙いであった生活の安定のために年齢階級に応じ上昇する賃金制度の考えは、後に戦後の労働組合の賃金要求の基盤となる。ことに、その要求方式として、ベース賃金を基礎とした賃金総額を巡って交渉を行う方式は、統制令の方式に倣ったものと言われる。

（重要事業場労務管理令―定期昇給の始まり）

1942年2月勅令として公布された「重要事業場労務管理令」は、企業のホワイトカラーを含めた労務管理に介入する極めて広汎な権限を政府に与え、戦時労使関係を左右する効果を齎した。その主な内容は、次のようなものである。

①重要事業場の事業主は、従業規則、賃金規則、給料規則、昇給内規を作成し、厚生大臣の認可を受けなければならないこと、

②厚生大臣は、必要ありと認める時は従業員の使用・解雇・退職・賃金その他の従業条件に関する命令及び従業者の厚生施設に関する命令を為し得ること、

③重要事業場は、工場時間制限令、賃金統制令の適用を受けず、各事業場の実情に即した就業時間、賃金を採用しうること、

④厚生大臣は、高等官中から労務管理官を任命し、同管理官は、厚生大臣の指示を受け担当重要事業場の労務管理に関する監督指導を行うこと、などである。

この管理令を実施するため、厚生省は、運用方針及び記載例を作成し、労務管理の細部に至るまで指導できる体制をとった。これらのうち、特に、影響の大きな項目として、昇給に関する事項がある。昇給に関する規則は、対象となる期間、昇給の最高額・最低額と平均金額が明記されていなければならなかった。また、管理令の運用方針や昇給内規記載例は、昇給は年2回、全労働者を対象とすることが規定され、日給の年平均昇給率は5％以上であること、昇給額は、最高と最低の範囲内であるべきことを定めた。このため、当局の指導によって、各企業は、欠勤者や懲戒を受けた者を除き、毎回全員を昇給させるようになった。　同管理令は、1943年には、他産業にも適用された。これによって、全国的に、勤続による定期昇給の仕組みと年功序列賃金が広がったとされる（ゴードン（2012））。

なお、同令が実施されるまで、ブルーカラーたる労働者（工員）を対象とする政策（賃金政策など厚生省所管）とホワイトカラーたる職員を対象とする政策（俸給政策など商工省または大蔵省）は分かれていたが、同令によって対象者は従業員全体に統一された[140]。

また、1943年6月に政府の中央賃金専門委員会が決定した「賃金形態に関する指導方針」は、「賃金は労務者及び其の家族の生活を恒常的に確保すると共に勤労業績に応ずる報償たるべきものとす」とし、「定額給を以て賃金の基本とし生活の恒常化を保持せしめ・・・労務者の性・年齢及び勤続年数に応じ定額給を定め、人物・技能・勤務成績等

---

[140] この頃、企業内においても「事業一家職分奉公」の旗印のもとに戦時体制に即応すべく、「職工」の呼称を「工員」に改めるなど職員と職工を従業員として統一しようとする動きがあった。

−119−

に対し右の基準額に一定の許容額を設くること」との方針を示し、明確に生活給を志向した。さらに、同方針は、定額給として職員と同様の「工員月給制」も提唱しており[141]、実施には至らなかったものの、工・職一体の生活賃金のあり方を示すものとして注目される。

（複雑な手当制度の普及）

我が国企業の賃金制度の特徴の1つとして、家族手当、住宅手当、物価手当などの複雑な手当制度がある。第一次大戦中には、米価騰貴に際して飯米手当など特別手当の支給が広く行われたが、次第に消滅し、1930年代初めには、特別手当を支給する企業は限られた（機械工業の統計）。しかし、1937年から1940年にかけ、急激なインフレの進行と法令の影響（手当を賃金統制の適用除外とした）により、ホワイトカラーを中心に、各種手当が出されるようになった。労働市場での競争激化に伴い、経営は、高い賃金手当を出す簡便な方法として手当を支給することが広まっていった。

急激なインフレにより生活が益々逼迫する中で、1940年2月に出された通牒（「扶養家族アル労務者ニ対シ手当支給方ニ関スル件依命令通牒」）は、賃金臨時措置令による賃金凍結の例外として、月収70円未満の労働者に対し14歳未満の扶養家族1人につき月額2円の「臨時手当」（家族手当）の支給を認めた。その後、臨時手当は、数次にわたり、扶養家族の範囲の拡大、手当の増額、受給労働者の範囲の拡張がなされた。

さらに、1942年の重要事業場労務管理令は、家族手当を含めた諸手当の普及を一層推進した。同管理令第13条は、厚生省が雇用主に対して賃金だけでなく手当についても指令を出す権限を認めた。モデルとなった賃金記載例には、残業手当、夜勤手当、休日手当、休業手当などのほか、家族手当、軍事訓練手当など各種手当が記載された。こうした厚生省の半ば強制的な指導により、1945年までの戦時期に、企業の間で諸手当が賃金の重要な構成要素となっていく。

（福利厚生制度の発展）

戦時中には、日本的雇用慣行の特徴の1つである企業における福利厚生制度も発展した。1930年代末から、逼迫する労働力の確保のため企業は福利厚生制度の拡充を図るようになっていたが、1940年10月の会社経理統制令が福利厚生関係の経費（健康保険、退職金、安全・衛生施設など）の制限枠拡充を認めたことを契機に、産業報国会の積極的取組と相俟って福利厚生制度は、大企業において普及するようになる。さらにその動きを進めたのが、重要事業場労務管理令である。同管理令は、福利厚生について、一定規模以上の事業主による整備を強制した。具体的には、従業員の教育訓練、体育、食事、応急診療、乳幼児保育所など多岐にわたる事項の整備について規定している。これらの

---

[141] 当時の労働者の賃金形態について、孫田（1965）は厚生省労働局（1940）の「工場・鉱山に於ける賃金形態」を用いて、男子工場労務者の場合、52％が定額日給制、27％が出来高払制、12％が時間請負制であり、定額の月給制は0.3％にも満たなかったと指摘している。

規定によって、福利厚生措置は、従来の温情主義による付加的な性格から義務的な性格のものに変化し、企業において様々な福利厚生措置が定着した。

（ウ）　戦争末期の賃金

1943年になると、根こそぎ動員による労働者の絶対的不足が露わになり、技能のある労働者を早く作業に就かせるため、最高初給賃金の適用期間が短縮された。また、同年6月の賃金統制令の改正では、平均時間割賃金を基礎とする総額制限方式とは別に、「緊急産業」については生産力増強、能率向上の見地から必要な場合、賃金規則、昇給内規等の許可制による総額制限の超過を認めることとされた。これによって賃金統制令の重要な一角が崩れた。1944年になると、賃金統制は、益々有名無実化した。特に、日雇労働者について、その傾向は著しく、動員の実施による不足と空襲の激化に伴う需要の増大などによって、統制による賃金の抑制は全く破綻するに至る。

（３）　産業報国会と企業共同体
（ア）　産業報国会

1930年代後半には、戦時体制が採られ軍需産業の生産を高めることが急務となる一方、労使関係が不安定となり労働争議が急増した（1937年には前年の7倍にも達した）。このため、労資一体による産業興隆の必要性が高まり、政府は、戦時体制における新たな労使関係調整のための仕組みとして、産業報国会制度を創設し、労資関係の一体化と進んで生産増強・国策に協力する体制とを整えようとした。

1938年2月財団法人協調会は「時局対策委員会」を設け、3月「労資関係調整方策」を発表した。その内容は、事業者従業員が一体となって事業者従業員各自の職分によって結ばれた有機的組織体である産業を発展させ、国民の厚生を図り、皇国の興隆、人類の文化に貢献するとの考えに導かれたものである。7月に要綱が決定され、同時に労資関係の指導精神の普及を図る「官民一致の国民運動」の推進機関として産業報国聯盟が創立された。

これを契機として、内務省及び厚生省の指導と相俟って、企業内において、工場、事業場ごとの単位産業報国会の組織化が急速に進んだ。大企業では、工場委員会などの既存の企業内組織を統合する形をとり、中小企業においては、厚生省労働局、内務省警保局を中心とした官僚による設立奨励がなされた。各都道府県警察部は、昭和初年以降、労働争議の調停（労働争議調停法によらない事実上の調停）に積極的に関与し、その経験を通じ各企業の内部に労資の意思疎通機関を設ける必要性を認識するようになっていた。1938年8月に、厚生・内務両次官より各地方長官にあてた通牒「労資関係調整方策実施に関する件」が発せられ、全国各地に産業報国会が組織されていった。組織化は急激に進み、1941年の組織労働者は529万人（従来の労働組合の組織労働者数は最高で1936年の42万人に過ぎなかった）を超えた。

こうした産業報国会の活動について、労働組合側の反応は、中間派の日本労働組合会

-121-

議系が積極的協力の立場から労働組合を解体し産報組織一本にまとまる方針を示したのに対し、右寄りの社会民主党系の労働総同盟は消極的協力の方針をとった。しかし、労働運動の指導者の多くは産報運動に追随・参加し、労働組合運動は次第に産報運動に吸収され、総同盟は 1940 年に自発的解散を余儀なくされた。残っていた労働組合も殆どが解散し産業報国会に吸収されていった。

　他方、産業界は、経営者の経営権のもとに、既存の労働組合を解散させ労働者を従属者とする労使利害の一体化論を主張し、官主導による上からの統制（労働組合の）に対し強い反発を示し、産業報国会をできるだけ「精神運動」の領域にとどめおこうとした。しかし、上記 1938 年 8 月の通牒や 1939 年 4 月の厚生省労働局長・内務省警保局長連盟の通牒（「産業報国会聯合会設置要綱ニ関スル件」）によって、各単位産報は、産業界に代わって、官側の統制のもとに置かれることとなった（大河内（1972））。

（イ）　大日本産業報国会創立と戦力増強

　労働組合が解散した後、国家総動員体制のもとで軍需産業等の生産向上が喫緊の課題となり、労務動員が本格化する中で産業報国会の性格も変化していった。1940 年 11 月 8 日に閣議決定された「勤労新体制要綱」は、勤労精神の確立と国家生産力増強の必要を強調し、全勤労者の創意と能力を発揮させ、「モッテ勤労動員ノ完遂ヲ期センガタメ勤労新体制ヲ確立スル」として、「資本、経営、労務の有機的一体タル企業経営体ニオケル勤労組織及ビソノ連合体ノ確立」を図るとした。その具体化のために、全勤労者を構成員とする単位経営体は、構成員の「職分ニ基キ協心一体トナリテ生産性を最高度ニ発揚スルコトヲ推進スル・・タメニ必要な事業ヲナス」とした。

　1940 年 11 月 23 日、上記の要綱を受け、実施団体として大日本産業報国会が結成され、産報運動は新たな局面を迎えた。即ち、労資一体・産業報国という目標自体は維持しつつも、重点は労資関係調整策から生産力増強策へと転換した。しかも、1941 年になると、動員の本格化に伴い、8 月に軍隊に倣った単位産業報国会の「部隊組織化」が図られ、「職制ノ区分ニ即シ段階的ニ之ヲ編成シ各職場別ニ最下部単位トシテ五人組制ヲ置クコト」とされた。これによって「職分ニ基ヅキ協心一体トナリテ生産性ヲ最高度ニ発揚」する要綱の考えは後退し、命令系統の一本化と規律の確立が図られる。同 8 月には「臨戦下産報運動の新目標」として、勤労秩序の確立、勤労総動員、生産力増強の三大目標に全事業を集中することが閣議決定され、県産報に通知される。こうした産報の部隊組織化の背景には、1941 年の労務動員計画において中小工業従事者や第三次産業従事者の転廃業措置が本格化し職場が激動の波にさらされ勤労意欲の低下が真剣に危惧される状況があった（菅山（2011）、佐口（1991））。

　1942 年の重要事業場労務管理令は、適用工場・事業場ごとに「労務監理官」（原則、地方労務官を当てる）を配置し、厚生省―労務官―企業労務担当者の系列により労務管理に係る具体的な指導・監督を行う体制をとった。これにより厚生省―県警察部―産報会

長の系列は脇に追いやられ、単位産報は増産申し合わせに係る労務管理面の下請け機関になっていく。また、1943年には、重要事業場令による労務官事務所の管轄が厚生省から軍需省に移された。同時に、軍需会社法により、軍需大臣は軍需会社を指定して、生産責任者―生産担当者―各級管理者の一元的職制組織を導入できることとなる。これにより、産報・懇談会は排除され、単に生活物資の配給機関に過ぎなくなり、大部分の懇談会も開店休業の状況となる。終戦後の1945年9月に大日本報国会は自発的に解散し、同年12月までに県産報と単位産報も解散した。

（ウ）　産業報国会活動の内容
（懇談会の設置と運営）

　産業報国会の活動は、当初、産業報国聯盟が中心になり、事業一家をスローガンに掲げ、産報懇談会の設置を推進した。これによって、職場における労資の話し合いによる諸問題の解決と協調の促進、さらには職・工身分差別の解消を図ろうとした。しかしながら、経営者の組織である全国産業団体聯合会が、単位産報を通じて聯盟が各企業に介入することを嫌ったこともあり、聯盟の活動は精神運動のレベルに止まった。それに替わって、厚生・内務両次官聯盟の通牒（1938年8月）は、労資一体産業報国の精神の実現のため、事業主従業員双方を含めた全体組織として事業場ごとの産業報国会に労資懇談の機関（委員会）を設け、能率増進、待遇、福利、共済、教養等の問題について「隔意ナキ懇談ヲ遂ゲ相互ノ完全ナル理解ト協力トヲ実現」することを勧奨した。

　上記の通牒に基づき、各事業場に産業報国会の設置に併せ懇談会も置かれたが、実際には、上記通牒の想定した懇談会とはかけ離れたものであった。多くの場合、労働者代表は会社の指名であり懇談会は自律的ではなかった。例えば、時期は不明であるが、103産報会について調べた産業聯盟の報告では、労務者委員の選任は、使用者の指名制72％、委員公選制10％、両者の組み合わせ18％であった。また、聯盟の調査によれば（「産業報国会における懇談会の運営」1939年9月）、54％は自由発言を許したが、議長は事業主側であり、事前提案は少ないうえ検討する余裕・資料に乏しいなど待遇改善に関する自由発言の余地は実質的に極めて限られた。争議件数は急増したにもかかわらず、戦争末期には単位産業報国会は形骸化し、争議の未然防止の役割を果たすことはできなかった。

（福利厚生・共済等の機能）

　なお、産報の重要な役割の1つとして、福利厚生、共済、教養などの問題があり、大企業の産報では極めて多様な活動を支援・運営した。具体的には、事業場一体一家の全員組織の理念のもとに、①青少年指導、②栄養改善方策、③体育に関する方策、④保健衛生に関する方策、⑤保育所の設置などの措置が講じられた。これらの措置は、企業を共同生活化し、事業場＝共同生活の場とし、工場生活と家庭生活の一体化を図ろうとする戦力増強の労務管理の一環であった。福利厚生施設も企業家による温情主義と異なる生産拡充政策の一環としての意味を持った。

第4節　厚生省の設置と社会保険制度の基盤確立[142]

　戦時体制へと進むなかで、1938年1月に内務省の社会局、健康局等を統合し、人口増加・国民の健康増進の役割を担って「厚生省」が発足し、健兵健民政策と並んで社会保険制度の確立・整備に力を入れた。

（1）　健康保険制度の確立・拡充

　まず、初めに同省の下で1938年4月に国民健康保険法が制定された（同年7月施行）。同法は、内務省時代に、昭和初期の恐慌と東北地方の農村を中心とする大凶作等による地域社会の不安（欠食児童の発生や婦女子の身売り等）に対し、貧困と疾病の連鎖を切断し、併せて医療の確保や医療費の節減を図るため、農民等を被保険者とする国民健康保険制度の検討を続けてきたものが、厚生省になって実を結んだものである。保険者は、組合（普通国民健康保険組合、特別国民健康保険組合）単位で設立でき、設立や加入は自由であった。また、保険給付には、療養、助産・葬祭給付があり、その種類や範囲は組合で決めることができるとされた。同保険制度は、被用者保険と異なり日本特有の地域保険の性格を持った。それによって、労働保険の範疇を超え戦後の国民皆保険展開につながる基礎が作られた（厚生労働省（2011））。また、1939年には、銀行等の会社や商店等で働く「職員」を対象とする職員健康保険法が制定されたが、同法は1942年に健康保険法改正により同法に統合され、家族給付等の法定化、診療報酬支払点数単価方式が導入された。

　その後、戦時体制に突入するなかで、「国保なくして健民なし」とのスローガンのもとに、人口増加・健康増進を目指す官製国民運動の一環として、1942年に地方長官による国民健康保険組合の強制設立や、組合員加入義務の強化などを内容とする国民健康保険法の改正が行われた。これを機に国民健康保険の一大普及計画が全国で実施され、1943年度末には制度の質的内容は伴わないものの、量的には市町村の95％に国民健康保険組合が設立され、1945年には組合数10,345、被保険者数4,092万人に達した。

（2）　公的年金保険制度の成立

　年金保険制度は、明治期の軍人や官吏を対象とした恩給制度に始まり、その後、教職員や警察官についても拡大し、1923年に「恩給法」として統一された。また、現業に携わる公務員に対しては、明治末期から各種の共済制度が創設された。その後、戦時下に物資輸送を担う船員の確保のため1939年に我が国初めての社会保険方式による公的年金制度として「船員保険制度」が創設され、1941年に「船員保険制度」に倣って工場で働く男子労働者を対象とした「労働者年金制度」が公布された。

　「労働者年金制度」は、健康保険制度の創設等に続き、戦時下の生産力拡充のための

---

[142] 本節は、主に次の著書を参考に執筆した。厚生労働省（2011）、近藤（1963）、菅山（2011）、藤林（1950）、孫田（1965）、ゴードン（2012）、法政大学大原社会問題研究所編（1964）、桜林（1985）、孫田（1972）、中島（1987）（1988）、晴山（2005）、平山（2014）。

労働力の増強確保を目的とした措置の一環であり、同時に、年金保険という長期の保険技術を利用して労働者の保険料を積み立て軍需資金調達の一助とする狙いを持った（近藤（1963））。その内容は、①健康保険法の適用を受けた従業員10人以上の工業、鉱業及び運輸業の事業所で働く男子労働者を被保険者とし、②保険料は労使折半、③老齢、疾病、死亡等を保険事故として、それぞれ養老年金（資格期間20年、支給開始55歳）、疾病年金、疾病手当金、遺族年金及び脱退手当金の5種類が給付された。同制度は、戦局悪化に伴う雇用構造の変化に応じ、1944年に、女子、事務職員にも適用されるとともに、事業所規模も従業員5人以上の事業所に適用拡大され、名称も「厚生年金保険」と改められた。

第5節　戦時労働体制の意義と影響

戦時労働体制は、国家総動員法を基盤とする数々の統制法令による強制的手法で、それまでの仕組み直接的に変えようとした。その範囲は極めて広汎であり、企業や勤労のあり方に始まり、労資関係分野での争議の予防、産業報国会の設置・運営、雇用分野での労働移動の制限や労働分配、企業内の技能者育成、賃金分野での統制と昇進・昇格、労働時間対策、職工身分差解消、福利厚生にまで及んだ。これらの施策は、極めて短期のうちに勅令形式により強権的に打ち出され、雇用システムのあり方に大きなインパクトを及ぼした。その影響は即効的な効果を持ったものもあれば、直ぐに効果として現われなかったものの戦後の混乱期になって実現したものなど現われ方は一様でないが、差しあたり次の点が注目される。

（1）　企業のあり方—コーポレート・ガバナンス

戦後に形成された日本型コーポレート・ガバナンスの原型とも考えられるのが、企画院の企業改革の考え方である。即ち、その考えは、所有と経営の分離・企業目的を利潤から生産の追求へと転換することを狙いとし、企業を国家に貢献する職分によって結ばれた生産人の有機的な共同体として捉えようとした。この考え方に基づき、1940年の近衛政権のもとにおける経済新体制・勤労新体制では、新しい勤労組織として、経営、労務の有機的一体たる企業経営体における勤労組織を構想し（勤労新体制要綱）、それが部分的に産業報国会運動にも反映される形となった。こうした考え方は、戦後の企業民主化論にも通じ、戦後期に、株主の企業経営に対する影響力が制限される一方、従業員を企業構成員として重視する日本型コーポレート・ガバナンスの成立にも影響を与えているとされる。（菅山（2011））。

（2）　日本的賃金制度—定期昇給と生活給等[143]

第一に、賃金制度の面で大きな効果を齎したのは、重要事業場労務管理令によって定

---

[143] この項は、主に次の著書を参考に執筆した。藤林（1950）。

昇制度が実施されたことである。それまでは、昇給は実施されたとしても不定期であり、かつ一定の基準はなく使用者の裁量によってなされるのが通常であり、対象者も大企業における一部のホワイトカラーに限られていた。しかし、同令により、大企業中小企業を問わず、また、ホワイトカラー、ブルーカラーを問わず、年に2回、定期的に昇給させなければならなくなり、その影響は大きかった。

第二に、終戦直後の賃金のあり方に大きな影響を齎したものの1つに生活賃金がある。皇国勤労観では、勤労者は国のために奉仕する替わりに、生活のための賃金を保障されるという考え方がとられた。こうした革新官僚主導の構想については、民間事業者の抵抗に加え、戦時の厳しい労働力不足と生産性の低下に対応するための企業における能率給の普及により実現に至らなかったものの、その考えは、戦後の混乱期における労働組合の生活賃金要求の発想に影響した。戦後の電産型賃金は、その生活給の考え方や算定技術を引き継いだものである。また、戦後の賃金要求のあり方に影響を及ぼしたいわゆるマーケット・バスケット方式も当時盛んに研究されたものが基となっている。

第三に、労職賃金格差の縮小と体系の一本化である。戦時中は、工場従業員に占める徴用工の割合が圧倒的となったが、徴用工の中には社会的地位の高い者や学徒動員の大学生も含まれるなど従業員の質が混合し、工員階級という社会的階層が拡散した。さらに、戦時末期には、「賃金形態に関する指導方針」のように、従業員すべてを月給制にして統一された職階性の中に組み入れようとする動きも起こった。こうした動きは、戦後の労務者、職員の身分と給与差別の撤廃につながる。

第四に、総額賃金規制とベース賃金の考え方である。戦時中の賃金統制の方式は、年齢別の一時間当たり平均賃金から全体の賃金総額を算出し規制するものであった。それは「総額賃金概念」と呼ばれるものであり、総労働者数ないし総時間数で割ると1人当たりあるいは1時間当たり平均賃金となり、職種や年齢から算定された基準的平均賃金即ち「賃金ベース」の比較という考え方を生んだ。こうした考え方は、賃金統制以前にはないものであり、戦後の物価算定のための業種別平均賃金1,800円の算定、さらには2,900円ベースなどの公務員給与算定の基礎となり、組合のベースアップ要求方式や人事院の官民給与比較方式など幅広く活用されることとなった。

（3）　産業報国会の機能と影響

産業報国会の機能・役割については、本来の設立の目的であった、①労資調整・争議予防の機能、②労働意欲・生産性向上の機能のほか、日本的雇用システムへの影響という点で、③企業別組合形態との関係などが注目される。これらについての評価は、戦後から近年に至るまで肯定・否定入り混じり様々な議論が重ねられてきた。

平山（2014）の整理によれば、①②については、肯定的な見解として、産業報国会は戦争の進展に伴い内容は空疎になったが、争議の防止という点では一定の効果を持ったとする見解（孫田（1965）、塩田（1982））や職場の「懇談会」が労使間の意思疎通と労

働意欲・生産性に関し戦時を通じて実質的な中核としての意味を持ち続けたとし一定の効果を見い出す見解（大河内（1971））がある一方、産報は、労働意欲・出勤率・生産性の向上を齎さなかったとの見解（ゴードン（2012））や部隊組織に再編された産報は逆に労資関係調整の機能を決定的に後退させたとの見解（西成田（1988））等否定的な見解も主張されている。

　また、近年は、産業報国会が発言機能を通じて労働者と企業の間の取引関係を管理する機能を担ったという仮説を統計的・定量的に実証し、産業報国会が労使関係の安定と生産性の向上に一定程度寄与したことを指摘した研究（岡崎（2005））も出されており、産業報国会の果たした機能については、なお、定まった評価はない。

　さらに、③企業別組合形態との関係では、大河内（1971）は、単位産報が全員加入方式に立って個々の企業・事業所ごとに大・中小を問わず全国的に設置され、それが子飼い労働者を中心に曲りなりにも戦時生産力を支える組織として運営された点に着目し、理念は全く異なるものの、戦後の労働組合は、その基盤と「組織」のうえに企業別に組織され、急速に勢力を拡大することが可能となった、としている。この見解に対し、仁田（2008）は、「過大評価」としつつも、「全く手がかりのない状況のもとで急激に労働組合を組織し、運動を展開するには、産報程度の組織でも手がかりとなりえた」と指摘している。実際のところ、昭和同人会編（1960）が、「戦後の労働組合が圧倒的に『企業別組織』となり、職員・工員丸抱えのユニオンショップで組合費の天引きにより財政的に成立し、企業の福利厚生に依存している事情は、そっくりそのまま戦時中の『産報組織』をひきついだものに他ならない」（同 p. 334）、と述べているように、両者の類似点が多いのも事実である。

第6章　要約とまとめ

第1節　江戸時代の働き方と市場の構造

　江戸期の働き方は、奉公関係によって律せられたが、長い年月を経て形成された働き方や労働市場の構造・特性は、明治維新における制度変革によって直ぐに変化したわけではない。特に、次の点は、明治以後の雇用関係や労働市場のあり方に少なからぬ影響を与えていると思われる。

　第一に、労働市場の性格に係る問題である。労働市場の形成については、西欧諸国では、ギルドのような職人組織が大きな影響力を持った。この点、我が国の職人親方の集まりである「仲間」や「同業組合」は、領主に従属的で自律性を欠きかつ厳格なクラフト規制力を欠いた点で、ヨーロッパの職業ギルド組織と性格を異にした。明治期における労働組合は、緩やかな職能別組合であるとされ、職種別の横断的労働市場を規律する力を持たなかったが、その前史において規制力を持った職能横断的な組織の基盤を欠いたことが少なからず影響したと考えられる。

　第二に、職人の社会的ステータスである。上記とも関連するが、「仲間」の制度や「徒弟制度」は、職人の「熟練」を社会的に資格づけ・公証し、その社会的地位を確立する役割を果たせなかった。特に、江戸末期になると、「徒弟制度」の規制は緩み、賃労働の普及とともに鑑札のない臨時の職人が跋扈するなど職人の地位・影響力の低下が顕著となり、職人の労働市場は不定形で流動的な雑業へと連続する労働市場に飲み込まれた。こうした傾向は明治以後もさらに進み、職人は地位の低下によって蔑視の対象とさえなり、現場労働に対する低い評価や偏見が生まれた。

　第三に、商家大店において内部労働市場の原型が形成された。即ち、商家大店では、商品経済の発達とともに、組織の大規模化が進み、組織運営を支える担い手として、10歳程度の子供を丁稚として採用し、組織内部の長期にわたるOJTにより一人前に育て、昇進させる仕組みを発展させた。しかも、こうした人材の調達は、現地の採用ではなく、殆ど本家地域や分家・別家等のネットワークを活用した採用であるなど閉鎖的な仕組みであった。他方、奥向きの家事使用人等は、現地の「口入れ」あるいは「人宿」を通じて雇入れられる短期の賃労働であり、内部市場と外部市場の明確な区別が上方商家の人材調達・管理の特色であった。明治期に商家大店を引き継いだ財閥企業に代表される内部市場の発展にその反映を見る見解も少なくない。

　そのほか、江戸時代における教育のあり方も注目される。特に、「寺子屋教育」の幅広い普及は、庶民の高い「読み・書き・算盤」能力を養うとともに、明治期の義務教育の驚異的な達成を可能とし、急速な産業の発展や近代化を支える国民の養成につながった。また、19世紀に急速に広がった「私塾」の中には、競争と業績本位の教育によって有為な人材の育成を行うものも出現した。明治初期のリーダーとなった下級武士たちの中に

-128-

は「私塾」での教育を経験した者が少なくない。明治維新後の教育が、競争と業績本位の考えに立って設計され、社会的上昇の手段となったことについて、こうした「私塾」におけるリーダーたちの経験の影響を指摘する見解もある。

第2節　明治期における雇用・労働と政策

（1）　近代産業の育成と雇用関係の始まり

　明治期に入ると、身分制の撤廃により四民平等の社会となり、独占的な株仲間が解散されるとともに職業の選択が認められた。富国強兵・殖産興業の方針のもとで近代産業の育成が始まり、1880年代後半には、綿紡績、造船、鉱山、非鉄金属などの工場のほか、鉄道・運輸、銀行、電力等の分野において企業形態が広がり、請負形態など従来からの就業形態と並行して雇用形態も徐々に浸透していった。

　当時、労働力供給は、職人層のほか、農民層、没落士族層からの供給によった。特に、農村では、地租改正などによる中農以下の没落、高率小作料、副業の衰退などによる過剰労働力が発生し、主たる供給源となった。また、従来の職人層は次第に分解し、新しい技術体系に再編されたものと、没落ないし消滅するものとに分かれた。

（2）　労働市場と教育

　当時の労働市場は、一般職員、職工、雇員、傭を問わず極めて流動的であり、職工たちは、実力によって格付けされ、より高い賃金と技量向上を求めて渡り歩いた。また、西欧の横断的な職種別労働市場などの労働市場秩序やマイスター制度のような格づけの仕組みを欠くなかで、幕末には職人の社会的地位が低くなったうえ、農業労働力の流入などによる労働力過剰の中で職工の賃金は一貫して低下し、蔑視すらされる存在となっていった。爾来、職人・職工など現場労働の世界は、社会的に格の低い分野と看做され、労働者の憤激を呼び起こし、労働組合結成の動機にもなった。

　教育システムは、初等教育（尋常・高等小学校）、高等教育（帝大）から始まり、その後に中等教育が成立・拡充した。明治期には、一方で俸給生活者や専門的職業など「近代セクター」の職業への登竜資格としての学校教育を基軸とした世界があり、他方で、農民、商人、職人など学校教育と無縁の世界が二極的に併存した。こうしたなかで、政府は明治30年代末になると、初等教育を義務教育化し、近代化を担う国民の育成に力を入れた。実業教育も実施されたが、社会的地位の低い職人の育成には独自の価値が認められず、総じて現場労働育成のための教育訓練は不振を託った。

（3）　雇用システム

　明治期の大規模企業の典型は、官営企業ないし払い下げを受けた民営企業や財閥企業であったが、官営企業や民営企業の組織においては身分的資格制度がとられ、株主＝社員は会社と一心同体であり、その下に一般社員、雇員、傭、職工が存在する身分構成であった。身分による賃金水準、賃金形態、福利厚生等の待遇格差は大きく、特に、社員

や一般社員からなる職員層と職工・傭との間の格差は極めて大きかった。当時、工場では、経営側に管理能力と技術力が乏しく、工場では一部の官営工場を除き親方を介する間接雇用（親方請負制）が一般的であった。職工や徒弟は工場に勤めていても、実質上親方の配下にあって、親方から請負賃金の分配を受けた。

　また、財閥企業では、商家大店の流れを汲み、商家における所有と経営の分離＝総有制＝日本型企業統治の原型を継承した。特に、財閥系商社や銀行では、江戸期の大店における子飼い従業員の採用・育成・昇進の内部市場のモデルを継承し、学校卒業者が出る明治後半になると、学卒者を経営者予備軍として採用し始めた。

（4）　政策

　明治中期は奉公制度などの前近代的仕組みから雇用制度への移行期であり、労働政策といえるものは殆どなかった。僅かに、鉱山労働における労働災害を防ぐ労働者の安全衛生に係る鉱業条例が制定されたものの、包括的な労働条件保護の職工条例は未だ成立せず、農商務省は全国の工場の実態調査に取りかかった段階であった（「職工事情」）。職業紹介関係では、「桂庵」、「口入れ」などの従来からの民間の営利職業紹介所による職業紹介が幅広く行われる状況の中で、営利職業紹介の弊害防止の観点から、請宿規則、ピンハネ・中間搾取・強引な募集などを取り締まる募集取締規則が府県により設けられた。この頃の労働政策は、府県主導により、雇用関係に伴う顕著な弊害の除去が進められた段階であった。

第3節　日清・日露戦争後の雇用システム—雇用関係の成立
（1）　労働市場と労使関係
（日清戦争後の状況）

　日清戦争後の物価急騰は労働者の生活を直撃し、賃上げを求める労働者の争議が頻発し、鉄鋼組合を嚆矢として1897〜98年にかけて労働組合の結成が相次いだ。争議の頻発に驚いた政府は1901年に治安警察法及び行政執行法を制定し、当初の宥和的対応から組合活動の抑制に転じ、労働組合は一旦、あっけなく崩壊した。明治期に結成された初期の労働組合は、職種別組織であったが、同業者的性格は強くなく、西欧のクラフトユニオンのような「職種規制」や職工達の「熟練公証・認知」の機能を伴わなかった。その後の労働組合も、こうした機能を持つことはできなかった。

　労働市場は、職工だけでなく事務職員を含め未だ流動性が極めて高かった。特に、製糸工場や紡績工場では女工の補充のための引き抜きが盛んになり、寄宿舎の設置、雇用期間の設定などの移動防止策が講じられた。機械工などの職工も移動率が高く、高い賃金を求めて移動したため、大企業では、移動防止策として、雇用期間の設定（定期職工）や満期賞与のほか、共済制度、福利厚生制度等の充実をはかった

　他方、ホワイトカラーの領域では、1900年ごろから、銀行、財閥系大企業では、学卒

者の採用が本格化し、専門経営者や管理者の候補者として、慶応大学、官立高商、私学商科（中央、法政、立教、関西など）の卒業生が実業界に送りこまれた。

（日露戦争後の状況）

日露戦争後には、鉄鋼、機械工業など重化学工業が発展し、大企業が出現した。この頃に漸く雇用システムが根づき、労働時間の観念の定着と出来高給賃金（賃業給）が普及する一方、低賃金と長時間労働等の過酷な労働条件が社会問題となった。特に、製糸・紡績における女工の深夜・長時間労働は劣悪な寄宿舎や食事と相俟って結核の蔓延を招き、工場法制定の必要性を認識させた。

また、日露戦争後には、物価高や労務管理に反発した職工により造船所、銅山等で大規模争議が勃発し、労働組合運動は社会主義の影響のもとに再活発化した。政府は大規模争議の勃発に震撼し、大逆事件などの社会主義運動の弾圧や組合運動の浸透防止を図った。経営も、組合運動が企業内に影響を及ぶことを懸念し、労働者の宥和策として「経営家族主義」を唱え、死傷病や解雇・退職手当等の共済制度、住宅施設などの福利厚生制度の充実をはかり、生活不安の緩和や労使関係の安定につとめた。

企業の内部では、日露戦争後の企業規模の拡大と発展に伴い、生産活動の統合や技術の変化に対応するため、工場における親方を介した間接雇用の集団請負方式から出来高制のもとでの直接雇用への切り替えが進んだ。同時に、勃興した大企業の一部では、新技術に対応できる技能工の内部養成が始まった。急速な工業化のため、従来の職人の技能と新技術の間には断絶があり、労働市場から新技術に対応できる技能工を求めることができなかった。

経営組織の面では、日清・日露戦争後、数回にわたる株式ブームを経て、会社制度が定着し、職員から重役への内部昇進の慣行の形成とともに専門経営者が出現し、経営候補者としての大卒者の採用が始まった。教育制度が確立され卒業生が多数排出されるようになると、20世紀の初頭あたりから、事務系職員の雇用のあり方は新卒採用・長期雇用・内部昇進に急速に変化した。

教育は、明治末に初等教育が確立（就業率98%）するとともに、複線型教育システムが完成した。教育は、当初から教養の付与や人格陶冶の目的よりも社会的・身分的秩序形成の手段たる性格を帯び、教育程度と雇用身分は対応関係を形成し、企業内の身分秩序は、学歴資格制度へと発展した。明治から大正にかけて、企業への就業のため、農家の次三男等を中心として高等教育機関進学をめざす教育の大衆化と受験競争が生じた。

（2）　政策

日清・日露戦争後は、労働保護法たる工場法が制定されるとともに、職業安定関係では公立職業紹介所が設置され、漸く労働政策といえるものが開始された。

前者については、農商務省において、明治15年（1882年）以来、職工法案などの制定準備に着手し、数度にわたり工場法案の作成を行っていたが、繊維関係者などの経営側

—131—

の強い抵抗に遭い、漸く 1911 年（明治 44 年）に工場法が国会で可決・成立した。しかし、施行は、国際競争力低下を主張する繊維業界の猛烈な反対により、公布後 5 年経った 1916 年（大正 5 年）まで延期された。対象は、常時 15 人（後に 10 人）以上の職工を使用する工場等であり、年少者（12 歳未満）の就業禁止、女子、15 歳未満の年少者の就業制限、職工一般の傷病・死亡扶助、賃金支払い等が規定された。工場法は対象者の範囲、保護の程度など極めて不徹底であったものの、産業の勃興期における経営者の圧倒的な支配の中で経営者の過酷な使役からの保護や工場設備の安全確保をはかる法制として労働政策上の画期となるものであった。

職業紹介関係では、日露戦争後の失業者の多発に対する 1906 年の救世軍による無料の職業紹介事業を嚆矢として、慈善事業の一環として基督教関係者による公益職業紹介が開始された。1909 年になると、産業界の要望に応え労働者を紹介するため、政府は国庫補助のもと六大都市に職業紹介所の設置を奨励し、1911 年東京市（芝、浅草）が公立職業紹介所を設置したのを皮切りに、京都、大阪をはじめ各地に市町村営の職業紹介所が設置された。しかし、これらの施設の多くは、宿泊所や授産場を兼ねるなど未だ体制は不十分であり、桂庵・口入れなどの旧来からの民間業者が大きな勢力を奮った。

第4節　第一次大戦後の雇用システムー雇用関係の発展期・独自性の芽生え
（1）　労働組合運動とその限界

第一次大戦から第二次大戦に至る戦間期は、重化学工業化をはじめとして産業化の進展した時期であり、大企業において雇用システムの独自性が生ずる一方、労使関係では、長期の不況下における争議の多発と労働組合の急進化に対し、企業内における融和策と内部化の推進など模索と苦しみの時期であった。

（労働組合運動の勃興と限界）

第一次大戦前後から産業の重化学工業化が始まったものの、1917～18 年にかけて物価高騰による実質賃金の低下から労働争議が多発した、その中で、社会主義の興隆に触発されて、過激なサンジカリズムなどの急進的な思想が興り、親睦団体的な組織として発足した「友愛会」も、闘争を辞さない「総同盟」へと変身した。さらに、1920 年代には、戦後の軍縮による軍需低迷、関東大震災、27 年の金融恐慌、29 年の世界的恐慌と続く長期不況に突入し、廃業や事業縮小に伴う解雇が相次ぐなど労働市場の悪化とともに、解雇や賃金引き下げ・不払いなどをめぐる争議が広がった。その中で、労働組合は次第に組織を拡大する一方、全国レベルの組合運動は急進化と分裂を重ね、次第に求心力を失った。1928 年には、総同盟から分裂した共産党系の『日本労働組合評議会』は治安警察法により解散させられた。他方、分裂によって縮小した総同盟は、政府の協調主義や宥和策を受け入れ、『組合主義』を掲げて企業内での団体交渉を通じた労働協約の締結による組合の安定をめざして活動をつづけたが、やがて産業報国会の設立によって解散を余

－132－

儀なくされた。

戦間期は、労働組合組織の発展期であったが、組織率は、1936年の7.9%が最高にすぎず、しかも、組合員30万人のうち3分の1は海員であり、一般労働者の組織率は極めて低かった。それには、①長期の経済停滞により、賃上げやストライキ・組織活動が困難だったこと、②労働運動に対する弾圧が続いたこと、③組合側の絶えざる派閥抗争が運動の力を削いだこと、などが考えられる。元々、我が国の労働組合組織は、歴史的に産業別や職業別など独自の組織的基盤を欠き、政治的なイデオロギーや政党によって支配される傾向が強かった。このため、組織は多少拡大しても、確固とした組合運動の展開には限界があり、政治的抗争によって組合運動が左右されるという状況が繰り返された。

（2）　雇用システム・労働市場の動向
（雇用システムの原型の出現）

第一次大戦時の好況は、企業活動の活発化と大規模化に伴う労働需要を逼迫させ、労働者の移動を盛んにした。大企業でも熟練工、技能工の不足などの労働者不足は深刻な問題となった。特に、近代的な技術・生産設備を導入した企業（主として重化学工業）においては、新機械・生産システムに適合した労働システムへの転換とともに、これらのシステムに適合する技能工の育成と定着などが課題となった。

また、労使関係においては、大戦後の物価高騰と実質賃金低下、社会主義の影響等による労働争議の急増と急進化した労働組合活動が企業内に及ぶことが懸念された。このため、大企業では、「経営家族主義」により会社との一体や奉仕の徳を強調し、手厚い福利厚生施策を講じたり、工場委員会などを通じた従業員との意思疎通に努めるなどの対応が図られた。

1920年代になると、軍需の縮小、関東大震災などにより長期の不況が訪れた。この間、激しい労働移動は止み、勤続年数は長期化の傾向となった。この頃、近代的な大企業工場において経営合理化・生産性の向上と機械・生産システムの導入が進み、それに応じ、大戦後からの課題に対応した新たな雇用システムの原型が形成されつつあった。

その内容は、①親方請負・間接管理から直接雇用・管理方式への切り替え、②年少者を採用し新しい技術・生産システムに適合する技能工を自前で育てる養成工制度の導入、③企業内昇進、定期昇給・人事査定、賞与制度、定年制と退職金制度、各種福利厚生制度などの内部市場の仕組みの技能労働者への適用、④人材の育成・調達・適正配置、企業合併、直庸化、労働紛争対処などを担当する専門の人事部の設置、などからなる。

このうち、養成工制度の導入は、新技術に対応できる者の育成という視点に加え、組織に忠実な「子飼い技能工」の育成によって、「渡り職工」による争議の勃発や急進的な活動から企業を守り労使関係の安定を図る意図があった。

こうして、戦後に形成される内部市場型の長期雇用システムの原型といえる仕組みが、ホワイトカラーだけでなく大企業の子飼い労働者（ブルーカラー）の一部に出現したが、

こうした仕組みは、戦前においては、未だ全体の一部に過ぎず流動層が太宗を占めた。その後、1930 年代から 1940 年代にかけて重工業化による労働力需要の拡大とインフレが亢進する中で、再び労働者の移動は激しくなった。

（ホワイトカラーの学卒採用と学歴資格制）

企業の人員採用方式は、明治末期から定型化と制度化が進み、1910 年頃には多くの企業が大学卒を採用することが通常となり、職員層は大卒者か高等専門学校卒業者が多くなった。1920 年代後半から 1930 年代にかけて、学校から企業への学卒者の一括採用方式が、技術者から事務系職員まで拡大した。その推進力は、学校側の熱心な働きかけと「実務を学校の延長」ととらえる就労観の存在であったとされる。

それによって、第一次大戦後の職制は学歴資格制度となり、従業員グループは、概ね、①本社一括採用の経営スタッフたる「社員」＝大学・専門学校卒、②特定分野での専門化・特殊化された職務を担当する「準社員」＝中学卒、③請負的な関係の「工員」＝高小卒、④筋肉労働に従事する下請け会社の従業員たる「組夫」＝尋常小卒の 4 つのグループに分けられた。これらのグループごとに、職能、採用、解雇、昇進経路、給与などにおいて質的な違いがあった。特に、ホワイトカラー層とブルーカラー層の間には大きな断絶があったが、子飼いの養成工は準社員に近い新たなブルーカラー層であった。また、1930 年頃から、景気回復による労働需要が発生したが、見通しのつかない状況の中で本工の解雇を避ける意識から、期間限定の臨時工が急増し、期間更新の不安定な立場、処遇・福利厚生における本工との違いなどが問題視された。

（労働市場の階層化と都市雑業）

労働市場では、第一次世界大戦から昭和恐慌までの時期にあっても、実質賃金は確実に上昇したが、他方、農業と工業、大企業と中小企業の賃金格差は拡大し雇用の階層化が進んだ。その背景には、農業労働力の流入による労働力の供給過剰に加え、都市の雑業（中小零細企業、サービス業、家内労働、人夫・日雇その他雑多な生業）の世界が労働力のプールとして存在し、中小企業に対する賃金引き下げ圧力として働く構造があった。また、都市雑業の世界は、農業労働力流入の第一次的受け皿となる一方、雇用部門に対する労働力供給の源として媒介的役割を果たすとともに、全部雇用の形で潜在失業者を抱え、景気の変動に伴うバッファーとして表面上の失業を緩和させていた。こうした構造は、第二次大戦期をまたぎ高度成長期まで持続した。

（３）　社会労働政策の展開

戦間期になると、重化学工業を中心とする産業の本格的発展とともに、雇用制度が発達し、内務省社会局を中心として、社会労働政策が本格的に起動した。

（労使関係政策）

まず、第一次大戦後の労働政策は、争議活動の活発化と組合の急激な組織拡大、サンジカリズムや社会主義などの影響を受けた組合の急進化に直面し、労使関係政策が中心

課題となった。その対策は、基本的に、企業内における労使の意思疎通や福祉策を促進するなど宥和策を講じる一方、企業外の社会主義的活動は社会の治安の関わる活動として厳しく取り締まる「アメとムチ」の二面的な政策であった。

第一に、宥和策として「協調主義」に立った労使関係政策が展開された。具体的には、企業内労使の意思疎通機関たる工場委員会制度の普及、ILO 労働者代表の選出を契機とする労働組合の事実上の公認、争議行為の抑圧・取締規定たる治安警察法 17 条・30 条の廃止と私益事業の任意調停を柱とする労働争議調停法の制定などの施策が進められた。1920 年には、労働関係を扱う専門の組織として内務省社会局が誕生し、海外の政策動向も踏まえた社会政策的視点を導入した新たな政策展開が始まった。

第二に、企業外の急進的な組合活動に対しては、厳しい取り締まりがなされた。従来からの治安警察法のほか、1924 年には、治安維持法が制定され、さらに、1928 年には、緊急勅令によって、国体の変革及び私有財産の否認を目的とする結社行動を厳罰に処することとされた。同法は、共産党の弾圧を目的としたが、同党の影響下にあった「評議会」系の指導者たちにも影響が及んだ。1928 年には、「評議会」が解散させられた。

第三に、労働組合のあり方に関わる労働組合法の内容については、健全な組合活動を育成・支援する立場に立ち、任意設立・届け出主義、労働者の組合加入権を認める内務省案に対し、法人格強制主義・設立認可主義をとり当局の監視下に置こうとする農商務省案の対立をはじめとして、10 年もの間、議論と調整がなされた。数次にわたり法案が作成・国会に提出されたものの、経営側の強い反対などもあり流産のやむなきとなった。

（労働条件政策と社会保障政策）

次に、労働条件政策として、1923 年には、工場法の大改正（施行 1926 年）がなされ、職工 10 人以上工場への対象の拡大、就業禁止・保護の対象者の年齢引き上げ、労働条件の規制基準の引き上げ（就業時間、深夜業の時間など）、施行令・施行規則による労働契約に係る規定の充実（解雇予告・手当、就業規則作成等）などが図られた。

労働者の災害補償に関しては、災害発生率の高い土木建設業、貨物積卸、交通運輸事業について、直接の雇用関係にかかわらず元請け人を業務上の災害に責任を持つ雇い主とし、すべての業務上の扶助に強制責任保険制度の裏づけをする労働者災害扶助法と労働者災害扶助責任法が 1930 年に策定された。

さらに、職業安定関係では、1919 年の ILO 総会採択の「失業の関する条約」を踏まえ、1921 年に職業紹介法が制定され、公立職業紹介業務を市町村の管掌とし営利職業紹介は限定的なものとした。また、市町村の経費を国が補助する規定を置くとともに、職業紹介所の事業の連絡統一を図るため、中央及び地方に職業紹介事務局（協調会、後に内務省）を置き内務大臣が監督することとした。関東大震災後には大量の失業者の発生に対し政府は 1925 年冬季から六大都市で失業者救済事業が開始され、その後、地域・時期を拡大して実施された。

失業保険制度については、事業主の意向や各方面への影響を考慮して将来の課題とし、替わって退職一般に係る手当制度として退職積立金制度を法制化した。同制度は退職積立金制度と退職手当積立金制度からなり、工場法・鉱業法の適用を受ける常時50人以上の労働者を雇用する工場・事業に適用された。そのほか、健康保険制度、厚生年金制度が設けられ労災補償保険制度と併せ、社会保険制度の基盤が形成された。

第一次大戦後の時期は、重化学工業の勃興など産業・経済が急激に発展する一方、急激な発展に伴う労働条件の悪化や国際的な社会主義の興隆に対応して労働組合運動の活発化と争議の頻発が生じ、これに対する対応が政策の中心となった。また、この時期は、我が国が国際的に重要な地位を占めるようになった時期でもあり、内務省社会局を中心に近代的な社会・労働政策の導入により先進諸国に追いつくことを志向し模索した時期であり、漸く我が国の社会労働政策といえるものが起動した。労働組合法は流産となり、雇用保険制度は制定に至らないなど重要な案件は戦後に持ち越されたものの、その間の様々な試案や議論によって戦後につながる労働・社会政策にかかる蓄積がなされた。

第5節　戦時体制・統制の時代

戦時体制のもとでは、労働関係を直接規律する統制立法が短期間のうちに相次ぎ発出された特異な時期であり、それによって雇用システムは大きな影響を受けることとなった。

（労働市場と雇用システム）

1937年の満州事変以後、軍需生産が活発化し1930年代半ばには重工業を中心に人手不足は顕著となり、職工の移動と奪い合いが盛んとなった。このため1938年に職業紹介法を改正し、職業紹介所を国有とし戦略的重要産業へ労働者を送り込む体制を作るとともに、1939年に「従業員雇入制限令」や「青少年雇用制限令」により、重化学工業等の技術者・熟練工などの雇い入れ規制（職業紹介所長の認可）、青少年の不急産業への雇入規制、さらに「国民労働手帳」の保持・提出によるチェックの仕組みを設けた。

それでも労働力不足が深刻化すると1939年から国家総動員法による労働力動員へと発展し、1939年の「国民職業能力申告令」による技術者等の登録、同年の「国民徴用令」による労務動員計画の策定による軍需産業、生産拡大産業等に対する労働力の重点的・計画的充足が図られ、順次強化されていった。

戦争段階に入ると国民徴用と勤労動員がさらに本格化し、「労務需給調整令」による重点的な労務配置政策へ一段進み、移動・解雇の許可制による移動制限、さらには、徴用労働力の拡大、国民皆労働体制として女子、学徒の動員、生徒の動員にまで及んだ。

（技能者養成制度）

これらの移動防止策と並び、1939年3月に制定された工場技能者養成令は、各企業に技能養成制度を義務づけることを通じて技能者養成制度を拡大・制度化することとなっ

た。同法は、年齢 16 歳以上の男子を常時 200 人以上雇用する工場または事業場に対し命令をもって 3 年間の技能者の養成を行わせるもので、毎年、厚生大臣が事業ごとに定める比率を当該事業場の労働者数に乗じて得た員数について養成することとされた。技能者養成制度の実績は、それまでの工場徒弟制度に比べ内容・方法において本格的・組織的なものであり、養成修了者は量的・質的両面で戦時における機械工業の基幹労働力としての役割を果たした。

（賃金・労務統制）

統制が細部まで徹底したのが賃金であった。満州事変後の軍需によりインフレ経済となり、日中戦争に突入して拍車がかかった。より高い賃金を求めての移動が活発となり、労働移動とともに賃金の抑制が課題となった。このため、1939 年に「賃金統制令」（第一次）による重工業等の産業の初任給の抑制、さらに「賃金臨時措置令」による 1 年間の賃金凍結が実施された。

しかし、インフレによる生活難から労働移動が止まないと、1940 年、政府は、第二次賃金統制令を発し、単なるインフレ策を超え、労働生産性の向上とその前提となる生活の安定を図るため賃金制度に踏み込み、①生活の安定のための最低賃金と経験工最高初給賃金（性・年齢・地域別等）の設定、②賃金総額の制限と平均時間割賃金の公定をおこなった。1942 年になると、勅令として職員及び工員共通に適用される「重要事業場労務管理令」を制定し、基幹産業について同管理令に基づく運用方針及び記載例を作成し、労務管理の細部まで介入した。特に昇給の仕組みについて、運用方針・記載例は、年 2 回、全労働者を対象とするとし、平均昇給率を定めるとともに、昇給額は最高と最低の範囲内であるべきことを規定した。これによって、勤続による定期昇給の仕組みと年功序列賃金が全国的に広まったとされる。

また、戦時賃金制度の特徴として、家族手当、住宅手当、物価手当などの複雑な手当制度の普及がある 1937 年から 1940 年にかけての急激なインフレの進行の中で賃金統制法令が手当を適用除外としたことから、賃金引き上げの簡便な方法として各種手当が支給された。さらに、重要事業場労務管理令が、各種手当に係る記載例を示し半ば強制的な指導によって諸手当が賃金の構成要素として定着した。

そのほか、企業内の福利厚生制度も戦時に大きく発展した。1930 年代末から逼迫する労働力確保のために福利厚生制度が発達したが、1940 年に会社経理統制令が福利厚生関係の経費（健保、退職金、安全衛生等）の制限枠拡充を認めたことを契機に広く普及した。さらに、重要事業管理令が一定規模の企業に教育訓練、体育、食事、診療などの措置を課したことにより様々な福利厚生措置が定着した。

（産業報国会）

1930 年代後半に、労使関係が不安定となり労働争議が急増し、政府は、戦時体制における新たな労使関係調整の仕組みとして「産業報国会」制度を創設し、労使関係の一体

化と生産増強・国策に協力する体制を整えようとした。1938年8月厚生・内務両次官より各地方長官にあてた通牒により全国各地に産業報国会が組織された。事業場ごとの産業報国会には、事業一家の発想に立った労資懇談会が設けられ、能率増進、待遇、福利、共済等の問題について「隔意ナキ懇談ヲ遂ゲ相互ノ完全ナル理解ト協力ヲ実現」することが期待された。これに伴い、労働組合運動は産報運動に吸収され、総同盟は1940年に自主的に解散した。しかし、懇談会の中身は実質が伴わず、労働者代表は会社の指名で議長は事業主側となり、青少年指導、福利厚生等が話し合われるに過ぎない場合が多かった。ただし、労使意思疎通によって労働者の不満の解消をはかり生産性向上の実を挙げた例も存在し、戦後間もなくの時期に、職場を中心に、職・工一体の企業別組合が結成された背景として、こうした産業報国会の影響を指摘する意見が有力である。

第6節　産業社会への移行と変化

　戦前の社会は、農業中心の社会から産業社会への移行期であり、経済の成長に伴う企業の発展によって就業形態は農業・自営業・家族従業中心から雇用労働が次第に普及するとともに、所得向上と労働力の移動が生じるなど、人口、家族、地域など社会のあり方に大きな変化が生じた。

（農業から第二次・第三次産業への転換）

　産業の動向をみると、第一次産業の有業者の割合が1900年に約6割（59.1%）であったが、1930年に約5割（49.7%）に低下し、1930年代後半には4割前半（43.7%）にまで低下した。替わって、第二次及び第三次産業の比率が1900年に40.9%（第二次20.8%、第三次29.5%）、1930年に50.3%（第二次20.8%、第三次29.5%）、1940年に56.4%（第二次26.1%、第三次30.3%）と漸次増加していった。

　増加した第二次及び第三次産業の中身について、「近代産業」、「在来産業」（旧在来産業及び新在来産業）について分類し[144]、その従事者数の推移を比較した中村（1978）によれば、いくつかの段階がみられる。即ち、①まず、19世紀末に在来産業従事者は大幅に増加し1900年代に停滞した。この間、近代産業従事者は一貫し大幅増であった。②次に、第一次大戦を含む1910年代には両産業従事者はともに増加したが、在来産業従事者の就業者全体に占める割合は37%前後で変化せず、他方近代産業従事者は比率も増加した。③1920年代から1930年代前半には、近代産業従事者は、数・比率ともに停滞する一方、在来産業従事者は数・比率ともに急増した。この時期にそれまで一貫して大幅に増加した近代産業の増加傾向が止まり逆に在来産業が急増したのは、雇用機会が見出しが

---

[144] 「近代産業」とは、鉄道、電信電話、汽船、銀行・保険、興業、導入技術による工業、医療、公務等を指す。また、「旧在来産業」とは、伝統的な経営形態をそのまま維持する産業分野で、大工・左官等の建設業、家族経営の卸小売、家内工業等を含む。「新在来産業」とは、海外から導入された産業であるが技術や経営のあり方が旧来の在来産業に近い形に変容し定着したもので、器械製糸、織物業の一部、ペンキ職、ブリキ職、靴製造、パン製造などが該当する。

たい状況の中で労働条件が低い職業でも就労せざるを得なかった（全部雇用）ためであり、産業の二重構造が典型的に出現したのもこの時期であった。このように紆余曲折を経ながらも、非農林水産業従事者数は近代産業を核として一貫して増加し、農業社会から産業社会への転換が進んだ。

（国民の生活状況への影響と変化）

　産業社会への移行に関連して国民の生活全般にわたり大きな変化が生じた。

　第一に、「多産・多死」の社会からの転換である。明治期以降、経済発展と医療・公衆衛生の発達による乳幼児死亡率の低下により「多死」の状況は大きく転換した。他方、「多産」も晩婚化の影響により変化し、出生率は1920年の5.1から1940年の4.1まで低下した。ただし、出生率の低下に比べ乳幼児死亡率の低下の効果がはるかに大きかったため、結果として明治期末に5,000万人であった総人口は、昭和15年（1940年）に7,000万人を超えるまでに増加した。

　第二に、人口分布の変化である。1920年（大正9年）当時、市部に住む人口は2割に満たなかったが、市部人口割合は、産業化によって急上昇し1940年には4割弱に達した。この間、農村から都市部に膨大な人口が流出した。

　第三に、家族数・形態の変化である。従来、農業社会では直系家族制的な親夫婦と子供夫婦の同居慣行が強かったが、平均寿命が短かったため同居できない場合や同居期間の短い場合も多かった。総じて世帯構成は多様であり、世帯主夫婦とその子を中心とした世帯（核家族）のほか、世帯主の父母を含む世帯や世帯主の兄弟姉妹まで含む世帯、さらには使用人などの親族でない世帯員を含む世帯も少なくなかったとされる。その後の平均寿命の伸長によって親夫婦と子夫婦が同居する可能性が高まったが、逆に、使用人などの非親族の世帯員は漸減し、結果として平均世帯人員は1920年から戦後の1950年まで一貫して5人前後の状況を保った。

　第四に、所得格差の拡大である。戦前の世帯所得格差の動向をみると、1880〜1940年まで、ほぼ一貫して所得格差が拡大した。その要因として、戦前において主たる世帯であった農家世帯と都市の非農家世帯との格差拡大が指摘されており、農村部門において過剰労働力が存在した結果、工業化が進行するにつれて農村と都市部門間の生産性格差がさらに拡大したとされる。加えて、産業化の初期の段階では、産業間の生産性が異なるために都市部門内の格差拡大の影響も大きかったとされる。

参考文献

青木美智男 (1989)『大系日本の歴史 11』小学館

麻生誠 (1982)『近代化と教育』第一法規出版

天野郁夫 (1986)『試験と学歴：努力信仰を超えて』リクルート出版部

天野郁夫 (1992)『学歴の社会史：教育と日本の近代化』新潮選書

天野郁夫 (1997)『教育と近代化：日本の経験』多摩川大学出版部

天野郁夫 (2006)『教育と選抜の社会史』筑摩書房

有馬元治 (1968)『雇用対策法とその施策の展開』雇用問題研究会

アンドリュー ゴードン著・二村一夫訳 (2012)『日本労使関係史 1853-2010』岩波書店

石井照久 (1979)『労働法総論』有斐閣

石田眞 (2001)「歴史の中の"企業組織と労働法"」『日本労働法学会誌』97 号 pp. 143-155.

伊丹敬之 (1998)『ケースブック日本企業の経営行動：（1）日本的経営の生成と発展』
　　有斐閣

氏原正治郎 (1959)「戦後日本の労働市場の諸相」『日本労働協会雑誌』1 巻 2 号 pp. 2-14.

内海義夫 (1959)『労働時間の歴史』大月書店

梅村又次ほか編 (1988)『長期経済統計"推計と分析"：労働力』東洋経済新報社

遠藤元男 (1956)『職人の歴史：その生活と技術』至文堂

遠藤元男 (1961)『日本職人史の研究』雄山閣出版

遠藤元男 (1978)『職人と手仕事の歴史』東洋経済新報社

遠藤元男 (1985a)『日本職人史の研究 1：日本職人史序説』雄山閣出版

遠藤元男 (1985b)『日本職人史の研究 3：近世職人の世界』雄山閣出版

大河内一男 (1963)「日本的労使関係の原型：第一次大戦後の"工場委員会"をめぐって」
　　有泉亨編『日本労使関係の研究』pp. 3-16. 東京大学出版会

大河内一男 (1964)『社会政策』青林書院新社

大河内一男 (1965)『日本労働組合物語』筑摩書房

大河内一男 (1971)『生活古典叢書 第 4 巻』光生館

大河内一男 (1972)『労使関係論の史的発展』有斐閣

大河内一男・氏原正治郎・藤田若雄編著 (1959)「序章理論仮説と調査方法」『労働組合
　　の構造と機能：職場組織の実態分析』東京大学出版会

大竹秀男 (1983)『近世雇庸関係史論』神戸大学研究双書刊行会

大湾秀雄・須田敏子 (2009)「なぜ退職金や賞与制度はあるのか」『日本労働研究雑誌』
　　No. 585 pp. 18-25.

岡崎哲二 (1999)『江戸の市場経済：歴史制度分析からみた株仲間』講談社

岡崎哲二 (2002)『経済史の教訓：危機克服のカギは歴史の中にあり』ダイヤモンド社

岡崎哲二編著(2005)「産業報国会の役割―戦時期日本の労働組織」『生産組織の経済史』
　　東京大学出版会

岡實(1913)『工場法論』有斐閣書房

荻原勝(1984)『定年制の歴史』日本労働協会

尾高煌之助(1984)『労働市場分析：二重構造の日本的展開』岩波書店

尾高煌之助(1993)『職人の世界・工場の世界』リブロポート

小野塚知二(2001)『クラフト的規制の起源：19世紀イギリス機械産業』有斐閣

粕谷誠(2006)「戦間期都市銀行における人事管理：三井銀行の事例分析 1897〜1943」
　　『Discussion Paper series.CIRJE-J』CIRJE-J-151 日本経済国際共同センター

粕谷誠(2012)『ものづくり日本経営史：江戸時代から現代まで』名古屋大学出版会

合衆国海軍省編・大羽綾子訳(1953)『ペリー提督日本遠征記』法政大学出版局

鎌田耕一(2012)「労働者概念の生成」『日本労働研究雑誌』No.624 pp.5-15.

上井喜彦(1979)「第一次大戦直後の労働政策：治警法 七条の解釈・適用問題を中心と
　　して」『労働運動史研究』No.62 pp.150-181.

神林龍(2000)「国営化までの職業紹介制度―制度史的沿革」『日本労働研究雑誌』No.482
　　pp.12-29.

北島正元(1964)『江戸幕府の権力構造』岩波書店

北島正元(1966)「武家の奉公人」進士慶幹編『江戸時代武士の生活』雄山閣出版

北原種忠(1917)『家憲正鑑』家憲制定会

橘川武郎(1996)『日本の企業集団：財閥との連続と断絶』有斐閣

鬼頭宏(2000)『人口から読む日本の歴史』講談社

協調会編(1926)『我国に於ける労働委員会制度』協調会

協調会編(1936)『徒弟制度と技術教育』協調会

黒羽亮一(1994)『学校と社会の昭和史 上』第一法規出版

桑原敬一(1979)『日本人の労働時間』至誠堂

経営史学会編(2004)『日本経営史の基礎知識』有斐閣

厚生省労働局(1940)『工場・鉱山に於る賃金形態』

厚生労働省(2011)『社会保障の検証と展望：平成23年版厚生労働白書』日経印刷

小林良正(1930)『経済史論考』春秋社

小宮山琢二(1941)『日本中小工業研究』中央公論社

近藤文二(1963)『社会保障の歴史』全社連広報出版部

斎藤修(1987)『商家の世界・裏店の世界：江戸と大阪の比較都市史』リブロポート

斎藤修(2002)『江戸と大阪』NTT出版

斎藤修(2015)「熟練・訓練・労働市場」『比較史の遠近法』書籍工房早山

斎藤健太郎（2001）「戦間期イギリスにおける熟練の「解体」と熟練工の労働市場-機械産業

とToolmakersを中心にして」社会経済史学会全国大会

佐賀県教育会(1927)『佐賀県教育五十年史 上篇』佐賀県教育会

桜林誠(1985)『産業報国会の組織と機能』御茶の水書房

佐口和郎(1991)『日本における産業民主主義の前提』東京大学出版会

佐々木聡(1995)「工場管理システムの近代化と組織能力」由井常彦・大東英祐編『日本
　経営史3:大企業時代の到来』経営史学会

佐藤守(1984)「実業補習学校の成立と展開」豊田俊雄編『わが国産業化と実業教育』
　pp. 21-94. 国際連合大学

ジェームス C. アベグレン著・山岡洋一訳(2004)『日本の経営(新訳版)』日本経済新
　聞社

塩田咲子(1982)「現代日本の賃金問題:産業報国運動の実態と機能」『社会政策学会年
　報』26号 pp. 163-188.

渋谷直蔵(1958)『職業訓練法の解説』労働法令協会

昭和同人会編(1960)『わが国賃金構造の史的考察』至誠堂

新保博・斎藤修(1989)『日本経済史2:近代成長の胎動』岩波書店

末弘嚴太郎(1951)『日本労働組合運動史』日本労働組合史刊行会

菅山真次(2011)『「就社」社会の誕生:ホワイトカラーからブルーカラーへ』名古屋大
　学出版会

鈴木正三(1986)『萬民徳用』(複製)豊田市鈴木正三顕彰会

鈴木文治(1931)『労働運動二十年』一元社

隅谷三喜男(1955)『日本賃労働史論:明治前期における労働者階級の形成』東京大学出
　版会

隅谷三喜男(1964)『日本の労働問題』東京大学出版会

隅谷三喜男(1966)『日本労働運動史』有心堂

隅谷三喜男(1976)『日本賃労働の史的研究:第九章"日本之下層社会"成立史の研究』
　御茶ノ水書房

隅谷三喜男(1977)『日本労使関係史論』東京大学出版会

隅谷三喜男・小林謙一・兵藤釗(1967)『日本資本主義と労働問題』東京大学出版会

隅谷三喜男編著(1971)『日本職業訓練発達史 上』日本労働協会

隅谷三喜男編著(1977)『日本職業訓練発達史 下』日本労働協会

副田義也(2007)『内務省の社会史』東京大学出版会

大霞会編(1971)「社会行政:労働行政の前進」『内務省史』3巻8章6節 地方財務協会

竹内誠(1989)「江戸と大阪」永原慶二ほか編『大系日本の歴史10』小学館

武田晴人(2008)『仕事と日本人』筑摩書房

田中慎一郎(1984)『戦前労務管理の実態:制度と理念』日本労働協会

中鉢正美（1975）『現代日本の生活体系』ミネルヴァ書房

長幸男・住谷一彦編（1971）『近代日本経済思想史Ⅱ：近代日本思想大系 6』筑摩書房

津田真澂（1970）『日本の労務管理』東京大学出版会

トマス C. スミス著・大島真理夫訳（1995）『日本社会史における伝統と創造：工業化
　　の内在的諸要因 1750-1920 年』ミネルヴァ書房

トマス C. スミス著・大塚久雄監訳（2007）『近代日本の農村的起源』岩波書店

豊田俊雄編著（1982）『わが国離陸期の実業教育』国際連合大学

内閣統計局編（1926）『労働統計実地調査報告：大正 13 年鉱山の部』東京統計協会

内閣統計局編（1926）『失業等計調査報告：大正 14 年第 2 巻 結果表』東京統計協会

内務省社会局編（1935）『臨時職工及人夫ニ関スル調査』内務省社会局

中川清（1985）『日本の都市下層』勁草書房

中島寧綱（1987）『職業紹介：昨日・今日・明日』労働省労働研修所

中島寧綱（1988）『職業安定行政史：江戸時代より現代まで』雇用問題研究会

中田薫（1943）『法制史論集 第三巻』岩波書店

中西洋（1982）『日本近代化の基礎過程：長崎造船所とその労資関係:1855-1900 年』
　　東京大学出版会

中村隆英（1978）『日本経済：その成長と構造』東京大学出版会

並木正吉（1955）「農家人口の戦後 10 年」『農業総合研究』9 巻 4 号 pp. 1-46.

西岡孝男（1966）「労働組合法案をめぐる十年間」『日本の労使関係と賃金』未来社

西川俊作著・斎藤修編（2012）『長州の経済構造』東洋経済新報社

西川忠（1965）『資格制度』ダイヤモンド社

西成田豊（1988）「工場委員会の成立と構造」『近代日本労資関係史の研究』3 章 1 節
　　pp. 200-214. 東京大学出版会

西成田豊（2004）『経営と労働の明治維新：横須賀製鉄所・造船所を中心に』吉川弘文館

丹生谷龍（1963）『賃金管理と労務管理』日本労務研究所

日本労働総同盟（1921）「日本労働運動の転機」『労働』10 (9) (121) pp. 2-3.

二村一夫（1987）「日本労使関係の歴史的特質」『社会政策学会年報』31 集 pp. 77～95.

二村一夫（1988）『足尾暴動の史的分析：鉱山労働者の社会史』東京大学出版会

二村一夫（2001）「日本における職業集団の比較史的特質―戦後労働組合から時間を逆行
　　し、近世の＜仲間＞について考える」『経済学雑誌』102 巻 2 号 pp. 3-30.

農商務省官房統計課（1913）『農商務省統計表』農商務省官房統計課

農商務省商工局（1903a）『全国工場統計』農商務省商工局

農商務省商工局（1903b）『綿紡績職工事情』農商務省商工局

農商務省商工局工務課（1904）『工場調査要領』農商務省商工局工務課

農商務省商工局工務課工場調査掛編（1903）『職工事情』生活社

農商務大臣官房文書課編(1916)『工場統計総表 大正 3 年』農商務大臣官房文書課

野村正實(1994)『終身雇用』岩波書店

野村正實(2007)『日本的雇用慣行：全体像構築の試み』ミネルヴァ書房

ハインリヒ シュリーマン著・石井和子訳(1998)『シュリーマン旅行記：清国・日本』講談社

間宏(1978)『日本労務管理史研究：経営家族主義の形成と展開』御茶の水書房

間宏(1989)『日本的経営の系譜』文眞堂

速水融(1973)『日本における経済社会の展開』慶應通信

速水融(2003)「Ⅴ 近世日本の経済発展と Industrious Revolution」「Ⅵ 産業革命対勤勉革命」『近世日本の経済社会』麗澤大学出版会

速水融・宮本又郎(1988)『日本経済史 1 経済社会の成立 17-18 世紀』p. 43 岩波書店

服藤弘司(1963)「明治前期の雇庸法」『金沢大学法文学部論集』法經篇八巻 13 号 pp. 284-285.

晴山俊雄(2005)『日本賃金管理史：日本的経営論序説』文眞堂

坂野潤治著(1989)『大系日本の歴史 13：近代日本の出発』小学館

坂野潤治ほか編(1994)『戦後改革と現代社会の形成：シリーズ 日本近現代史―構造と変動 4』岩波書店

兵藤釗(1971)『日本における労資関係の展開』東京大学出版会

平山勉(2014)「戦時経済史研究と産業報国会」『大原社会問題研究所雑誌』664 号 pp. 28-37.

藤林敬三(1950)「賃金問題の過去・現在及び将来」『労働評論』5 巻 5 号 pp. 2-6.

文明協会編(1930)『労働組合法案批判』文明協会

法政大学大原社会科学研究所編(2004)『協調会の研究』柏書房

法政大学大原社会問題研究所編(1964)『太平洋戦争下の労働者状態：日本労働年鑑』東洋経済新報社

細井和喜蔵(1980)『女工哀史』岩波書店

牧英正(1977)『雇用の歴史』弘文堂

孫田良平(1965)「戦時労働論への疑問」『日本労働協会雑誌』7 巻 7 号 pp. 11-23.

孫田良平編著(1970)『年功賃金の歩みと未来：賃金体系 100 年史』産業労働研究所

孫田良平(1972)「賃金体系の変動」金子美雄編著『賃金：その過去・現在・未来』日本労働協会

松島静雄(1962)『労務管理の日本的特質と変遷』ダイヤモンド社

南(1969)『江戸の社会構造』塙書房

宮本又郎ほか(2007)『日本経営史：日本型企業経営の発展 江戸から平成へ』有斐閣

宮本又郎ほか・米倉誠一郎編(2002)「ケースブック日本企業の経営行動：（1）日本的経営の生成と発展」『経営史学』37 巻 2 号 pp. 93-96. 経営史学会

宮本又次(1938)『株仲間の研究』有斐閣

明治文化研究會編(1955-1957)「教育令制定理由」『明治文化全集第 10 巻』p. 399, p. 407 日本評論新社

森川英正(1973)「明治期における専門経営者の進出過程」『ビジネスレビュー』21 巻 2 号 pp. 12-27.

森川英正(1981)『日本経営史』日本経済新聞社

森川英正(1988)「＜論説＞ 日本技術者の"現場主義"について：経営史的考察」『横浜経営研究』8 巻 4 号 pp. 295-306.

文部省(1903)「改正教育令制定理由」『明治文化全集第 9 巻』p. 324, p. 480

文部省編(1972)『学制百年史』帝国地方行政学会

文部省編(1986)『産業教育百年史』ぎょうせい

安岡重明・天野雅敏編(1995)『日本経営史 1 近世的経営の展開』岩波書店

矢野達雄(1993)『近代日本の労働法と国家』成文堂

山崎清(1988)『日本の退職金制度』日本労働協会

山本七平(1979)『勤勉の哲学：日本人を動かす原動力』PHP 研究所

横須賀海軍工廠編(1973)『横須賀海軍船廠史』(複製) 原書房

横山源之助(1985)『日本の下層社会：第二編"職人社会"』(改版) 岩波書店

吉田寧(1926)「本邦造船労働事情」協調会編『社会政策時報』2 月号 pp. 74-92.

労働事情調査所(1935)『労働事情調査報告第 1 輯：臨時工問題の研究』労働事情調査所

労働省(1961)『労働行政史 第 1 巻』労働法令協会

労働省職業安定局編(1956)『職業安定法解説』雇用問題研究会

若林幸男(2007)『三井物産人事政策史 1876-1931』ミネルヴァ書房

我妻栄(1957)『債権各論中巻二(民法講義V)』岩波書店

渡辺章(2007)「労働法の制定：工場法史が今に問うもの」『日本労働研究雑誌』No. 562 pp. 101-110.

Kazushi Ohkawa・Henry Rosovsky 著・大川一司訳(1973)『Japanese Economic Growth: Trend Acceleration in the Twentieth Century』Stanford University Press

Ohkawa and Rosovsky(1976)" Japanese Economic Growth: Trend Acceleration in the Twentieth Century", The Journal of Economic History, Cambridge University Press, vol. 36, No. 02(Jun. 1976)pp. 490-492.

R. A. Leeson(1979)『Travelling Brothers; The Six Centuries Road from Craft Fellowship to Trade Unionism』London George Allen &Unwin

R. P. ドーア著・松居弘道訳(1970)『江戸時代の教育』岩波書店

R. P. ドーア著・松居弘道訳(1978)『学歴社会新しい文明病』岩波書店

JILPT　資料シリーズ　No.199-1

雇用システムの生成と変貌　－政策との関連－　Ⅰ
戦前期の雇用システム

定価（本体800円＋税）

発行年月日　　２０１８年３月２２日
編集・発行　　独立行政法人　労働政策研究・研修機構
　　　　　　　〒177-8502　東京都練馬区上石神井4-8-23
（照会先）　　研究調整部研究調整課　TEL：03-5991-5104
（販売）　　　研究調整部成果普及課　TEL：03-5903-6263
　　　　　　　　　　　　　　　　　　FAX：03-5903-6115
印刷・製本　　株式会社　ディグ

©2018 JILPT　　　ISBN 978-4-538-87195-0　　　Printed in Japan

＊ 資料シリーズ全文はホームページで提供しております。(URL：http://www.jil.go.jp/)